本书为国家社会科学基金项目（12CXW014）、中国博士后科学基金面上项目（2013M540327）、西南政法大学资助项目（2014XZRCXM007）的研究成果！

西南政法大学自主品牌创新系列

# 大众传媒与转变本土品牌偏见研究

张燚 刘进平 张锐 韩永青 ◎ 著

# EFFECTS
## AND COUNTERMEASURES OF MASS MEDIA ON CHANGING LOCAL BRAND BIAS

中国经济出版社

CHINA ECONOMIC PUBLISHING HOUSE

北京

图书在版编目（CIP）数据

大众传媒与转变本土品牌偏见研究/张燚等著.
北京：中国经济出版社，2016.2
ISBN 978-7-5136-4491-4

Ⅰ.①大… Ⅱ.①张… Ⅲ.①大众传播—传播媒介—影响—品牌—产品形象—研究 Ⅳ.①F273.2

中国版本图书馆CIP数据核字（2016）第278943号

| | |
|---|---|
| 责任编辑 | 葛　晶 |
| 责任审读 | 贺　静 |
| 责任印制 | 马小宾 |
| 封面设计 | 金刚设计 |

| | |
|---|---|
| 出版发行 | 中国经济出版社 |
| 印　刷　者 | 北京艾普海德印刷有限公司 |
| 经　销　者 | 各地新华书店 |
| 开　　本 | 710mm×1000mm　1/16 |
| 印　　张 | 17.25 |
| 字　　数 | 279千字 |
| 版　　次 | 2016年2月第1版 |
| 印　　次 | 2016年2月第1次 |
| 定　　价 | 68.00元 |

广告经营许可证　京西工商广字第8179号

中国经济出版社　网址 www.economyph.com　社址 北京市西城区百万庄北街3号　邮编100037
本版图书如存在印装质量问题，请与本社发行中心联系调换（联系电话：010-68330607）

版权所有　盗版必究（举报电话：010-68355416　010-68319282）
国家版权局反盗版举报中心（举报电话：12390）　服务热线：010-88386794

# 总 序
PREFACE

  品牌不仅是企业最重要的无形资产,也是一个国家核心竞争力的综合体现。在经济全球化的时代,品牌已成为全球经济和科技竞争的制高点,品牌价值的高低决定着不同国家在全球产业价值链中的地位。因此,提升本国品牌的竞争力已成为国际经济竞争的焦点,尤其是对品牌定价权的争夺日趋激烈。改革开放以来,我国经济实现了跨越式发展,自2011年起,我国已成为世界第二大经济体,200多个产品的产量跃居世界第一,是无可争议的"制造大国"。但由于缺乏品牌支撑与核心技术,中国制造的很多产品都处于产业链和价值链的最低端,具有国际竞争力的品牌很少,出口产品中拥有自主知识产权的品牌比例较低,是名副其实的"品牌小国"。与经济发展的速度和规模相比,自主品牌发展明显滞后,已成为进一步提高我国经济竞争力、实现发展方式转变的重大障碍。为此,党中央、国务院高瞻远瞩地提出了实施"制造强国"战略、推动供给侧结构性改革等一系列重大举措。比如:在《中国制造2025》(国发〔2015〕28号文)中明确提出,"依靠中国装备,依托中国品牌,实现中国制造向中国创造的转变,中国速度向中国质量的转变,中国产品向中国品牌的转变,通过'三步走'实现制造强国的战略目标"。国务院在2016年6月发布的《关于发挥品牌引领作用推动供需结构升级的意见》(国办发〔2016〕44号文)中明确指出,"要发挥好政府、企业、社会作用,立足当前,着眼长远,持之以恒,攻坚克难，着力解决制约品牌发展和供需结构升级的突出问题"。可见，自主品牌的培育和发展已经上升为国家战略，是新常态下中国经济转型升级和可持续发展的关键。

自20世纪50年代Gardner和levy发表第一篇关于品牌的论文至今，相关理论研究已有较长的历史，品牌理论引入中国是在20世纪90时代，至今也有20多年的时间。品牌对国家经济、企业发展、消费行为的引领作用已成为人们的广泛共识。但我国企业的品牌发展严重滞后于经济发展，产品质量不高、创新能力不强、企业诚信意识淡薄等问题比较突出。这充分反映了我国企业品牌管理的整体水平还比较低，多数企业集中于低端市场和价格竞争，缺乏长远的品牌战略。各种品牌认识误区还根深蒂固，比如：制造产品就是塑造品牌；卖产品就是卖品牌；过分注重商品交易，追求短暂的胜利，忽视各种品牌关系的创造与培养；过分采用大众传媒自导自演，忽视创造有意义的互动关系；很多公司眼中看到的品牌只是印在产品包装上的名称和商标，他们忽视了品牌的真正内涵是存在于顾客内心的价值承诺、信任和忠诚；把品牌塑造的责任局限于营销、销售和客户服务部，而非全体员工的共同使命；等等。从这一角度看，进一步加强自主品牌成长理论与方法研究，提高中国企业自主品牌培育能力，培养大批企业急需的品牌管理人才是该领域学者们面临的共同使命。

当前，一个十分重要的任务是如何按照党中央、国务院关于推进供给侧结构性改革的总体要求，积极探索自主品牌培育的有效路径和方法，更好地发挥品牌引领作用，加快推动供给结构优化升级，适应和引领需求结构优化升级，为经济发展提供持续动力；如何以发挥品牌引领作用为切入点，充分发挥市场决定性作用、企业主体作用、政府推动作用和社会参与作用，围绕优化政策法规环境、提高企业综合竞争力、营造良好社会氛围，大力实施品牌基础建设工程、供给结构升级工程、需求结构升级工程，增品种、提品质、创品牌等（国办发〔2016〕44号文）。这其中有大量的理论和实践问题亟需研究和解决。比如：完善品牌国家标准体系；国际品牌评价话语权的提升战略；企业自主品牌培育能力评价与提升；消费者自主品牌情感与消费意识培养；加快品牌管理专门人才培养等一系列问题。正是从这一使命出发，我们把"自主品牌创新发展"作为西南政法大学管理学院重点学科建设的特色方向，希望通过相关理论和对策研究，对中国自主品牌的发展实践有所助益。

西南政法大学管理学院是在传统政法院校中发展起来的专门从事商科教育与研究的学院。出于学校的优势和特色定位以及错位竞争的考虑，管理学院自2004年以来，一直秉持"法商融合、特色发展"的思路，在目标定位、团队建设以及科研资助等方面采取了系列措施，逐步在公司治理、劳动关系管理、知识产权管理、品牌管理、司法会计、财务风险防范等管理学与法学的交叉领域，搭建起了多个研究平台和科研团队，形成了一定的研究特色。西南政法大学品牌与地理标志研究中心正是在这一背景下应运而生的，依托我院市场营销系、原地理标志研究中心、重庆市品牌学会以及全国品牌社团组织联席会议而组建，目前已成为我国西部地区重要的品牌与地理标志理论及应用研究的综合性、开放性学术机构。近年来，本中心在科研项目申报、学术成果发表、学术交流以及社会咨询服务等方面，取得了初步的成绩。为了更好地促进品牌管理、地理标志以及消费行为领域的学术研究和交流，推动中国企业自主品牌成长与培育实践，我们以"西南政法大学自主品牌创新系列"丛书的形式，将本中心教师的最新研究成果陆续出版，以贡献我们的微薄之力。

不可否认的是，由于我们的探索和思考有限，这个系列著作中定有不少不当之处，希望大家给予诚恳的批评指正。

是为序。

曹大友

2016年2月

# 前　言
## PREFACE

　　本土品牌偏见是指人们对本土品牌在特征、属性和行为等方面比较固定的观念、态度或认知表征。中国消费者普遍存在本土品牌负面刻板印象，认为本土品牌的质量、技术、象征性较差，而外国品牌的质量、技术、象征性更好。对此，大量研究证实，中国消费者一般对来自发达国家的品牌偏好要高于国内品牌，他们将外国品牌与卓越的品质、新颖性、现代性和社会地位的象征联系起来，即使本土品牌与外国品牌在价位、功能属性和实际使用情况上都处在一个水平，中国消费者也仍然更喜欢外国品牌。同时，相关研究还发现，年轻消费者和顶级城市消费者更偏好外国品牌，在这个群体中，即使他们使用了民族品牌，也仍然会给予负面评价，认为使用民族品牌会带来功能或形象上的损失。而现实生活中，各种"假洋货"（如达芬奇、欧典地板、味千拉面等）比比皆是。这些现象和理论研究都证实，品牌来源国刻板印象已然成为中国社会情境下的一种典型社会认知偏差，人们的购买意愿和消费行为已受此束缚。这不仅给本土品牌成长造成了极大的伤害，而且会阻碍民族产业的振兴，威胁国家经济安全。因此，如何减轻或抑制品牌来源国刻板印象就成为当前亟须研究的重要现实命题。

　　部分学者通过分析近年来频发的食品安全危机中媒体报道的"启动效应"，发现食品安全报道确实产生了明显的负面效果，造成受众对我国食品行业的心理恐慌，甚至对整个本土产品都持有悲观态度。媒体对本土品牌偏见形成的影响主要源于两个方面：一是国内媒体大量曝光了本土品牌质量危机事件（如毒奶粉、染色馒头等），并进行"质量低劣、不负责任"等议题上的细致描述或负面评论。受众会根据其描述与偏见之间的相似程度来判断其代表性。这种报道方式对受众的影响就在于导致了代表性和易得性偏差的产生，并使受众进一步确认了其对本土品牌的偏见。对此，有关研究证实，"三聚氰胺事件"对中国消费者国家形象感知及本土品牌偏好均有显著的负向影响（王鹏等，2010）。二是国内媒体缺乏报道外国品牌质量问题的话语权和积极性。以央视"3·15"晚会报道惠普笔记本电脑的"蟑螂门"、国外品牌电视违反中国产品三包法规定和锦湖轮胎大面积"鼓包"事件为例，由于其他媒体缺乏对这些事件进行持续、主动的框架建构和议题设置，无法使受众产生外国品牌也存在"质量问题、责任缺失、虚假宣传、价格暴利"等方面的符号认知和外国品牌"未必就好"的意义加工。因此，在某种程度上，可以说中国大众传媒有意、无意地扮演了特别突出质量危机或其他激活本土品牌偏见的角色。要减轻或转变本土品牌偏见就需要研究媒体的报道策略，有效预见特定受众对本土品牌形象的理解，并制定媒体干预策略。

尽管从本质上看，本土企业的崛起是减轻或转变本土品牌偏见最有效的途径，但它需要长期的发展过程，不可能一蹴而就。因此，在努力促进本土品牌成长的同时，还需要寻求其他有效的干预对策。国内学者在探讨品牌来源国效应、消费者民族中心主义和本土品牌认知等议题时，主要从企业营销视角提出减轻或转变本土品牌偏见的相关策略。由于本土品牌偏见不仅仅是消费领域的品牌认知问题，更是中国社会情境下的一种典型社会认知偏差，其形成固然与本土企业的整体质量、技术等紧密相关，但它同时也与长期形成的社会规范、特殊消费心理、文化自卑、媒介启动等社会环境有关。因此，转变本土品牌偏见需要突破单纯企业营销的视角，从宏观上探索反转本土品牌刻板印象的反刻板化"拟态环境"。

本书由四个部分组成。其中，绪论部分包括选题背景与研究意义、国内外研究现状以及研究内容与研究方法。问题反思部分主要探讨了品牌来源国刻板印象的现状与成因分析；本土品牌偏见的媒介启动效应与本位反思；中国媒体报道本土/外国品牌负面事件的话语比较；中国媒体披露外国品牌负面信息的框架分析；外国品牌负面信息披露的受众反应与框架分析等。效应检验部分主要从基于产品属性差异的媒介信息披露对本土品牌偏见转变的影响；基于产品类型差异的媒介信息披露对本土品牌偏见转变的影响；民族中心主义刺激信息对不同类型和不同属性的外国品牌负面信息披露反转本土品牌偏见的调节作用等。操作策略部分则探讨了转变本土品牌偏见的媒介传播路径与框架建构策略；转变本土品牌偏见的媒介操作模式与议题设置策略；转变本土品牌偏见的议程融合与媒介管理策略。

本书的付梓是许多老师、同事、朋友参与和支持的结果。首先要感谢复旦大学管理学院的范秀成教授，他作为我在复旦大学从事博士后研究的合作导师，给予了我悉心的指导；感谢胡媛艳博士、郭斌博士的贡献，他们分别完成了"国产/日韩护肤品品牌的内隐与外显态度研究""本土乳品品牌负面刻板印象的生成根源及抑制对策研究"等章节的内容；感谢重庆文理学院刘菲菲、蓝璘两位老师在课题成果的英文翻译方面给予的帮助；感谢重庆文理学院王红君、肖艳、周丽永、易文德、成毅涛、王爱忠、王纬琳等诸位老师在实验研究方面给予的帮助；特别感谢西南政法大学管理学院院长曹大友教授的指导，并将本书作为"西南政法大学自主品牌创新系列"成果予以出版资助；还要感谢西南政法大学管理学院敖山书记、吴敏老师、曾德国教授、张毅副教授、赵亚翔博士、陈红梅副教授、周杰副教授、沈娜利博士、王毓嵩博士、罗勇博士、刘璘琳博士等同事的帮助！本书是国家社会科学基金项目（12CXW014）、中国博士后科学基金面上重点项目（2013M540327）、西南政法大学资助项目（2014XZRCXM007）的研究成果，个别章节是教育部人文社会学科研究项目（14XJC860002、14XJCZH003）的研究成果，在此向资助单位致谢！还要感谢中国经济出版社葛晶老师的辛勤付出，她认真负责的态度、专业的水平和敬业的精神，都体现在本书的出版过程中。感谢中国经济出版社的同仁们在本书编排、设计上所付出的心血。

本书的出版正值国务院发布《关于发挥品牌引领作用　推动供需结构升级的意见》（国办发〔2016〕44号）之际，文件明确提出"加强自主品牌宣传和展示，倡导自主品牌消费"；"培养消费者自主品牌情感，倡导自主品牌消费，引导境外消费回流"。这是改善国货消费环境、扩大国货消费市场、增强自主品牌塑造信心和动力，更好地为中国经济转型发展提供思想保障和行动支持。因此，希望本书能对提升自主品牌形象、培养消费者自主品牌情感和消费意识的理论研究和实践操作起到抛砖引玉的作用。本书的相关研究尚不深入，加之，我们自身的视野和学识水平有限，书中肯定存在不少疏漏和谬误，不当之处，敬请各位专家、同行批评指正。

张 燚<br>
2016 年 2 月

# 目 录

## 第一部分 绪 论

1. 选题背景与研究现状 ·········································· 003
   1.1 选题背景与问题提出 ···································· 003
   1.2 研究现状 ·············································· 005
   1.3 研究意义 ·············································· 008
2. 研究内容与研究方法 ·········································· 009
   2.1 研究内容 ·············································· 009
   2.2 研究思路与技术路线 ···································· 011
   2.3 研究方法与实验设计 ···································· 011

## 第二部分 问题反思

3. 品牌来源国刻板印象的现状与成因分析 ·························· 015
   3.1 品牌来源国刻板印象的典型特质和强度分析 ················ 015
   3.2 本土乳品品牌负面刻板印象的外显测量与分析 ·············· 025
   3.3 国产/日韩护肤品品牌的内隐与外显态度测量 ················ 034
   3.4 本土品牌负面刻板印象的生成根源及成因分析 ·············· 042
4. 本土品牌偏见的媒介启动效应与本位反思 ························ 052
   4.1 中国媒体披露本土/外国品牌负面问题的媒介框架及策略 ··· 052

大众传媒与转变本土品牌偏见研究
Effects and Countermeasures of Mass Media on Changing Local Brand Bias

  4.2 西方媒体披露中国企业和西方企业产品问题的媒介框架及策略 …………………………………………………………… 055
  4.3 西方媒体理论陷阱与中国媒体自觉意识的反思 ………… 057
5. 中国媒体报道本土/外国品牌负面事件的话语比较
  ——基于媒体责任主体的个案研究 …………………………… 062
  5.1 研究设计 …………………………………………………… 063
  5.2 资料分析 …………………………………………………… 065
  5.3 研究结论与建议 …………………………………………… 071
6. 中国媒体报道外国品牌负面事件的框架分析：以重庆沃尔玛食品安全事件为例 ……………………………………………… 075
  6.1 研究方法 …………………………………………………… 075
  6.2 中国媒体报道重庆沃尔玛事件的媒介框架分析 ………… 076
  6.3 研究结论 …………………………………………………… 084
7. 外国品牌负面信息披露的受众反应与框架分析：以重庆沃尔玛食品安全事件为例 ……………………………………………… 086
  7.1 问卷设计与数据收集 ……………………………………… 086
  7.2 大众传媒对重庆沃尔玛食品安全事件报道的受众框架分析 … 088
  7.3 大众传媒对重庆沃尔玛食品安全事件报道的受众反应分析 … 092

## 第三部分 效应检验

8. 媒介信息披露对本土品牌偏见转变的影响研究：基于产品属性差异的视角 ……………………………………………………… 097
  8.1 研究假设 …………………………………………………… 097
  8.2 研究方案设计 ……………………………………………… 098
  8.3 数据收集与结果分析 ……………………………………… 100
  8.4 研究结论 …………………………………………………… 108
9. 媒介信息披露对本土品牌偏见转变的影响研究：基于产品类型差异的视角 ……………………………………………………… 111
  9.1 研究假设 …………………………………………………… 111

  9.2　研究方案设计 …………………………………………… 113

  9.3　数据处理与结果分析 …………………………………… 114

  9.4　研究结论 ………………………………………………… 122

10. 媒介信息披露对本土品牌偏见转变的影响研究：基于民族中心主义刺激信息的调节作用 ………………………………… 124

  10.1　文献探讨与假设推导 ………………………………… 124

  10.2　研究思路与实验设计 ………………………………… 126

  10.3　数据收集与结果分析一：民族中心主义刺激信息对不同属性外国品牌负面信息转变本土品牌偏见的调节效应 …… 129

  10.4　数据收集与结果分析二：民族中心主义刺激信息对不同类型外国品牌负面信息转变本土品牌偏见的调节效应 …… 139

## 第四部分　操作策略

11. 转变本土品牌偏见的媒介传播路径与框架建构策略 ………… 151

  11.1　媒体策略目标 ………………………………………… 151

  11.2　媒体策略路径 ………………………………………… 152

  11.3　媒体策略模型 ………………………………………… 154

12. 转变本土品牌偏见的媒介操作模式与议题设置策略 ………… 157

  12.1　媒体的经济功能 ……………………………………… 157

  12.2　媒体的监督定位 ……………………………………… 158

  12.3　媒体操作模型 ………………………………………… 159

13. 转变本土品牌偏见的议程融合与媒介管理策略 ……………… 163

  13.1　媒体管理模型 ………………………………………… 163

  13.2　社会要素参与 ………………………………………… 165

  13.3　媒体管理实施 ………………………………………… 168

14. 结　论 …………………………………………………………… 170

  14.1　研究结论 ……………………………………………… 170

  14.2　对策建议 ……………………………………………… 173

  14.3　研究局限 ……………………………………………… 175

  14.4　研究展望 ……………………………………………… 176

## 附录

附录 3-1：自由联想阶段调查问卷 ·················································· 179
附录 3-2：自由联想阶段的形容词整理说明 ······································ 180
附录 3-3：自由联想阶段的调查结果统计表 ······································ 182
附录 3-4：K-B 法阶段调查问卷 ···················································· 185
附录 3-5：Gardner 法阶段调查问卷 ··············································· 188
附录 6-1：媒介报道文本的框架编码方案 ········································· 190
附录 6-2：中国媒体报道沃尔玛食品安全事件的框架编码提纲 ············ 191
附录 6-3：中国媒体对沃尔玛食品安全危机事件报道的框架分析 ······· 194
附录 6-4：国内媒体报道沃尔玛事件的媒介主题和立场 ····················· 200
附录 7：受众（消费者）对沃尔玛食品安全事件认知框架的访谈
　　　　提纲 ····································································· 206
附录 8-1：产品属性实验材料之一、二、三、四 ····························· 210
附录 8-2：不同产品属性外国品牌负面信息披露的可接近—可诊断
　　　　实验 ······································································ 212
附录 8-3：不同产品属性外国品牌负面信息披露的控制组实验 ·········· 222
附录 9-1：产品类型实验材料之一、二、三、四 ····························· 225
附录 9-2：不同产品类型外国品牌负面信息披露的可接近—可诊
　　　　断实验 ···································································· 227
附录 9-3：不同产品类型外国品牌负面信息披露的控制组实验 ·········· 237
附录 10：民族中心主义情结刺激信息 ············································ 240

参考文献 ···················································································· 248
人名索引表 ················································································ 259
重要术语索引表 ·········································································· 261

# 第一部分

# 绪 论

# 1. 选题背景与研究现状

## 1.1 选题背景与问题提出

由于工具性、自我防御和价值表达的需要，刻板印象无处不在，如性别—职业刻板印象、独生子女刻板印象、种族刻板印象、外貌刻板印象等，在消费领域也普遍存在着品牌来源国刻板印象。当前，本土品牌偏见是现实中广泛存在而有待深入研究的重要命题。本土品牌偏见的过分概括化作用所导致的结果是国产品牌做得好与不好，在消费者那里都是不好的（王斌，2010）；在很多国人的眼里，美国的二线品牌都是国际品牌，中国品牌不如别人（许志华，2011）；即使是优势本土品牌在中国消费者看来也依然是"低档货"，顶多是"二流产品"（易牧衣等，2009；宋永高等，2004）。可以说，消费者的偏见扼杀了本土品牌的创新（王斌，2010）。在我国加快经济发展方式转变的攻坚时期，减轻或消除本土品牌偏见无疑是优化本土品牌成长环境，构筑对外国品牌无形障碍的必然要求，也是推动社会主义文化大发展大繁荣，培养国人高度文化自觉和文化自信的必然要求。有关研究证实，人们完全可以通过对判断行为进行仔细、有意识的训练来减少甚至消除社会刻板印象的不良影响（Fisk，1989；Bargh，1994；王沛、陈学锋，2003）。下面是一位消费者朋友的真实故事①，通过其心路历程或许能为本项目的选题和研究提供启发。

王涛（化名）是一名大学教师，讲授工商管理专业课程，一直对外国品牌有"趋崇"心理。他羡慕朋友家的东芝彩电，会因为自己家里使用的是海信电视而觉得没有面子。当小孩出生后，在选择奶粉时，他义无反顾

---

① 佚名. 如何才能转变本土品牌刻板印象. 来源：http：//www.brandcq.com/cq/pprw/zjgc/1483.html.

地选择了国外品牌。2007年，国产三鹿奶粉出现了三聚氰胺事件，他非常庆幸，更加坚定了自己对外国品牌的崇尚。

但后来的几件事使他的本土品牌偏见得到了控制。两年前，由于对外国品牌的崇尚，在同等价位的中外品牌轿车中，他买了别克凯越轿车，但一个月左右轿车轮胎"鼓包"，销售商以驾驶员自身驾驶经验不足为由，不愿承担责任。直到2011年"3·15"晚会，央视报道了锦湖轮胎大面积"鼓包"问题，王涛才明白根本不是自己的驾驶技术问题，而是轮胎本身的质量问题。而当王涛找到销售商理赔时，销售商以该车不是使用天津锦湖公司生产的轮胎为由，不予更换或理赔。王涛感到很气愤，这么严重的质量就不了了之。这件事让王涛联想到2010年的"3·15"晚会，央视报道了惠普公司将其手提电脑的严重质量缺陷归结为"蟑螂事件"、国外家电企业集体违反中国"产品三包法"规定，对电视的液晶屏不保修。这一系列事件，暴露了"洋品牌"的质量缺陷、服务缺失和责任淡漠。再联想到自己阅读过的网络文章——"中国28个主要产业中，有21个产业被外资控制"，使他倍感震惊；也想到自己经常看到的有关外资企业在中国实行双重标准，无视中国消费者权益的恶性事件报道。为此，他经常这样反思——外国品牌在中国大行其道，许多行业民族品牌濒临绝种；当失去了定价权和议价权之后，如何保障消费者权益，中国企业何以安生，又拿什么来保障国家经济安全，这些想法不断刺痛着他的内心。偶然从QQ上获得朋友转载的消息——"要捐就捐一个亿，要喝就喝王老吉；本田仅捐20万，喝光王老吉等"，也进一步肯定了他的想法——关键时刻只有本国企业才会去关心民族的伤痛。他觉得，中国人就是应该爱国货。

于是，他决定从今往后，凡是有国产品牌可选择，就不再考虑"洋品牌"。最近他买了一部OPPO手机，用起来非常满意。现在他家使用的所有日化产品都是本土品牌，如把"强生"换成"六神"，"佳洁士"换成"冷酸灵"，"汰渍"换成"雕牌、立白"等，总之一切只选国货。他如今想换车，国产车是他重点考虑的对象。在他的带动下，他的家人也和他一起消费国货，妻子买化妆品只挑国货，儿子不再去"麦当劳、肯德基"，而是去"乡村基"。

这个故事描述了王涛在消费体验基础上，如何对"拟态环境"中有关本土品牌反刻板化信息（包括外国品牌的质量缺陷、责任缺失、双重标准和经济威胁等）进行认知加工，并通过自我内省，基于自我保护动机和"大我"意识的激活，提高自我肯定状态和心理能量，调节"大我"和"小我"的动态心理平衡，实现对本土品牌外显刻板印象的有意控制，产生本土品牌"外显偏好"，使消费行为与"外显偏好"一致，从而对国货偏爱。

王涛的经历为我们提供了如下研究命题："拟态环境"中外国品牌负面信息披露究竟能够在多大程度上成为抑制品牌来源国刻板印象的重要线索？这种抑制效应是否与外国品牌负面信息所涉及的产品属性差异和产品类型差异有关？外国品牌威胁信息在调节受众对外国品牌负面信息的认知加工动机和刻板印象抑制等方面扮演了何种角色？我们是否可以通过建构本土品牌反刻板化的"拟态环境"，有意调控受众注意资源，实现减轻或抑制本土品牌刻板印象的目的？本项目正是期望对这些问题展开探讨，因此，具有重要的选题价值和研究意义。

## 1.2 研究现状

### 1.2.1 中国社会本土品牌偏见的存在及其危害

本土品牌偏见是指人们对本土品牌在特征、属性和行为等方面比较固定的负面观念、态度或认知表征，即认为本土品牌的质量、技术、象征性较差，无视本土品牌的崛起和类别差异。对此，大量研究证实，中国消费者一般对来自发达国家的品牌偏好要高于国内品牌（Sin 等，2000；王海忠等，2004；庄贵军等，2006），他们将外国品牌与卓越的品质、新颖性、现代性和社会地位的象征联系起来（Sklair，1994；Li 等，1997；宋永高，2004），即使本土品牌与外国品牌在价位、功能属性和实际使用情况上都处在一个水平，中国消费者也仍然更喜欢外国品牌（易牧农，2009）。同时，相关研究还发现，年轻消费者和顶级城市消费者更偏好外国品牌（安敏德，2008；Cui 等，2001；朱凌等，2003），在这个群体中，即使他们使用了民族品牌，也仍然会给予负面评价，认为使用民族品牌会带来功能或形象上的损失（吴泽松，2011）。而现实生活中，各种"假洋货"（如达芬奇、欧典地板等）比比皆是，高端市场完全被"洋品牌"占领，而本土品牌则被"压制"在中低端市场（王斌，2010；许志华，2011）。

这些现象和理论研究证实，中国社会已经形成了较强的"本土品牌偏见"，人们的购买意愿和消费行为已受此束缚。这不仅给本土品牌的成长造成了极大的伤害，而且会阻碍民族产业的振兴，威胁国家经济安全。因此，如何抑制本土品牌偏见就成为当前亟须研究的重要命题。

## 1.2.2　大众传媒对本土品牌偏见形成的影响研究

部分学者通过分析近年来频发的食品安全危机中媒体报道的"启动效应"，发现食品安全报道确实产生了明显的负面效果，造成受众对我国食品行业的心理恐慌，甚至对整个本土产品都持有悲观态度。媒体对本土品牌偏见形成的影响主要来源于两个方面：一是国内媒体大量曝光了本土品牌质量危机事件（如毒奶粉、染色馒头等），并进行"质量低劣、不负责任"等议题上的细致描述或负面评论。受众会根据其描述与偏见之间的相似程度来判断其代表性。这种报道方式对受众的影响就在于导致了代表性和易得性偏差的产生，并使受众进一步确认了其对本土品牌的偏见。对此，有关研究证实，"三聚氰胺事件"对中国消费者国家形象感知及本土品牌偏好均有显著的负向影响（王鹏等，2010）。二是国内媒体缺乏报道外国品牌质量问题的话语权和积极性。以央视"3·15"晚会报道惠普笔记本电脑的"蟑螂门"、国外品牌电视违反中国产品三包法规定和锦湖轮胎大面积"鼓包"事件为例，由于其他媒体缺乏对这些事件进行持续、主动的框架建构和议题设置，无法使受众产生外国品牌也存在"质量问题、责任缺失、虚假宣传、价格暴利"等方面的符号认知和外国品牌"未必就好"的意义加工。

因此，中国大众传媒有意无意地扮演了特别突出质量危机或其他激活本土品牌偏见的角色。要减轻或转变本土品牌偏见就需要研究媒体的报道策略，有效预见特定受众对本土品牌形象的理解，并制定媒体干预策略。但已有研究缺乏对大众传媒在选择性报道本土/外国品牌危机事件中的国家利益本位和自觉意识，以及这种报道方式所产生的代表性和易得性信息对受众的影响进行探索。

### 1.2.3　大众传媒对本土品牌偏见转变的对策研究

尽管从本质上看，本土企业的崛起是减轻或转变本土品牌偏见最有效的方法，但它需要长期的发展过程，不可能一蹴而就，因此，在努力促进本土品牌成长的同时，还需要寻求其他有效的干预对策。国内学者在探讨品牌来源国效应、消费者民族中心主义和本土品牌认知等议题时，主要局限于企业营销视角，提出了"适应性"的营销策略，即如何有效利用消费者的本土品牌偏见进行市场拓展（宋永高，2004；朱凌等，2003；王海忠等，2007；周志民等，2010），而缺乏对"减轻或转变本土品牌偏见"的策略进行研究。事实上，本土品牌偏见不仅仅是消费领域的品牌认知问题，更是中国社会情境下的一种典型社会认知偏差（王沛等，2003），其形成固然与本土企业的整体质量、技术等紧密相关，但它同时也与长期形成的社会规范、特殊消费心理、文化自卑、媒介启动等社会环境有关。因此，转变本土品牌偏见需要突破单纯企业营销的视角，从宏观上探索如何建构本土品牌反刻板化的"拟态环境"。

而在社会认知领域，大众传播一直是减轻社会偏见的重要途径，其策略包括改变社会气候、提供教育、提供学习模仿、提供反刻板化想象样例等（Melanie，2008；Todd，2009；Bernard，2010）。因此，大众传媒可以为本土品牌偏见的转变发挥重要作用。而如何确定媒介框架和议题来源就成为大众传媒干预本土品牌偏见的重点。以下研究结论或建议为本书提供了重要启发：相关研究发现，消费者是否具有民族中心主义或国货意识会对来源国品牌评价产生影响，民族中心主义倾向高的消费者会偏爱和更多地购买本土品牌（Kaynak等，2002；Granzin等，2001；Wanke等，2002；王海忠等，2007；周志民等，2010）。为此，王海忠（2006）提出，企业应通过营销传播使人们确信购买国货具有"收益"，并指出外国产品威胁的严重性，使每个人都意识到他有能力通过购买国货来维护本国产业，而政府应利用民族中心主义情结，构成对外国产品的无形障碍。而张卓倩（2009）则根据心理遗忘规律，提出了食品安全的三阶段报道策略，即在不同报道阶段应采取不同的报道策略，既要加强舆论监督和引导，也要避免过度报道而造成对行业的打击，还要实时加强正面报道，以拯救食品行业。

上述影响和对策研究为本书把外国品牌风险图景建构、本土品牌正面形象塑造以及民族中心主义消费情结培养作为大众传媒建构本土品牌反刻板化"拟态环境"的媒介框架和议题来源提供了理论依据。但已有研究缺乏对策略实施的议题设置、媒介力量整合、话语权控制以及媒介管理政策等进行系统探讨，同时相关策略的有效性也缺乏实证检验。

## 1.3 研究意义

目前，国内外学者在探讨消费者民族中心主义、品牌来源国刻板效应以及本土品牌偏好认知等命题时，仅对企业如何适应或改变消费者购买倾向的营销策略有所涉及。现有研究不仅对企业可以通过哪些途径逆转消费者心目中的原产国刻板印象等问题的探讨极其有限（江红艳、王海忠，2011），而且很少从反刻板化"拟态环境"的视角探讨本土品牌刻板印象的反转策略。因此，本研究具有重要的理论和现实意义。

（1）理论意义

①本书将实证探讨媒介框架与受众本土品牌偏见的相关关系，然后对大众传媒报道本土/外国品牌质量危机事件的内容和特点进行文本分析，反思国内媒体的本位意识及存在的问题，这将有助于丰富大众传播心理理论，并为对策研究奠定理论基础。②本书将在理论分析的基础上，系统提出大众传媒干预本土品牌偏见的媒介框架、议题设置和媒介管理策略等，这是对框架理论和议程设置理论的应用范围的扩展。

（2）现实意义

本书拟从外国品牌风险图景建构、本土品牌正面形象塑造和消费者民族中心主义情结培养等方面，系统探讨其媒介框架和议题设置，提出媒介实施的议程融合策略、媒介力量整合、话语权控制和媒介管理政策等，这不仅为减轻或转变本土品牌偏见提供了科学的干预对策，而且有助于提高大众传媒的舆论引导水平，优化本土品牌成长环境，构筑对外国品牌的无形障碍。

# 2. 研究内容与研究方法

## 2.1 研究内容

(1) 实证性研究——大众传媒对本土品牌偏见形成的影响与本位反思

本部分的研究目的是揭示大众传媒选择性报道本土/外国品牌危机事件对受众本土品牌偏见的启动效应,反思国内媒体的国家利益本位与自觉意识。研究内容包括:①大众传媒对本土品牌偏见形成的影响研究。拟选择近年来发生的3起本土品牌质量危机事件,收集有关报道框架,同时抽样调查城市居民对本土品牌形象的认知,然后对媒介报道内容和受众感知进行框架分析,探讨媒介框架与受众在发现问题、解释原因、道德判断以及提出解决方案等方面的相关关系,以揭示媒介框架对受众认知框架的启动效应。②大众传媒报道本土/外国品牌危机事件的本位反思。从2010—2011年发生的几起本土/外国品牌质量危机事件,借助搜索引擎收集国内媒体的报道材料,从媒介框架、话语权主体、议题设置等方面进行文本分析和差异比较,探讨代表性和易得性本土品牌认知偏差产生的原因,反思国内媒体的国家利益本位和自觉意识,揭示存在的问题及其根源。

(2) 学理性研究——大众传媒对本土品牌偏见转变的有效性研究

本部分的研究目的是通过实验研究,揭示有关"外国品牌负面报道"以及"民族中心主义消费情结刺激"等媒介信息对本土品牌偏见意识性抑制的有效性及调节作用,从而为后续对策研究明确重点和方向。研究内容包括:①外国品牌负面报道对本土品牌偏见意识性抑制的影响研究。根据外国品牌负面报道的产品属性和产品类型差异进行组间实验设计,通过实验组和控制组比较、组内比较和组间比较,分析不同产品属性和不同产品类型的外国品牌负面信息对本土品牌偏见的抑制效应及其差异。②民族中心主义消费情结刺激对外国品牌负面报道和本土品牌正面报道抑制本土品牌偏见的调节作用。根据上述外国品牌负面报道类型进行组间实验设计，通过实验组与参照组的比较分析，探讨民族中心主义刺激信息（先呈现）对外国品牌负面信息（后呈现）抑制本土品牌偏见的调节效应。

（3）建构性研究——大众传媒对本土品牌偏见转变的媒介框架与议题设置

本部分的研究目的是在学理性研究的基础上，探讨本土品牌反刻板化"拟态环境"建构的媒介框架和议题来源，为有意调控受众注意资源提供操作路径。研究内容包括：①外国品牌风险图景建构的媒介框架与议题设置。运用风险建构理论和相对剥夺理论，探讨外国品牌风险图景建构的媒介框架与议题设置，如伪造产地、价格暴利、质量缺陷、责任缺失、不正当竞争、"假洋货"等。②本土品牌正面形象塑造的媒介框架与议题设置。运用说服理论，探讨本土品牌正面形象塑造的媒介框架与议题设置，如负责、崛起、优质、性价比高、不逊于外国品牌、塑造本土品牌偏好子群体、赞扬本土品牌偏好行为等。③民族中心主义消费情结培养的媒介框架与议题设置。借助现实冲突理论，探讨民族中心主义消费情结（或国货意识）培养的媒介框架与议题设置，如外国品牌威胁、民族经济威胁与忧患意识等。

（4）策略性研究——大众传媒对本土品牌偏见转变的议程融合与管理策略

本部分的研究目的是在建构性研究的基础上，探讨媒介实施的议程融合策略、媒介力量整合、话语权控制和媒介管理政策等。研究内容包括：①大众传媒国家利益本位和自觉意识的提高策略。主要探讨国家利益框架下，以转变本土品牌偏见、构筑对外国品牌的无形障碍为目的，建构媒体报道立场和优先议程。②本土品牌偏见转变的议程融合策略研究。主要围绕外国品牌风险图景建构、本土品牌正面形象塑造和民族中心主义消费情结培养等三个方面，探讨媒体报道内容和受众认知方向的基本路径和议程融合策略。③本土品牌偏见转变的媒介管理策略研究。重点分析媒介场域所涉及的利益相关者主体（如政府相关部门、大众传媒、消费者协会、本土企业、消费者等），分析各自的职责和协作关系，提出媒介议题来源与管理、媒介力量整合、话语权控制和媒介管理政策等。

## 2.2 研究思路与技术路线

本书将首先通过框架分析，探讨大众传媒选择性报道本土/外国品牌质量危机事件对受众本土品牌偏见的启动效应，反思国内媒体的国家利益本位和自觉意识；其次，通过实验研究，揭示"外国品牌负面报道""民族中心主义消费情结刺激"对本土品牌偏见意识性抑制的有效性及调节作用；最后，利用框架理论、议程设置理论和偏见心理学理论，探讨大众传媒干预本土品牌偏见的媒介框架、议题设置和媒介管理策略等。技术路线如下图所示：

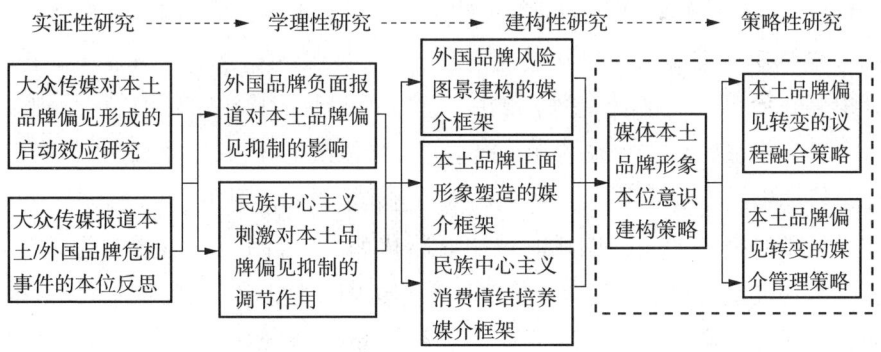

## 2.3 研究方法与实验设计

（1）文本分析法

①本土品牌偏见的现状与成因：本研究将利用认知心理学中的刻板思维和不确定状况下的判断理论，结合社会认知和符号学理论，对本土品牌偏见的现状与成因进行文本分析。

②启动效应分析：本研究首先选择腾讯网和当地报纸，以近期发生的3起本土品牌质量危机事件为例，使用搜索引擎，收集有关报道材料，运用 Entman（1993）的框架分析理论进行文本分析，即它们框选了本土品牌质量的什么问题、如何解释本土品牌质量问题的原因、如何引导受众对本

土品牌的价值判断、暗示本土品牌质量问题如何解决；然后，采用街头拦截访问调查 200 人，获取媒介框架对受众认知框架的影响——即受众对本土品牌质量问题的判断、对造成这些问题原因的判断、对本土品牌的褒贬评价以及对本土品牌质量问题应该怎样解决，并对调查内容进行文本分析。

③本位反思研究：本研究拟选择电视媒体、网络媒体和平面媒体（网络版）各 1 家，使用搜索引擎，收集 2009—2010 年有关本土/外国品牌质量危机事件的报道材料，然后分别对内容分类、稿件体裁、信息来源、语义向性、媒介归因、话语权主体、持续时间等进行文本分析和差异比较。

（2）实验设计

为了检验本书所提出的"外国品牌"风险议题和民族中心主义情结培养议题对减轻或转变本土品牌偏见的干预效果，本研究采用 4（实验组：3 个实验组/1 个控制组）×4（受众评价对象：具体外国品牌/具体本土品牌/抽象外国品牌/抽象本土品牌）的被试间实验设计。3 个实验组材料分别对应于"外国品牌"风险议题和民族中心主义情结培养议题，议题材料来源于从媒体上收集到的真实"外国品牌"负面报道和能激发消费者民族中心主义情结的报道（用外国品牌威胁材料代替）。控制组不需要实验材料。实验组为被试间变量，受众评价对象为被试内变量。因变量为品牌态度的意识性认知所控制，其测项将参照并修改 Rokeach（1990）关于媒介信息的受众反应量表，其中，认知接受度（表示可接近性）的测项为：极不可靠—极可靠、很不值得重视—很值得重视；情绪改变度（表示可诊断性）的测项为：信息非常负面—非常正面、产品品质很差—很好、产品态度很不喜欢—很喜欢；行为卷入度（表示可诊断性）的测项为：产品绝对不再购买—绝对会购买。测项采用七点量表。每组 30 人参与实验。

（3）数据处理方法

运用 SPSS 17.0 的描述性统计、相关性分析、显著性检验和线性回归等方法，对媒介框架与受众认知框架的相关关系进行统计分析；利用 SPSS 17.0 的均值比较、双尾检验等方法，对干预效果实验中的组间实验数据进行统计分析，以检验媒介议题对受试品牌评价的影响及有效性。

第二部分

# 问题反思

# 3. 品牌来源国刻板印象的现状与成因分析

为厘清本土品牌刻板印象的现状与成因,本研究利用现代认知心理学中的刻板思维和不确定状况下判断的最新研究成果,同时结合社会认知和符号学理论,运用文本分析法对反映或影响本土品牌刻板印象的各种现象、事件和报道等信息进行剖析。

## 3.1 品牌来源国刻板印象的典型特质和强度分析

### 3.1.1 研究方法与对象

为了避免研究者主观选定的形容词对被调查者的影响,本研究将综合运用自由联想法、K-B 法和 Gardner 法的优点,通过对三种方法进行三阶段调查,将词频分析由定性内容转化为可量化的连续性量表,对形容词性的方向进行评估,分析本土品牌刻板印象的一致性程度。一致性程度较高的词汇代表刻板印象的"内容",词汇的正负意义代表刻板印象的"特质",一致性的高低代表刻板印象的"强度"(包蕾萍,2010)。三种方法所对应的三个阶段的被试取样和样本数不同(见图 3-1),其中,在自由联想阶段,由不同专业的高年级本科生参与,人数不必过多,以收集被试心目中关于本土品牌的典型形容词;在 K-B 法调查阶段,首先从自由联想阶段中筛选出 20 个适用于本土品牌的形容词,然后采用便利抽样的方法进行小样本调查,以得到最符合本土/外国品牌的高频词;在 Gardner 法调查阶段,首先把 K-B 法阶段得到的最符合本土/外国品牌的高频词编制成五点量表,然后进行较大规模的随机调查,对本土品牌刻板印象的典型特质进行确认。

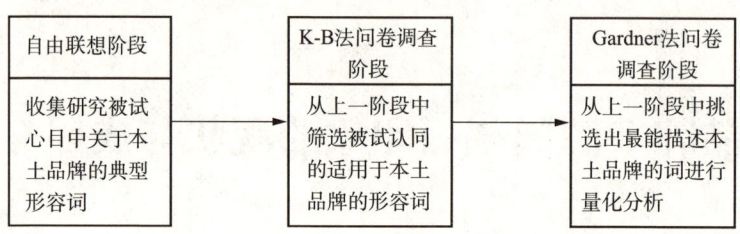

图 3-1　调查过程与步骤

## 3.1.2　结果分析

### 3.1.2.1　自由联想阶段的结果分析

(1) 受访者的人口统计特征

此阶段采用形容词联想法，通过便利抽样，邀请 21 位来自不同专业的高年级本科生参加，要求他们在问卷（见附录 3-1）上用尽量多的形容词（至少 10 个以上）来描述和刻画其心目中本土品牌和外国品牌形象。被试的人口统计特征见表 3-1。

表 3-1　自由联系受访者性别分布/平均年龄和有效百分比

| 人口统计特征 | | 人数（人） | 有效百分比（%） |
| --- | --- | --- | --- |
| 性别 | 男 | 6 | 28.6 |
| | 女 | 15 | 71.4 |
| 平均年龄（岁） | | 22 | |

(2) 形容词的获得

由于被试写的许多形容词都大同小异，经整理，将那些意思相近的形容词统一归结为一个词（见附录 3-2）。经整理后得到了一系列描述本土品牌和外国品牌的形容词（见附录 3-3、表 3-2），其中，本土品牌正面形容词有 14 个，分别是实惠、经典、容易买到、性价比高、用的人多、情感高、外观精美、时尚、功能齐全、耐用、设计合理、品种繁多、功能较好、民族主义强；中性词有 7 个，分别是售后服务一般、服务人员素质一般、质量一般、价格适中、档次适中、包装适当、价格适中；其余的都是负面形容词，有 49 个。外国品牌负面形容词有 8 个，分别是欺骗消费者、乱标价、假高端、销售过期产品、召回、性价比不高、质量不稳定、外观设计简单；中性词有 3 个，分别是包装适当、质量一般、使用效果一般；其余的都是正面形容词，有 70 个。其中，前 15 个最能描述本土品牌和前 15 个最能代表外国品牌的形容词，就是本土/外国品牌刻板印象的内容，分别代表本土/外国品牌的典型特质（见表 3-2）。

表 3-2 自由联想法获得的形容词表

| 本土品牌 | | | 外国品牌 | | |
| --- | --- | --- | --- | --- | --- |
| 形容词 | 出现次数 | 被选比例（%） | 形容词 | 出现次数 | 被选比例（%） |
| 1. 质量差 | 19 | 90.48 | 1. 服务好 | 15 | 71.43 |
| 2. 山寨 | 16 | 76.19 | 2. 价格高 | 15 | 71.43 |
| 3. 低档 | 14 | 66.67 | 3. 高科技 | 15 | 71.43 |
| 4. 服务态度不好 | 12 | 57.14 | 4. 高档 | 15 | 71.43 |
| 5. 便宜 | 12 | 57.14 | 5. 品质好 | 12 | 57.14 |
| 6. 包装设计不美观 | 12 | 57.14 | 6. 时尚 | 8 | 38.10 |
| 7. 技术含量低 | 11 | 52.38 | 7. 功能齐全 | 8 | 38.10 |
| 8. 不安全 | 8 | 38.10 | 8. 外观设计精美 | 6 | 28.57 |
| 9. 缺乏个性 | 6 | 28.57 | 9. 奢侈 | 5 | 23.81 |
| 10. 满意度低 | 4 | 19.05 | 10. 信誉高 | 5 | 23.81 |
| 11. 实惠 | 4 | 19.05 | 11. 有个性 | 4 | 19.05 |
| 12. 功能不好 | 4 | 19.05 | 12. 品牌形象好 | 4 | 19.05 |
| 13. 广告创意不够 | 3 | 14.29 | 13. 品位高 | 4 | 19.05 |
| 14. 传统守旧 | 3 | 14.29 | 14. 安全 | 3 | 14.29 |
| 15. 同质化严重 | 3 | 14.29 | 15. 有面子 | 3 | 14.29 |
| 16. 质量一般 | 2 | 9.52 | 16. 欺骗消费者 | 3 | 14.29 |
| 17. 产品粗糙 | 2 | 9.52 | 17. 新颖 | 3 | 14.29 |
| 18. 性价比低 | 2 | 9.52 | 18. 前卫 | 2 | 9.52 |
| 19. 适用性差 | 2 | 9.52 | 19. 定位明确 | 2 | 9.52 |
| 20. 品牌承诺低 | 2 | 9.52 | 20. 专业 | 2 | 9.52 |
| 21. 诚信差 | 2 | 9.52 | 21. 历史文化悠久 | 2 | 9.52 |
| 22. 创新意识差 | 2 | 9.52 | 22. 经典 | 2 | 9.52 |
| 23. 价差太高 | 2 | 9.52 | 23. 包装适当 | 2 | 9.52 |
| 24. 价格适中 | 2 | 9.52 | 24. 流行 | 2 | 9.52 |
| 25. 档次适中 | 1 | 4.76 | 25. 高贵 | 2 | 9.52 |
| …… | …… | …… | …… | …… | …… |

注：限于篇幅，其他词汇省略。

(3) 形容词词性比较

从词性上来看，除中性词外，被试能想到的本土品牌形象的正面词汇平均只有0.86个，而外国品牌形象的正面词汇则为9.9个，后者显著高于前者（T = -19.66，p = .000），表明被试很难想到本土品牌的正面形象；被试能想到的本土品牌负面词汇平均为9.43个，而外国品牌的负面词汇为0.71个，前者显著高于后者（T = 18.795，p = .000），表明被试很容易想到本土品牌的负面形象（见表3-3）。由此可以看出，中国消费者已经形成了较强的本土品牌负面刻板印象。

表3-3 自由联想阶段形容词词性的比较

| | | 人数 | 词语个数均值 | 标准差（SD） | 差异性检验（T） |
|---|---|---|---|---|---|
| 正面形容词 | 本土品牌 | 21 | 0.86 | 1.108 | -19.660 (0.000) |
| | 外国品牌 | 21 | 9.90 | 2.047 | |
| 负面形容词 | 本土品牌 | 21 | 9.43 | 2.293 | 18.795 (0.000) |
| | 外国品牌 | 21 | 0.71 | 1.007 | |

注：**表示在0.01水平上显著。

### 3.1.2.2 K-B法阶段的结果分析

本阶段以自由联想法获得的形容词表（见表3-2）为基础，根据出现频率的高低，找出前15个最能描述本土品牌、外国品牌的褒义和贬义形容词，从而得到30个形容词（15个描述本土品牌，15个描述外国品牌），并从总词库里另选20个作为干扰项，最后组成50个形容词的词表。在此基础上对这50个词表进行随机化处理，经随机数字排序，形成最后的形容词问卷（见附录3-4）。本问卷的调查目的在于了解被试对本土品牌的总体看法，而不是对某一个品牌的看法。

(1) 受访者的人口统计特征

采用便利抽样的方法在全国随机调查了90位被试，请其判断形容词问卷中各词是否适合本土品牌或外国品牌。被试的人口统计特征见表3-4。

表 3-4　K-B 法阶段调查问卷的人口统计特征

| 统计变量 | 细分变量 | 样本数量（个） | 百分比（%） |
|---|---|---|---|
| 性别 | 男 | 38 | 42.22 |
|  | 女 | 52 | 57.78 |
| 年龄 | 18~25 岁 | 51 | 56.67 |
|  | 26~35 岁 | 20 | 22.22 |
|  | 36~45 岁 | 13 | 14.44 |
|  | 46~60 岁 | 4 | 4.44 |
|  | 60 岁以上 | 2 | 2.22 |
| 教育程度 | 小学及以下 | 3 | 3.33 |
|  | 初中及相当学历 | 2 | 2.22 |
|  | 高中及相当学历 | 6 | 6.67 |
|  | 大专/大学 | 56 | 62.22 |
|  | 研究生及以上 | 23 | 25.56 |

（2）品牌来源国刻板印象的典型特质和强度分析

在 K-B 法调查阶段，选取了 90 名被试参与调查，统计结果如下（见表 3-5）：

表 3-5　50 个形容词的符合程度调查

| 序号 | 形容词 | 本土品牌的一致性指标（%） | 外国品牌的一致性指标（%） | 两者都不适合（%） |
|---|---|---|---|---|
| 1 | 便宜 | 86.67 | 1.11 | 12.22 |
| 2 | 山寨 | 85.56 | 6.67 | 7.78 |
| 3 | 实惠 | 84.44 | 4.44 | 11.11 |
| 4 | 同质化严重 | 80.00 | 5.56 | 14.44 |
| 5 | 技术含量低 | 78.89 | 1.11 | 20.00 |
| 6 | 低档 | 77.78 | 1.11 | 21.11 |
| 7 | 传统守旧 | 77.78 | 1.11 | 21.11 |
| 8 | 品牌意识差 | 77.78 | 3.33 | 18.89 |
| 9 | 产品粗糙 | 72.22 | 1.11 | 26.67 |
| 10 | 品牌价值低 | 71.11 | 4.44 | 24.44 |
| 11 | 质量一般 | 70.00 | 7.78 | 22.22 |
| 12 | 缺乏特色 | 70.00 | 8.89 | 21.11 |

续表

| 序号 | 形容词 | 本土品牌的一致性指标（%） | 外国品牌的一致性指标（%） | 两者都不适合（%） |
|---|---|---|---|---|
| 13 | 缺乏个性 | 67.78 | 4.44 | 27.78 |
| 14 | 广告没创意 | 64.44 | 3.33 | 32.22 |
| 15 | 包装设计不美观 | 64.44 | 4.44 | 31.11 |
| 16 | 满意度低 | 64.44 | 5.56 | 30.00 |
| 17 | 历史文化悠久 | 62.22 | 17.78 | 20.00 |
| 18 | 不安全 | 61.11 | 10.00 | 28.89 |
| 19 | 质量差 | 56.67 | 5.56 | 37.78 |
| 20 | 服务态度不好 | 55.56 | 11.11 | 33.33 |
| 21 | 品种少 | 55.56 | 15.56 | 28.89 |
| 22 | 不耐用 | 52.22 | 15.56 | 32.22 |
| 23 | 功能不好 | 50.00 | 5.56 | 44.44 |
| 24 | 欺骗消费者 | 47.78 | 13.33 | 38.89 |
| 25 | 没面子 | 47.78 | 5.56 | 46.67 |
| 26 | 广告夸张 | 42.22 | 42.22 | 15.56 |
| 27 | 耐用 | 36.67 | 45.56 | 17.78 |
| 28 | 包装适当 | 35.56 | 45.56 | 18.89 |
| 29 | 情感高 | 34.44 | 40.00 | 25.56 |
| 30 | 奢侈 | 6.67 | 88.89 | 4.44 |
| 31 | 价格高 | 6.67 | 87.78 | 5.56 |
| 32 | 品位高 | 6.67 | 84.44 | 8.89 |
| 33 | 时尚 | 10.00 | 83.33 | 6.67 |
| 34 | 新颖 | 10.00 | 82.22 | 7.78 |
| 35 | 高档 | 4.44 | 80.00 | 15.56 |
| 36 | 高科技 | 4.44 | 78.89 | 16.67 |
| 37 | 专业 | 12.22 | 78.89 | 8.89 |
| 38 | 品牌形象好 | 13.33 | 77.78 | 8.89 |
| 39 | 外观设计精美 | 16.67 | 75.56 | 7.78 |
| 40 | 有个性 | 14.44 | 72.22 | 13.33 |
| 41 | 信誉高 | 13.33 | 72.22 | 14.44 |
| 42 | 竞争力强 | 21.11 | 72.22 | 6.67 |

续表

| 序号 | 形容词 | 本土品牌的一致性指标（%） | 外国品牌的一致性指标（%） | 两者都不适合（%） |
|---|---|---|---|---|
| 43 | 前卫 | 7.78 | 71.11 | 21.11 |
| 44 | 有面子 | 5.56 | 71.11 | 23.33 |
| 45 | 品质好 | 10.00 | 70.00 | 20.00 |
| 46 | 定位明确 | 20.00 | 64.44 | 15.56 |
| 47 | 服务好 | 12.22 | 58.89 | 28.89 |
| 48 | 安全 | 21.11 | 52.22 | 26.67 |
| 49 | 经典 | 33.33 | 54.44 | 12.22 |
| 50 | 功能齐全 | 23.33 | 52.22 | 24.44 |

在结果统计时，采用 K-B 法常用的反转法，即不是直接计算每个形容词上出现的被评价对象频率，而是反转计算本土品牌或外国品牌评价中出现最频繁的特质形容词，即选取一致性程度最高的词。结果显示（见表3-5、表3-6），被试认为符合本土品牌、频率高于 70% 的形容词有 12 个，高于 50% 的形容词有 23 个；而符合外国品牌、频率高于 70% 的词有 16 个，高于 50% 的形容词有 21 个。

表3-6 K-B 调查法 50 个形容词的符合程度

| 本土品牌高频词（>70%） | | | 外国品牌高频词（>70%） | | | |
|---|---|---|---|---|---|---|
| 便宜 | 山寨 | 技术含量低 | 高档 | 高科技 | 有面子 | 奢侈 |
| 同质化严重 | 低档 | 传统守旧 | 价格高 | 品位高 | 前卫 | 时尚 |
| 产品粗糙 | 缺乏特色 | 品牌价值低 | 新颖 | 品质好 | 专业 | 品牌形象好 |
| 质量一般 | 实惠 | 品牌意识差 | 信誉高 | 有个性 | 竞争力强 | 外观设计精美 |

在最符合本土品牌的高频词（大于 70%）中，除"实惠"一词具有正面意义外（约占 8.33%），其余词汇（包括质量一般、便宜、山寨、技术含量低、同质化严重、低档、传统守旧、产品粗糙、缺乏特色、品牌价值低和品牌意识差）均有负面意义，约占 91.67%。图3-2 表示符合本土品牌的 12 个高频词（即符合程度或一致性大于 70%）的示意图，从图中可以看出，被试认为这些词也适用于外国品牌的比例均低于 10%。

在最符合外国品牌的高频词（大于 70%）中，所有词汇（包括高档、高科技、有面子、奢侈、价格高、品位高、前卫、时尚、新颖、品质好、专业、品牌形象好、信誉高、有个性、竞争力强和外观精美）均具有正面意义。图3-3表示符合外国品牌的16个高频词（即符合程度或一致性大于70%）的示意图，从图中可以看出，被试认为这些词也适用于本土品牌的比例均在25%以下。

因此，本阶段所得到的符合本土品牌形象的高频词有12个，分别是实惠、质量一般、便宜、山寨、技术含量低、同质化严重、低档、传统守旧、产品粗糙、缺乏特色、品牌价值低和品牌意识差等，它们代表了本土品牌刻板印象的内容和典型特质。被试所选择的最符合本土品牌形象的词汇中有91.67%都有负面意义，而相反，所选择的最符合外国品牌形象的16个高频词均有正面意义。这表明中国消费者已经形成了较强的本土品牌负面刻板印象和外国品牌正面刻板印象。

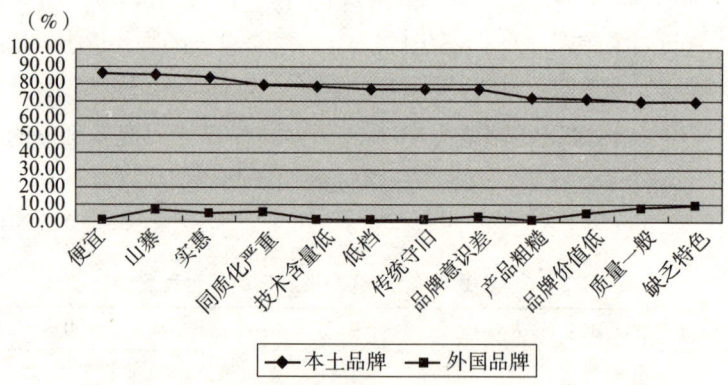

图3-2　K-B调查法本土品牌高频词（>70%，与外国品牌的比较）

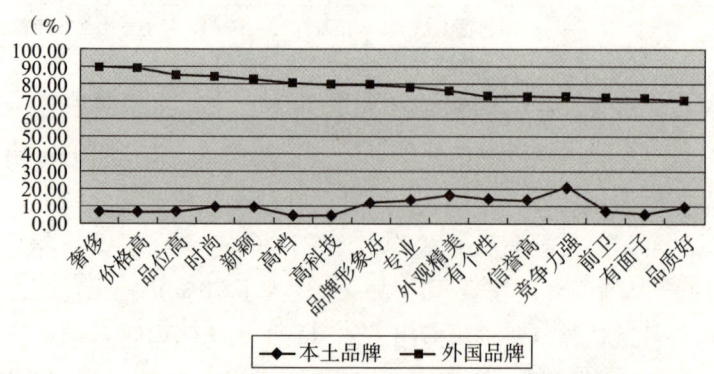

图3-3　K-B调查法外国品牌高频词（>70%，与本土品牌的比较）

### 3.1.2.3　Gardner 法阶段的问卷调查与结果分析

为了弥补 K-B 法调查的样本偏少,难以反映整个社会对本土品牌的普遍印象,而且百分数的解释力有限,不能反映集中和离散的趋势。本阶段将编制专门的形容词问卷,通过较大规模的随机调查获取相关数据,对本土品牌刻板印象典型特质进行确认。

(1) 形容词问卷的编制

经 K-B 调查法筛选出 12 个符合本土品牌且大于 70% 的高频词。为增加问卷反映本土品牌特质的程度,按频率排序向下增选"缺乏个性""广告没创意""满意度低"3 个出现频率在 64% 以上的高频词,最终得到 15 个形容词。在 15 个形容词基础上编制 5 点量表形式的形容词问卷(见附录 3-5),请被试对用这 15 个形容词描述本土品牌特质的符合程度进行评价(1 为完全不符合,2 为不太符合,3 为说不清楚,4 为比较符合,5 为完全符合)。形容词问卷中包含 1 个正面意义的词(即实惠),14 个负面意义的词(包括便宜、山寨、同质化严重、技术含量低、低档、传统守旧、品牌意识差、产品粗糙、品牌价值低、质量一般、缺乏特色、个性、广告没创意和满意度低)。

(2) 调查问卷的人口统计特征

此阶段采用便利抽样,在全国随机调查了 302 名消费者,人口统计特征如表 3-7 所示。

表 3-7　Gardner 法阶段调查问卷的人口统计特征

| 统计变量 | 细分变量 | 样本数量(名) | 百分比(%) |
| --- | --- | --- | --- |
| 性别 | 男 | 131 | 43.4 |
|  | 女 | 171 | 56.6 |
| 年龄 | 18~25 岁 | 119 | 39.4 |
|  | 26~35 岁 | 102 | 33.8 |
|  | 36~45 岁 | 70 | 23.2 |
|  | 46~60 岁 | 9 | 3.0 |
|  | 60 岁以上 | 2 | 0.7 |

续表

| 统计变量 | 细分变量 | 样本数量（名） | 百分比（%） |
| --- | --- | --- | --- |
| 教育程度 | 小学及以下 | 3 | 1.0 |
| | 初中及相当 | 24 | 7.9 |
| | 高中及相当 | 22 | 7.3 |
| | 大专/大学 | 165 | 54.6 |
| | 研究生及以上 | 88 | 29.1 |
| 月均收入 | 1000元以下 | 64 | 21.2 |
| | 1000~3000元 | 65 | 21.5 |
| | 3000~5000元 | 121 | 40.1 |
| | 5000~8000元 | 32 | 10.6 |
| | 8000元以上 | 20 | 6.6 |

注：对于在校大学生，以每月生活开支为准。

（3）品牌来源国刻板印象的典型特质和强度分析

首先，利用SPSS经由Reliability Analyze，计算出Cronbach's α值，得到信度系数为0.882，表明形容词问卷的信度较高。然后，通过SPSS计算得到15个形容词问项的均值（见表3-8）。

由表3-8可知，所有15个形容词的均值都大于中值3，进一步通过与中值3的比较，计算出均值差异的显著性，除"满意度较低"在95%的条件下显著以外，其余14个形容词均在99%的条件下显著。这表明，在被试看来，所有15个形容词都符合本土品牌形象，按其与本土品牌符合程度的高低（即均值大小）排序依次是品牌意识较差、较便宜、广告创意不够、同质化程度较严重、较实惠、山寨货较多、大多缺乏个性、大多缺乏特色、产品比较粗糙、技术含量较低、品牌价值较低、质量一般、传统守旧、档次较低、满意度较低。除"较实惠"一词具有正面意义外，其余14个形容词均具有负面意义。按照Gardner（1966）的观点，和中值比较，如果T检验差异显著，就已经完全能够证明该特质的刻板印象确实存在。因此，可以得出结论：中国消费者确实存在着对于本土品牌的偏见认知，其刻板印象的内容和特质可以用上述15个词汇予以代表。

表 3 – 8 　问卷调查 15 个形容词符合程度的得分均值

| 形容词 | 均值 | 标准差 | T 值 | Sig.（2-tailed） |
| --- | --- | --- | --- | --- |
| 品牌意识较差 | 3.88 | 0.928 | 16.565 | .000（**） |
| 较便宜 | 3.85 | 0.771 | 19.103 | .000（**） |
| 广告创意不够 | 3.78 | 0.893 | 15.140 | .000（**） |
| 同质化程度较严重 | 3.77 | 0.726 | 18.545 | .000（**） |
| 较实惠 | 3.70 | 0.803 | 15.053 | .000（**） |
| 山寨货较多 | 3.68 | 0.929 | 12.696 | .000（**） |
| 大多缺乏个性 | 3.59 | 1.003 | 10.207 | .000（**） |
| 大多缺乏特色 | 3.57 | 1.009 | 9.756 | .000（**） |
| 产品比较粗糙 | 3.36 | 0.984 | 6.372 | .000（**） |
| 技术含量较低 | 3.35 | 0.916 | 6.597 | .000（**） |
| 品牌价值较低 | 3.34 | 0.995 | 6.013 | .000（**） |
| 质量一般 | 3.31 | 0.973 | 5.617 | .000（**） |
| 传统守旧 | 3.28 | 0.972 | 4.971 | .000（**） |
| 档次较低 | 3.22 | 1.049 | 3.567 | .000（**） |
| 满意度较低 | 3.13 | 1.018 | 2.204 | .028（*） |

注：**表示在 0.01 水平上显著；*表示在 0.05 水平上显著。

## 3.2　本土乳品品牌负面刻板印象的外显测量与分析

经济全球化的迅速发展使人们得以接触到越来越多的外国品牌，而消费者在进行产品选购时，面临繁多复杂的国内外品牌，有时会抛却产品的价格、质量等因素，仅因本人对某品牌的偏见或偏爱而进行购买，这是刻板印象在品牌认知方面的表现。刻板印象最初是李普曼在他的《公众舆论》中提出的一个术语，而本土品牌负面刻板印象是指消费者对于本土品牌在特征、属性和行为等方面比较固定的观念、态度或认知表征，是消费者长期社会化经验的稳定评价（张燚等，2014）。曾有研究表明，在品牌偏好方面，中国消费者对于国外品牌尤其是发达国家的品牌偏好一般要高于本土品牌（王海忠等，2004）。例如，2010 年的罗兰贝格咨询公司对中国消费者的调查报告表明：有 84% 的中国消费者认为洋品牌具有更加优秀的品质。相关研究还发现，我国消费者的"崇洋"心理已经发展为社会的一种普遍现象,"崇洋"心理越显著,中国消费者对于外国品牌的偏爱程度就越高(赵立彬,1998)。这不仅不利于培养中国消费者的国货意识(郭立珍,2009),同时会使得外国习俗与文化快速渗透进中国本土,造成民众的盲目崇洋(刘连参,1997),而这样崇洋媚外的心理不仅会阻碍民族产业的发展,还会威胁本国的经济与文化安全(田文林,2012)。更令人担忧的是,这种心理在中国乳品行业表现得尤为严重,自 2008 年"三鹿事件"发生后,我国消费者对于本土乳品的信任感骤降,整个行业陷入困境。三鹿事件后的 2009 年,我国乳制品进口由 12.06 万吨猛增到 59.7 万吨;高端婴幼儿进口奶粉所占份额接近 90%;国产品牌婴幼儿奶粉几乎无人问津。2013 年前 7 个月中国乳制品进口月度统计报告也显示,对中国出口乳制品的国家和地区中,按金额排名,第一大进口国是新西兰,占中国进口比例八成以上,进口数量近 47.1 万吨,金额为 181644 万美元;其次为荷兰,进口数量约 3.7 万吨,金额为 27370.1 万美元;排第 3 位的是法国,数量逾 7 万吨,同比增长 28.5%,金额为 26666.8 万美元。从中不难看出,中国消费者对于新西兰进口的乳品表现出近乎盲从的信赖。也就是在近期,2015 年 5 月 17 日在北京举行的"第四届中国国际农商高峰论坛"上,中央财经领导小组办公室副主任韩俊在演讲时表示,"我国奶业,现在已到了生死攸关的时刻。特别是受三聚氰胺的冲击,阴影还没有完全散去。这几年,因为中国和新西兰签署了自由贸易协定,新西兰占全球乳制品市场份额已经达到 37%,而欧盟只有 31%"(韩俊,2015)。目前,欧盟国家已经取消了牛奶生产配额管制,这就意味着欧盟要来开拓新兴国家的市场,尤其是中国的市场。这必将深度影响中国市场,中国奶业现在已到了生死攸关的时刻。

在这种背景下,研究我国消费者对于本土乳品品牌的负面刻板印象的内容、生成根源以及抑制对策,具有重大的理论和现实意义。虽然已有文献从宏观层面对中国本土品牌的刻板印象的内容、强度、成因等方面进行了一些研究,但仍缺乏针对行业内部微观数据的实证研究,而且缺乏中西比较研究。因此,本文将运用基于山东、重庆两省市实地调查收集到的第一手数据,探究本土乳品品牌负面刻板印象的现状,并比较中国、新西兰两国乳品品牌的消费情况,深入分析这种刻板印象的生成根源,并提出本土乳品品牌负面刻板印象相应的抑制对策。这将有助于培养中国消费者的国货意识,并对改善中国乳品行业乃至整个中国制造的整体品牌形象具有借鉴意义。

### 3.2.1 数据来源及说明

本研究采取随机抽样的方式,2014年12月至2015年2月在山东省淄博市和重庆市进行了为期2个月的问卷调查。调查地点主要是在重庆渝北区和山东淄博市临淄区的住宅区、超市门口、母婴用品店发放调查问卷,并当场发放填写和当场回收,本次研究共发放问卷170份,回收167份(剔除3份仅填写了部分信息的样本),回收率为98.24%,最后,在167份问卷中,剔除了个别信息缺省或存有奇异值的问卷9份,最终保留有效问卷158份,有效率为94.61%。

调查内容涉及四大方面,一是调查对象的个人基本信息,包括性别、年龄、学历、月收入等;二是调查对象在乳品方面的基本认知,包括是否有饮用乳品的习惯、是否选择固定的品牌进行购买、影响选购的主要因素、购买途径、品牌信息获取来源等;三是与新西兰的品牌相比,调查对象对中国本土乳品品牌的总体刻板印象及具体表现,主要是从知名度、价格、包装、质量、品牌口碑、档次以及未来期望等方面进行调查;四是国人认为本土乳品事件的产生原因等。此次调查数据运用SPSS 20.0软件进行处理。

### 3.2.2 消费者乳品消费的描述性统计分析

#### 3.2.2.1 被调查对象的基本信息

(1) 被调查对象的基本特征

被调查对象的基本特征考察了性别、年龄、学历、月收入等。在调查对象性别分布方面,女性为95人,占60.13%,男性为63人,占39.87%。在年龄分布中,调查对象主要集中在20~34岁,为115人,占72.78%,35~49岁为31人,占19.62%,19岁及以下与50岁及以上的调查对象各有6人,分别占3.80%。在学历分布中,本科学历占到73.42%,

大专学历占到 13.29%，研究生及以上学历占到 8.86%，高中及以下学历占到 4.43%。在月收入方面，月收入在 2000 元以下的为 38 人，占 24.05%，2000~4000 元的为 54 人，占 34.18%，4000~8000 元的为 45 人，占 28.48%，8000 元以上的为 21 人，占 13.29%。

(2) 消费者的乳品消费习惯

根据调查数据（见表 3-9），绝大部分的调查对象都有饮用乳品的习惯，为 145 人，占 91.77%，这可能与我国经济迅速发展、国民收入提高，并形成了健康的饮食习惯有关；而 64.56% 的调查对象在购买乳品时通常选择固定的品牌，这说明超过半数的人具有较高的品牌忠诚度；而影响调查对象选购乳品最主要的两大因素为质量（响应度为 60.13%）和品牌口碑（响应度为 31.01%）；从消费途径上看，国内实体店仍是调查对象进行乳品购买的最主要途径（响应度为 67.10%），其次是购物网站（响应度为 20.25%）；从信息的了解途径来看，广大消费者主要是通过电视广告（响应度为 41.14%）和网络（响应度为 37.34%）了解品牌信息，这可能与互联网时代强大的媒体服务密切相关。

表 3-9  调查对象关于乳品的基本信息

| 问题 | 选项 | 人数（人） | 比例（%） |
|---|---|---|---|
| 是否有饮用乳品的习惯 | 没有 | 13 | 8.23 |
| | 有 | 145 | 91.77 |
| 购买时是否选择固定的品牌 | 不是 | 56 | 35.44 |
| | 是 | 102 | 64.56 |
| 影响产品选购的最主要因素 | 广告 | 0 | 0 |
| | 包装 | 1 | 0.63 |
| | 价格 | 11 | 6.96 |
| | 品牌口碑 | 49 | 31.01 |
| | 其他因素 | 2 | 1.27 |
| | 质量 | 95 | 60.13 |
| 最主要的购买途径 | 不固定，看情况 | 11 | 6.96 |
| | 代购 | 8 | 5.06 |
| | 购物网站 | 32 | 20.25 |
| | 国内实体店 | 106 | 67.10 |
| | 其他渠道 | 1 | 0.63 |

续表

| 问题 | 选项 | 人数（人） | 比例（%） |
|---|---|---|---|
| 了解品牌最主要的信息来源 | 报纸杂志 | 14 | 8.86 |
| | 电视广告 | 65 | 41.14 |
| | 其他渠道 | 2 | 1.27 |
| | 他人交流 | 18 | 11.39 |
| | 网络 | 59 | 37.34 |

#### 3.2.2.2 消费者对中、新乳品品牌印象的比较分析

（1）消费者对本土品牌的现存态度

乳制品危机事件已经过去了6年多的时间，但目前人们对本土品牌的信任程度仍旧不高。如图3-4所示，在样本总体中，有74.05%的消费者对本土乳品品牌还比较担心，13.29%的人希望购买洋品牌，甚至有3.80%的人表示不会再饮用本土乳品。不放心、不愿意以及绝不购买本土乳品品牌产品的调查对象共占到了91.14%。表示会放心购买本土品牌乳制品的消费者，仅有8.86%。

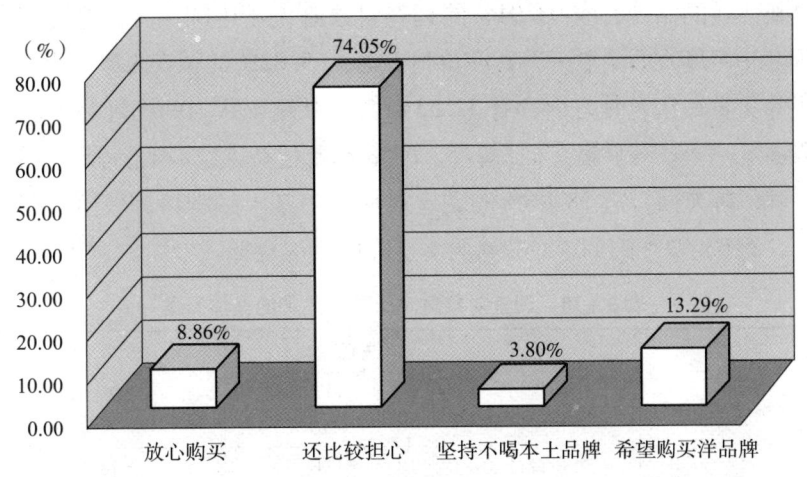

图3-4 调查对象对本土品牌的现存态度

（2）消费者对中外乳品品牌刻板印象

从总体印象来说（见图3-5），超过半数的调查对象更偏爱新西兰进口品牌，具体表现为66.46%的调查对象对新西兰进口的品牌印象更好，

22.78%的调查对象认为两国乳品品牌差不多,仅10.76%的调查对象更偏爱本土品牌。

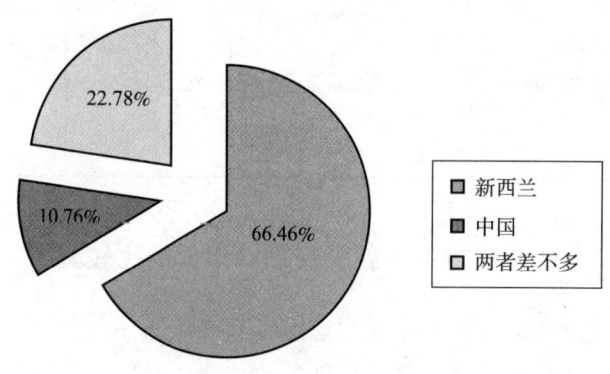

图3-5 总体刻板印象

(3) 消费者对本土乳品品牌的具体印象

通过比较中、新两国的乳品品牌,可以发现:除了知名度、价格和包装三个方面,在质量、口碑、档次方面,均有超过半数的调查对象更偏爱新西兰品牌。如表3-10所示,在知名度方面,有78.48%的调查对象听说过新西兰的品牌,有93.04%的调查对象听说过中国品牌,这说明本土品牌在知名度方面更胜一筹;在价格方面,65.82%的调查对象认为本土品牌更为实惠;在包装方面,有52.53%的调查对象认为两国乳品品牌在包装方面差不多;在质量方面,有52.53%调查对象认为本土品牌质量较差;在品牌口碑方面,有58.86%的调查对象认为本土品牌口碑较差;在档次方面,有63.92%的调查对象认为本土品牌档次较低。

表3-10 调查对象对本土乳品品牌的具体印象

| 问题 | | 人数(人) | 比例(%) |
|---|---|---|---|
| 是否听说过本土品牌 | 听说过 | 147 | 93.04 |
| | 从没听说过 | 11 | 6.96 |
| 是否听说过新西兰品牌 | 听说过 | 124 | 78.48 |
| | 从没听说过 | 34 | 21.52 |
| 价格方面 | 不清楚 | 13 | 8.23 |
| | 价格实惠 | 104 | 65.82 |
| | 价格偏高 | 25 | 15.82 |
| | 两者差不多 | 16 | 10.13 |

续表

| 问题 | | 人数（人） | 比例（%） |
|---|---|---|---|
| 包装方面 | 不清楚 | 12 | 7.60 |
| | 包装精美 | 27 | 17.09 |
| | 包装简陋 | 36 | 22.78 |
| | 两者差不多 | 83 | 52.53 |
| 质量方面 | 不清楚 | 17 | 10.76 |
| | 质量较好 | 28 | 17.72 |
| | 质量较差 | 83 | 52.53 |
| | 两者差不多 | 30 | 18.99 |
| 品牌口碑方面 | 不清楚 | 6 | 3.80 |
| | 品牌口碑较好 | 29 | 18.35 |
| | 品牌口碑较差 | 93 | 58.86 |
| | 两者差不多 | 30 | 18.99 |
| 档次方面 | 不清楚 | 9 | 5.70 |
| | 档次较高 | 28 | 17.72 |
| | 档次较低 | 101 | 63.92 |
| | 两者差不多 | 20 | 12.66 |

（4）消费者对本土乳品品牌的期望

我们从乳制品的价格、质量、品牌口碑、包装、科研投入等方面，考察了消费者认为本土品牌最亟待改善的目标（见图3-6）。结果发现，调查对象认为质量问题是我国乳品最亟待改善的目标（响应度为84.81%）；其次是品牌口碑（响应度为70.25%）；再次是科研投入（响应度为53.16%）；最后是包装宣传（响应度为29.11%）、价格（响应度为25.32%）与其他（响应度为5.06%）。

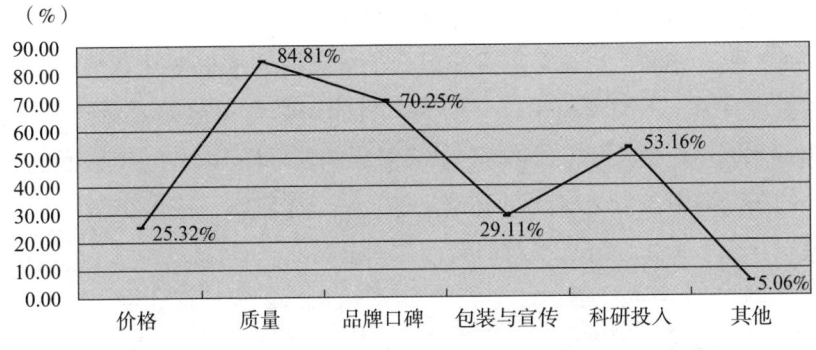

图3-6 本土品牌最亟待改善的目标

### 3.2.2.3 消费者乳品消费中"崇洋媚外"行为的基本特征

(1) 在普遍偏好洋品牌的条件下，女性的偏好程度更强烈

我们分析了性别差异下消费者刻板印象的表现，结果如图3-7所示，总的来说，调查对象对洋品牌充满偏好，尤其是女性表现得更加明显。具体表现为调查对象中有17.46%的男性更偏爱本土品牌，而对本土品牌更偏爱的女性仅占6.32%；有52.38%的男性更偏爱新西兰品牌，而对新西兰品牌更偏爱的女性则高达75.79%，这可能与婚龄、育龄女性更为关注乳制品信息有关。

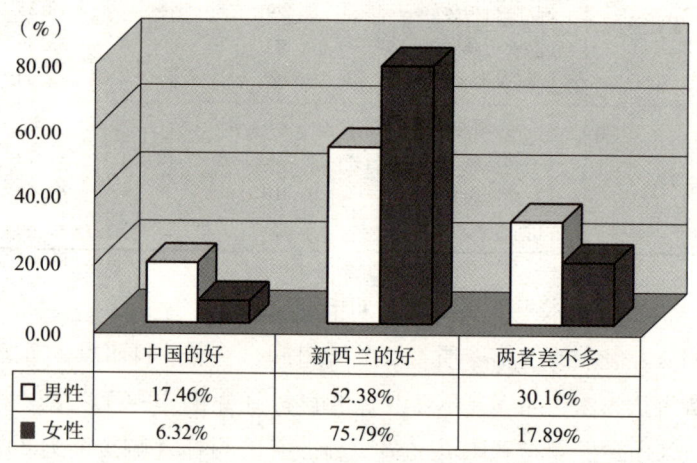

**图3-7 性别差异下的乳品品牌刻板印象**

(2) 学历越高，越偏好洋品牌

我们分析了学历差异下消费者刻板印象的表现，结果如图3-8所示，总体上看，学历越高，对洋品牌的偏好性越强。当然，这一方面可能与收入有关，另一方面也可能与高级知识分子接触的信息更多并且对食品安全更加关注有关。不同学历下，学历为本科的调查对象最偏爱新西兰品牌，占72.41%，研究生及以上学历的调查对象的偏好性为64.29%，而偏好性最小的多为高中及以下学历的调查对象，占28.57%，这也在一定程度上反映出认知水平和经济水平对消费行为的影响。

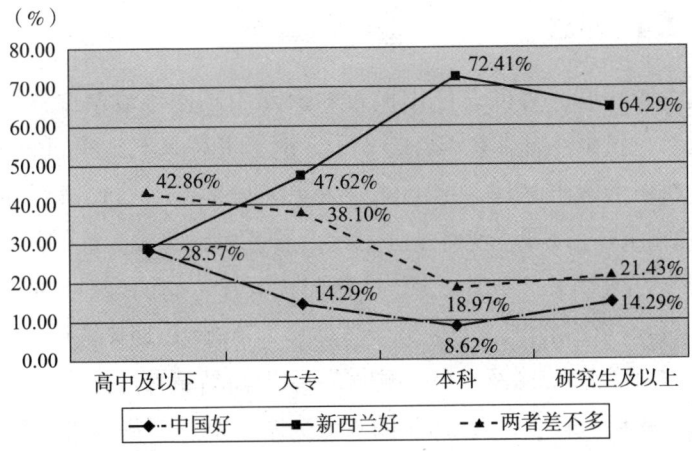

图 3-8　学历差异下的刻板印象

（3）中青年群体更偏好洋品牌

我们分析了年龄差异下消费者刻板印象的表现，结果如图 3-9 所示，总体来说，中青年阶层均表现出对洋品牌的偏好性，其中 20~34 岁这个年龄段的调查对象对新西兰品牌的偏好性最强，响应度为 71.30%，而 50 岁以上的调查对象对洋品牌则无明显的偏好性。这一方面可能是因为老年人接触到的国外品牌信息较少，另一方面可能是由于此次调查中 50 岁以上的人数较少，统计结果受到了一定的影响。

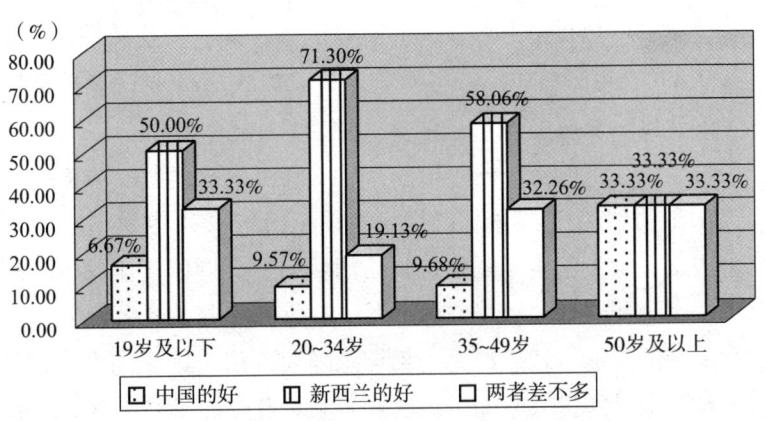

图 3-9　年龄差异下的乳品品牌刻板印象

#### 3.2.2.4 小结

通过调查问卷,可以总结出调查对象对中国本土乳品品牌的刻板印象:乳制品危机事件发生6年后的今天,消费者对本土品牌的信任程度仍旧不高,相对于本土品牌,绝大部分人更偏爱洋品牌,而这种偏爱在质量、口碑、档次等方面表现得尤为明显,质量和口碑成为人们最期待本土品牌改善的两大因素。具体表现为相对于22.78%的调查对象偏爱本土乳品品牌,有66.46%的调查对象偏爱洋品牌,共有91.14%的调查对象表示"不放心""不愿意"以及"绝不购买"本土乳品品牌产品,52.53%的人认为本土品牌质量较差,58.86%的人认为本土品牌口碑较差,63.92%的人认为本土品牌档次较低,84.81%的人期待本土品牌产品质量的改善,70.25%的人期待本土品牌产品口碑的改善;同时调查还发现,女性(响应度为75.79%)、高学历者(响应度为72.41%)、中青年(响应度为71.30%)对洋品牌的偏好程度相对更高。不难想象,这种负面刻板印象对我国当前正处于生死攸关窘境的本土乳品行业极为不利。

## 3.3 国产/日韩护肤品品牌的内隐与外显态度测量

中国化妆品市场是全世界最大的新兴市场,其中护肤品是化妆品行业中发展最快的细分市场之一。近年来,中国护肤品行业销售总额以平均15%以上的速度增长(中国日用化学工业信息中心,2014)。有调查显示,女大学生用于美容等的支出逐年增加,已占到个人总消费的1/4~1/3,而且从女大学生消费的美容品及价格来看,一般的女生更看重的是基础护肤,由此看来,女大学生无疑是护肤品消费的一大群体(丁家永,2010)。护肤品生产者为留住这一消费群体,并了解她们经常使用的品牌以及她们对护肤品品牌的态度,就显得尤为重要。随着经济全球化的发展,越来越多的日韩护肤品品牌进入中国市场(中国日用化学工业信息中心,2014),女大学生在选购时面临着越来越多的选择。因此,探究女大学生对护肤品品牌的态度,可以为护肤品生产者与销售商提供参考,为国内外护肤品生产和销售企业的宣传、营销、广告提供理论基础。

态度是指个体对特定社会客体以一定方式做出反应时所持有的稳定的、评价性的内部心理倾向（章志光，2008）。一般认为态度包括两种：一种是能被人们意识到、承认的外显的态度，另一种则是无意识的、自动激活的内隐的态度（Wilson，Lindsey & Schooler，2000）。品牌态度是指消费者对某一特定品牌持续做出积极或消极反应的一种倾向（Ajzen & Fishbein，1980）。关于外显品牌态度的已有研究中，多采用问卷调查法来考察消费者的品牌态度。例如，王卫红（2004）采用的问卷调查，以跨国零售商场和中国本土零售商场为研究内容，选取广州两家商场内334名顾客进行问卷调查对象，结果显示，国内消费者在消费时更加倾向于跨国零售商品牌；杨丽华和王培培（2011）采用问卷调查，以国外运动品牌和国产运动品牌为研究内容，对510名大学生进行问卷调查，结果发现，相对于国产运动品牌，大学生更加偏爱的是国外运动品牌；易牧农和郭季林（2009）采用问卷调查，以国外汽车品牌和国产汽车品牌为研究内容，对163名天津某财经类院校MBA研究生进行问卷调查，结果发现，国内汽车购买者对国外汽车品牌的品牌态度要好于国内汽车品牌。已有研究均采用问卷调查法，发现中国消费者通常对来自国外的品牌偏好高于国内品牌（Sin，2000；王海忠、赵平，2004；庄贵军、周南、周连喜，2006）。在运用问卷调查直接研究外显品牌态度的同时，也有一系列运用间接的方法测量内隐品牌态度。例如，冯隽依（2014）采用外显态度量表和IAT内隐测验，研究国内外手机品牌态度，得出被试对国外手机品牌的外显态度是积极的，但在内隐态度上并没有明显偏向于国外手机品牌。被试对国内手机品牌的外显态度是较积极，但内隐态度上却更为消极。研究消费者行为，前期大多通过外显态度进行测量，但是测量出来的结果与消费者真实的行为存在着差距。根据前期研究，对品牌态度进行外显态度测量出现偏差最主要的原因是被试觉得自己的答案不符合社会期许，所以对问题的回答会存在掩饰（马明娜，2007）。随着内隐社会认知的发展，消费心理不再只通过单一的外显行为和外显态度来测量，内隐态度同样在一定程度上能测量人们的消费行为。而且相对于外显态度，内隐态度具有相当强的稳定性。A. G. Greenwald，Mcghee和Schwartz（1998）把内隐态度称为"个体内省不能觉察（或不能精确识别）的过去经验的痕迹"，尤其是在刻板印象、内隐自尊的研究中应用得颇为普遍（蔡华俭，2003）。

综上所述，品牌态度的研究现已应用于多个消费领域，如手机品牌，运动品牌等等，却鲜见关于护肤品的品牌态度研究。本研究拟采用 IAT 标准范式与问卷调查法，对女大学生对国内外护肤品品牌的外显与内隐态度进行研究，以期在丰富品牌态度相关理论研究的同时，也为护肤品的营销实践提供参考依据。

### 3.3.1 对象与方法

#### 3.3.1.1 外显态度

（1）被试

通过网络平台发放问卷，共收回 183 份问卷，剔除男性问卷 13 份，保留女性问卷 170 份，其中有效问卷 151 份，年龄在 19~22 岁，平均年龄为 $20.34 \pm 1.14$ 岁。

（2）外显态度的测量工具

自编护肤品使用情况调查问卷，问卷内容包括人口统计学变量、品牌选择和属性词三部分。其中人口统计学变量包括性别、年级、生活费水平、使用护肤品的频率和使用护肤品的偏好。

从天猫商城、聚美优品、京东商城三大购物网站评论区中，选取描述护肤品的积极与消极词汇各 20 个。选取熟悉护肤品品牌的 15 名女大学生对上述 40 个词汇的熟悉度进行评分，共筛选出积极词汇和消极词汇各 10 个：积极词汇包括可靠的、温和的、精致的、高档的、有效的、新颖的、正宗的、合格的、先进的、天然的；消极词汇包括可疑的、刺激的、粗糙的、平庸的、无效的、老套的、山寨的、伪劣的、落后的、化学的。这 10 对属性词同时也用作内隐实验材料。

参考相关研究（苏昊，2014；袁登华、罗嗣明、叶金辉，2009），女大学生对护肤品的外显品牌态度的测量采用语义差别量表，即让被试分别对国产护肤品品牌与日韩护肤品品牌在负面描述到正面描述（如温和的——刺激的）的两极形容词之间进行 7 分等级评价，依次记为 -3 分、-2 分、-1 分、0 分、1 分、2 分、3 分。量表中的项目涉及品牌的态度，共 10 个项目。

### 3.3.1.2 内隐态度

（1）被试

通过网络平台问卷星发放问卷用于护肤品品牌筛选，共收回 190 份问卷，剔除男性问卷 29 份，保留女性问卷 161 份，平均年龄为 20.05±1.25 岁。

重庆文理学院女性学生 127 名参与实验，视力正常、熟练操作电脑，自愿参加本实验，且熟悉国产护肤品品牌和日韩护肤品品牌。

（2）内隐态度的测量

①内隐实验材料

内隐联想测验（Implicit Association Test，IAT）中包含两个类别的材料：护肤品品牌和属性词。护肤品品牌是根据 161 份调查问卷的结果，筛选出熟悉度排名靠前的国产护肤品品牌和日韩护肤品品牌各 10 个，国产护肤品品牌包括百雀羚、大宝、韩束、隆力奇、美即、珀莱雅、相宜本草、郁美净、御泥坊、自然堂；日韩护肤品品牌包括 SK-Ⅱ、The face shop、MISSHA、Skin Food、Mamonde、Aupres、Innisfree、LANEIGE、Za、Sekkisei。然后根据 20 个品牌制作图片，图片内容包括品牌商标以及品牌代表性产品，图片统一使用 500×500 像素，分辨率为 300ppi。属性词使用外显态度测量问卷所用词汇，其中积极词与消极词各 10 个，共 20 个。积极词汇包括可靠的、温和的、精致的、高档的、有效的、新颖的、正宗的、合格的、先进的、天然的；消极词汇包括可疑的、刺激的、粗糙的、平庸的、无效的、老套的、山寨的、伪劣的、落后的、化学的。

②IAT 实验程序

实验使用戴尔 Insprion 15R 笔记本电脑，显示屏为 15.6 英寸，被试与显示器之间的距离约为 40 cm，使用 Inquisit 3.0 呈现文本，字体为楷体，颜色为白色，背景为黑色。

使用 Inquisit 3.0 编写 IAT 程序，IAT 程序采用 Greenwald 的七段式标准范式（见表 3-11）。第一步要求被试用按键对目标概念进行分类，如出现国产类护肤品品牌图片按"E"键，出现日韩类护肤品品牌图片按"I"键；第二步要求被试用按键对属性概念词进行分类，如出现积极类词汇按"E"键，出现消极类词汇按"I"键；第三步要求被试进行联合辨别，如把积极类词汇和国产护肤品图片归为一类并按"E"键,把消极词汇和日韩护肤品图片归为一类并按"I"键;第四步的任务与第三步一样。第五步是第一步的反转,即要求被试出现日韩类护肤品图片时按"E"键,出现国产类护肤品图片时按"I"键;第六步是第三步的反转,即要求被试把积极类词汇和日韩护肤品归为一类,并按"E"键,把消极词汇和国产护肤品图片归为一类,并按"I"键,第七步与第六步相同。

表 3-11 IAT 实验步骤

| 次序 | 任务 | 过程 | 刺激(括号内为反应键) | 频次 |
| --- | --- | --- | --- | --- |
| 1 | 目标辨别 | 区分不同目标概念 | 国货类(E),日韩类(I) | 20 |
| 2 | 属性辨别 | 区分不同属性概念 | 积极类(E),消极类(I) | 20 |
| 3 | 联合辨别 | 联合呈现属性概念和目标概念 | 积极类或国货类(E)<br>消极类或日韩类(I) | 20 |
| 4 | 联合辨别 | 重复步骤3 | 同上 | 40 |
| 5 | 目标辨别 | 对目标概念做出相反判断 | 日韩类(E),国货类(I) | 20 |
| 6 | 联合辨别 | 联合呈现属性概念和目标概念 | 积极类或日韩类(E)<br>消极类或国货类(I) | 20 |
| 7 | 联合辨别 | 重复步骤6 | 同上 | 40 |

其中,第1、2、5为练习,出现错误时,给予被试信息反馈,第3、6为练习任务,第4、7为关键任务,分别为相容和不相容部分。相容任务出现在不相容任务之前和之后的概率各半,随机决定先进行何种任务。计算机会自动记录被试每次做出判断所需的反应时间和反应准确率。

被试按照电脑屏幕指示语独立完成所有的实验步骤,每次呈现的刺激(靶字词与属性词)随机组合成一对,并且靶字词与属性词出现位置的左右随机变化,并且次数相等。IAT 实验数据电脑将自动记录并生成相应文件。

### 3.3.2 结果与分析

#### 3.3.2.1 女大学生对国产护肤品品牌和日韩护肤品品牌的外显品牌态度

统计分析问卷数据,结果显示:①在使用频率上,每天使用和经常使用护肤品的人数所占比例为 66.46%。②女大学生对国产护肤品品牌的外显态度平均分为 0.297±0.791，对日韩护肤品品牌的外显态度平均分为 0.779±0.675。采用配对样本 t 检验，以检验女大学生对国产护肤品品牌和日产护肤品品牌的外显态度得分的差异。结果显示，女大学生对国产护肤品品牌和日产护肤品品牌的外显态度得分的差异有统计学意义，$t = -4.351$，$p < 0.001$。即在外显态度上，与国产护肤品品牌相比，女大学生对日韩护肤品品牌的评价更积极。

### 3.3.2.2 女大学生对国产护肤品品牌和日韩护肤品品牌的内隐品牌态度

（1）数据处理

按杨宏飞、赵燕、沈模卫和吴明证（2009）等的建议对 IAT 测验结果做如下处理：删除平均准确率低于 80% 的被试；删除 10% 以上的反应时小于 300 ms 的被试；将大于 10000 ms 的反应时删除，将错误反应的反应时记为该部分反应时的平均值加 600 ms。经过上述处理后，得到有效被试 121 人。分别求得两个练习任务（第 3、6 步）和两个关键任务（第 4、7 步）的总的标准差，再将第 6 步的反应时减去第 3 步的反应时并除以练习任务的标准差，得到 D1，将第 7 步的反应时减去第 4 步的反应时并除以关键任务的标准差，得 D2。取 D1、D2 的平均值得到 D 值。

（2）内隐品牌态度

被试在相容归类（国产护肤品和积极词归为一类——表 3-12 中的 B3、B4）的反应时较短，在不相容归类（把日韩护肤品和消极词归为一类——表 3-12 中的 B6、B7）的反应时较长。分别对练习任务（B3、B6）的反应时和正式任务（B4、B7）的反应时进行配对样本 t 检验，差异显著。练习任务 $t = -2.987$，$p < 0.005$，正式任务中 $t = -2.233$，$p < 0.05$。D 值为 0.13±0.48，D 值越大，说明女大学生内隐态度倾向越明显。即女大学生的内隐态度更倾向于将相容组联系更紧密——国产护肤品与积极词。对 D 值进行独立样本 t 检验，$t = 2.91$，$p = 0.004$。

如表 3-12 所示，第 3 步、第 4 步中涉及的品牌图片和属性词与个体的自我图式一致，为相容归类，反应时短，平均反应时为（1110.60±233.20）ms；第 6 步、第 7 步的情况与第 3、第 4 步的情况相反，为不相容归类，反应时偏长，平均反应时为（1178±315.40）ms。从数据来看，发现被试进行相容任务时反应更快（t=-2.233，p=0.027），即进行国产护肤品品牌与积极词的相容归类任务时，被试的反应时更短（1110.6 ms）；而进行日韩护肤品品牌与积极词的不相容归类任务时，被试的反应时显著延长（1177.98 ms）。

表3-12　四个联合任务的反应时数据统计

|  | B3 | B4 | B6 | B7 |
|---|---|---|---|---|
| M | 1327.65 | 1110.60 | 1455.61 | 1177.98 |
| SD | 423.46 | 233.20 | 407.52 | 315.40 |

为了进一步了解护肤品品牌的内隐态度倾向程度，本研究进行了 D 值的转换，D 值越大，表明内隐态度倾向程度越高，本实验的 D 值为 $0.18\pm0.48$，D 值显著大于 0（t=2.908，p=0.004）。由此可知，女大学生对国产护肤品品牌的轻微的内隐态度偏好，IAT 效应显著。即被试内隐态度上对国产护肤品品牌的评价是积极的、肯定的态度。

### 3.3.3　讨论

#### 3.3.3.1　女大学生对国产护肤品品牌和日韩护肤品品牌的外显品牌态度

外显品牌态度结果显示，女大学生倾向于将日韩护肤品与积极词联系，与消极词分离。与杨丽华和王培培（2011）等人对大学生运动外显品牌态度及易牧农和郭季林（2009）等人对大学生汽车外显品牌态度等相关研究结果一致。其原因如下：①外显态度测量时，被试在与陌生的研究者分享自己的观点时会为避免尴尬或避免自己的答案不符合社会期许，从而采取印象管理策略对结果进行掩饰（马明娜，2007），所以在外显外显态度测量时，被试会更倾向于表现与社会期许一致的态度。②大学生消费行为受广告和品牌效应的影响大，对国外品牌形象比较认可，在品牌选择方面具有从众消费和典型的感性消费特征（杨丽华和王培培，2011），所以在品牌选择时会更倾向于国外品牌。

### 3.3.3.2 女大学生对国产护肤品品牌和日韩护肤品品牌的内隐品牌态度

根据反应时的描述统计分析来看，女大学生更倾向于将国产护肤品内隐品牌与积极词相联系，与消极词相分离。这与冯隽依（2014）对大学生内隐手机品牌态度的研究结果一致，但与国外 Dimofte，Johansson & Ronkainen（2008）对美国消费者内隐品牌态度的研究结果相悖：显示美国消费者内隐态度偏好于跨国品牌。其原因可能是：①品牌选择价位档次不一，所以被试在实验时不仅考虑到对品牌的偏好，而且会考虑到个人的消费水平；②实验过程中被试操作量较大，容易产生练习效应；③在熟悉度评分中，国产护肤品品牌和日韩护肤品品牌得分差异显著，女大学生在品牌熟悉度上更了解国产护肤品品牌，所以在实验过程中会造成被试对国产护肤品品牌的反应时略快于对日韩护肤品品牌的反应时；④国外的研究内容是运动品品牌，而我们的研究内容则是护肤品品牌。

### 3.3.3.3 小结

在外显态度上，女大学生对国产护肤品品牌和日韩护肤品品牌的外显态度均偏向积极的评价，但日韩护肤品品牌较国产护肤品品牌在外显态度上更倾向于正面、积极的评价。同时相关研究认为，中国消费者已经形成了较强的本土负面刻板印象，和外国品牌正面刻板（刘进平、张燚、张锐，2014），这与我们外显态度的测量结果一致。但在内隐态度上，内隐效应值反映出国产护肤品品牌与积极属性词联系更紧密。

关于外显态度与内隐态度不一致，先前研究提出了同一论与分离论的解释。Greenwald（2002）认为在以下两种情况中：①对象会引起社会需求，个体的外显态度与意识渴望的观念一致；②态度对象没有被精加工、无意识观念没有被组成联系时，其内隐与外显态度是分离的。现如今，更多的女大学生对护肤品显示出了强烈的购买力，女大学生使用护肤品除了基础的保养工作，更多的是为了社会需求的满足（冯隽依，2014），所以其外显态度和内隐态度出现了分离。

### 3.3.4 结论

本研究表明,女大学生在国产护肤品品牌和日韩护肤品品牌的外显态度得分上差异显著,且更加偏向于日韩护肤品品牌。女大学生对国产护肤品品牌和日韩护肤品品牌的内隐态度偏向于国产护肤品品牌。

## 3.4 本土品牌负面刻板印象的生成根源及成因分析

### 3.4.1 本土品牌负面刻板印象生成根源的整体性分析

为什么我们的民族自尊心、民族自豪感和我们的国民性,在这一方面会荡然无存(闻奇,2009)。对此,王海忠等(2006)认为,导致中国人对国货淡漠的原因在于长期的文化自卑、各种消费挫折以及西方消费文化的入侵等。根据偏见心理学理论(许靖,2010),本土品牌偏见并非天生,而是个体在成长过程中通过不断社会化而习得的。社会化的过程是个体不断学习各种社会规范的过程,个体可以通过任何典型的社会学习机制而习得偏见。下面利用现代认知心理学的刻板思维和符号认知理论,对形成本土品牌刻板印象的代表性和易得性信息的来源、符号提取和意义加工进行文本分析,探讨其成因。

#### 3.4.1.1 基于企业视角的本土品牌刻板思维与符号认知

(1)质量危机事件频发

中国消费者面对的是众多本土企业,它们在能力、技术、责任和信誉等方面良莠不齐,一些不法厂商受利益驱使,致使各种假冒伪劣产品层出不穷,消费者深受其害,而且偶有"重大事件"曝光。例如,近几年来,屡屡曝光的毒奶粉、过期板鸭、染色馒头、毒豆芽等等。这些消费体验和重大危机事件极大地影响了中国消费者的本土品牌认知和态度,显著促进了代表性和易得性偏差的产生,使受众进一步肯定了其对本土品牌的刻板印象或偏见。根据准确动机理论，由于负面事件的危害性，人们出于风险规避更容易注意和重视负面信息，认为它们更有诊断价值，并以此为基础进行判断决策；而准确动机的高涨，则容易使这种负面偏差变得显著（Kunda，1999）。有关研究证实，"三聚氰胺事件"对中国消费者国家形象感知及本土品牌偏好均有显著的负向影响（王鹏等，2010）。

（2）本土高端品牌匮乏

尽管各行各业都有许多优秀的本土企业和知名品牌，但从整体上看，与进入国内市场的外国品牌（基本都是大企业及世界知名品牌）相比，本土企业在品牌形象、声誉等方面还存在一定差距，基本没有本土高端产品品牌。大部分企业为了克服市场壁垒，扎堆在低端市场，展开价格竞争、自相残杀，利润低下。这不仅严重制约了本土企业的发展潜力，而且这种强大的价格"优势"不可避免地形成了"低档、低品质"的形象，而且这种形象难以在短期内改变。同时，不少本土企业在公司命名、产品命名以及产品开发等方面，采取西化、模仿和雷同战略，使各种"山寨品或仿冒品"层出不穷（如各种楼盘几乎清一色地叫"洋房"），也促进消费者确认了其本土品牌刻板印象。在消费层次较高的中高端市场，多数都被外国品牌占领，它们以高于品牌来源国几倍甚至十几倍的价格销售。由于多数本土企业缺乏走中高端产品路线的勇气和决心，对中国消费者本土/外国品牌形象的符号认知产生了根本性影响，极大地导致了本土品牌"低档、低质、低技术"等方面的负面形象符号认知。

### 3.4.1.2 基于政府视角的本土品牌刻板思维与符号认知

（1）政府监管不力

在国内市场上，有关产品质量或服务问题的顾客投诉都是由消费者协会来受理，缺乏官方相关部门之间的联动工作平台和立案调查机制。例如，2010年央视"3·15"晚会，曝光了惠普笔记本电脑的严重质量缺陷，只是由"消协"去帮助消费者维权，竟然没有政府部门立案调查，更没有当事企业的产品召回。外国品牌在中国的产品召回事件，通常都是从欧美国家发起，我们只是"搭便车"。政府部门对外国品牌的严重质量缺陷重视不够，让大量类似事件没有被惩罚、曝光，即使有报道也只是轻描淡写或敷衍了事。这样我们不仅失去了大量对国人进行外国品牌反刻板化样例教育的机会，而且使消费者不能对外国品牌也存在"质量问题、责任缺失、违反三包法、虚假宣传、价格暴利、信息安全等"方面的符号认知和外国品牌"未必就好"的意义加工。

（2）政策导向缺陷

由于对 GDP 的片面追求和凸显政绩的需要，各地政府只顾眼前忽视长远，这种现象在招商引资上表现得尤为明显，许多所谓的"高新开发区"甚至规定必须是世界 500 强的企业才能入驻，本土企业俨然成了国内市场上的"二等公民"。这种"既快好省"的捷径虽然快速实现了经济增长，扩大了就业，但由于缺乏培育本土品牌的政策机制和积极性，从而变相地剥夺了本土企业的成长机会，而且相关信息的报道还会对受众本土品牌偏见认知和行为产生推波助澜的作用。

（3）政府采购偏见

大到公车，小到办公软件，政府不愿采购自主品牌，折射出政府采购对国货的傲慢与偏见（刘武俊，2011）。尽管中央政府采购中心表示，自 2009 年起，各级政府和公共机构配备、更新公务用车时，自主品牌所占比例不得低于 50%。然而现实是，尽管自主品牌车型大批进入政府采购目录，但实际订单并没有随之大增；在实际操作中，"国货受歧视"现象屡有发生，很多本土民营企业的质优价廉产品，在招投标中屡屡败北（刘武俊，2011）。政府采购中的"崇洋媚外"不仅为外国品牌做了高信度的免费广告，而且为公众消费行为提供了示范作用，这无疑为本土品牌偏见认知提供了代表性和易得性信息。事实上，优先购买国货几乎是国际通行的做法，美欧等发达国家都有奉行优先购买国货的政策和法律。早在 1933 年美国就出台了《购买美国产品法》，规定美国联邦政府机构除特殊情况外，必须购买本国产品，工程和相关服务也必须由国内供应商提供。需要指出的是，自 2012 年 12 月，习近平主席在关于领导干部"配车问题"发表的内部讲话后，各级部门的国货意识开始增强，并有了实际行动。但这还远远不够，培养国货意识、转变本土品牌偏见将是一个长期的过程，需要政府部门和政府官员的以身作则以及全社会的共识和引导。

### 3.4.1.3 基于媒体视角的本土品牌刻板思维与符号认知

大众传媒的报道策略虽然不是构成本土品牌偏见产生的主要原因，但它却在偏见地解释符号意义上起到了推波助澜的作用，因为媒体报道会影响受众认识这一观念所涉及的对象或符号。部分学者通过对近年来频发的食品安全危机中媒体报道的"启动效应"进行了探讨，发现食品安全报道确实产生了明显的负面效果，造成受众对我国食品行业的心理恐慌，甚至对整个本土产品都持有悲观态度（张卓倩，2009）。媒体对本土品牌负面刻板印象的启动效应主要来源于两个方面：一方面，国内媒体大量曝光了本土品牌质量危机事件（如毒奶粉、染色馒头等），并进行"质量低劣、不负责任"等议题上的细致描述或负面评论（兰菲，2006）。受众会根据其描述与偏见之间的相似程度来判断其代表性。这种报道方式对受众的影响就在于导致了代表性和易得性偏差的产生（薛可等，2009），并使受众进一步确认了其对本土品牌的偏见。可以说，中国媒体对本土品牌偏见的形成起到了推波助澜的作用。另一方面，国内媒体缺乏报道外国品牌质量问题的话语权和积极性，这种做法与对待本土品牌质量问题的"穷追不舍"形成了鲜明反差。正是由于国内媒体缺乏报道外国品牌质量问题的持续性，才使国内受众无法产生外国品牌也存在"质量问题、责任缺失、虚假宣传、价格暴利、民族产业威胁"等方面的符号认知和外国品牌"未必就好"的意义加工，相反却不断强化外国品牌偏好。因此，中国媒体有意无意地扮演了特别突出本土品牌质量危机或其他激活本土品牌偏见的角色。

而与此形成鲜明对比的是，近年来，美国媒体基于国家利益和健康安全框架，对中国产品问题（如有毒宠物食品、有毒牙膏、不安全玩具、问题轮胎、不合格水产品等）进行了"排山倒海"式的负面报道和炒作，积极建构"中国制造"风险图景，使"中国制造"成为"危险产品"的代名词，引发美国公众对中国制造业的信任危机（李彩霞，2011；裴敏欣，2009）。以2008年发生的三鹿奶粉事件为例，西方媒体积极从国际贸易等角度，站在批评我国管理制度的立场，对此事件的负面影响大肆渲染，不断以"Made in China"中伤中国的国家形象和"中国制造"形象（周海燕，2009）。对2011年发生在重庆的沃尔玛食品质量安全事件，美国《纽约时报》《华尔街日报》和英国《金融时报》等媒体完全违背事实,无视中国法律和消费者权益,将这起事件解释为"中国政府的打压、阴谋、政治报复等",对中国政府的合法监管行为进行了恶意诽谤。两相比较,不难发现,中国媒体的国家利益本位与自觉意识还比较薄弱。

### 3.4.1.4 基于文化视角的本土品牌刻板思维与符号认知

(1) 文化自卑与方向迷失

当前,我们对文化的姿态很奇怪,一方面,宣称自己历史文化悠久;另一方面,又对自己的文化不自信,各种山寨外国文化,打造中国"巴黎""纽约"等诉求也是俯拾即是(龙敏飞,2010)。在国内产品广告代言人的信誉度排序方面,位于第1位的是老外(一般应为欧美人士),其次是港、澳、台人士,最后才是土生土长的大陆人士(胡立彪,2009)。对此,米尔顿·科特勒指出,如今大多数中国企业为了宣传品牌,不是把自己定位为"西方的"就是"传统的",这就是为什么在中国的商业广告中会出现那么多西方面孔的原因(胡立彪,2009)。中国人的文化自卑和崇洋媚外广泛存在于政府行为、教育思想、学术研究、社会文化和经济管理等各个领域,这种文化上的自卑会对品牌来源国的符号认知和意义加工产生重要影响。

(2) 基于面子和炫耀攀比的消费异化文化

"面子观"被看作是对中国消费者行为最具影响的文化价值观之一。"面子观"涉及对声望、名声和地位的强调,它导致中国消费者倾向于通过使用外国奢侈品或品牌商品来沟通或炫耀他们的权力、地位和声望(姜彩芬,2009)。可以说,盲目、单一标准的面子观、攀比、炫耀和跟风心理是人均收入并不高的中国,在奢侈品市场上不成比例地大肆扩张、畸形发展的根源(胡展奋等,2011)。对此,卡纳曼等的研究发现,生活满意度(幸福感)与金钱有关,但如果收入超过约7.5万美元,金钱就不会改善你的情绪(哈福德,2010)。可见,自我肯定的缺乏以及面子观、攀比和炫耀等消费异化心理都在不断提升中国人对奢侈品的追求,这进一步促进和强化了本土品牌负面刻板印象的符号认知和意义建构。因为一个社会的成员普遍知道这个社会接受的对各种群体的态度和刻板印象,它们对人们的行为有很大的影响(贝斯里莱姆,1989)。

上述各因素之间相互影响、相互关联，共同构成了一个启动和强化本土品牌负面刻板印象的恶性循环。本土品牌自身的良莠不齐和高端产品匮乏是根本原因，它极大地引发了中国消费者进行"档次、质量、技术、责任、信誉、品位"等方面的符号认知和有关"本土/外国品牌形象"的意义加工。媒体的选择性报道策略、政府行为以及消费异化文化虽然不是导致本土品牌偏见产生的主要原因，但它在偏见地解释符号意义上却起到了推波助澜的作用。这些信息对受众的影响就在于促进了易得性和代表性本土品牌偏差的产生。当代表性直觉在受众的时间和空间上内在一致时，就成为人们预测有信心的主要决定因素，从而使中国消费者不断坚定自己对本土品牌偏见的信念。当前，我们需要认识到，没有国货意识的对外开放，是一种不设防的拱手相让；通观世界经济发展史，没有哪一个国家和地区是通过自贬国货，靠盲目进口和合资实现现代化的（宫希魁，2006）。因此，如何抑制本土品牌负面刻板印象是当前优化本土品牌成长环境的重大现实命题。

### 3.4.2 本土乳品负面刻板印象的生成根源探析

#### 3.4.2.1 基于企业视角：企业社会责任的刻板印象和危机管理的失败

（1）"三鹿"事件的负面影响以及消费者对企业社会责任普遍缺失的担忧

"三鹿"事件后，我国乳品月均进口量由 26444 吨猛增到 33000 吨，出口量猛降 11071 吨（见图 3-10），乳品行业很快陷入了困境。一些乳品商家盲目扩大规模、一心追求利润而丧失了起码的商业道德和社会责任感，导致事故频发，危害了广大消费者的身心健康，不仅损害了自身品牌的声誉，也强化了消费者对中国乳品行业的整体刻板印象。相关研究表明，2008 年"三鹿"事件对于中国消费者的本土乳品品牌偏好产生了恶劣的负面影响（王鹏等，2010）。而我们的问卷调查也表明，仍有 91.14% 的调查对象表示"不放心、不愿意以及绝不购买本土乳品品牌的产品"。随着品牌负面事件时间距离的延伸，消费者对于"三聚氰胺"等身体性危害事件的品牌犯错的评价基本上没有改善（王财玉等，2014）。虽然，"三鹿"事件已过去多年，但人们对本土乳品品牌的刻板印象仍未改变。

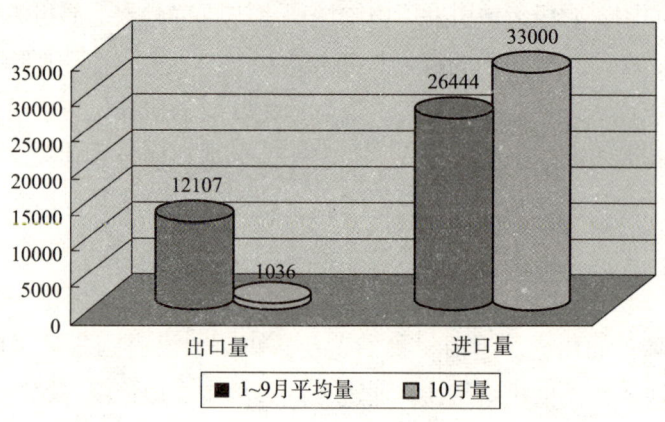

图 3-10 "三鹿"事件后，中国乳制品进出口变化情况

（2）乳品企业危机管理失败

以三鹿集团为例，早在危机爆发伊始，三鹿集团就没有及时组建危机公关团队，而是选择通过代理公关公司处理危机，结果不仅没有达到预期效果，反而恶化了危机。在危机来临之际，并不能迅速地正确反应，未能抓住危机处理的最佳 48 小时。在事件曝光后的几天里，三鹿不仅没有主动承认错误，而是谎称已经得到相关权威机构的检测，产品质量是合格的，同时投入 300 万元与百度公司合作，请其尽可能屏蔽该事件的所有负面新闻链接，企图隐瞒真相、逃避责任，违背了危机管理的迅速反应和坦诚沟通的原则。而在被证实产品确实添加了三聚氰胺后，三鹿集团妄图撇清责任，将主要责任推卸给了奶农，但这样做非但没有挽回品牌形象，反而激起了更多民众的不满和声讨。这些做法都表明：乳品企业缺乏系统性的危机管理机制，负面事件曝光后没有进行及时的危机公关，并不断地挑战着消费者的信任和忍耐底线，加深了消费者其本品牌甚至是整个本土品牌的恶劣印象。

### 3.4.2.2 基于政府视角：执法不力和法规缺位

本次问卷结果显示（见图 3-11），有 59.50% 的调查对象认为政府的不作为是导致乳制品负面事件频发的主要原因，其中，42.40% 的人认为是执法不力造成的，17.10%的人认为是法规不完善造成的。以在2008年9月8日被曝光的"三鹿"事件为例，其实早在2004年，三鹿的部分奶粉就在某些质量抽检中未过关，但石家庄药监局和质监局却放任不合格乳品流入市场，2008年3月，国家质检总局的网站上已经出现了对三鹿奶粉的多起投诉，但消费者却一直没有得到了有效回复。更令人震惊的是，石家庄政府在2008年8月2日就已经得到了有关"三鹿问题奶粉"的报告，但却没有及时将有关情况上报直至事件曝光，也未做出停产要求。河北省政府在9月9日接到石家庄市政府的相关报告后，既没有做出召回产品、宣布停产的指示，也没有向上级汇报，从中不难看出政府执法不力的问题。同时，我国还缺乏系统完善的食品安全法律体系，导致食品安全的监管和执法无法可依，给不法分子以可乘之机，向奶源中添加三聚氰胺等有毒物质，这是法规不完善的表现。正是由于政府的执法不力以及法规缺位，才导致失德个人和企业不法行为频发，最终酿成了乳制品行业"火烧连营"的惨状，加剧了消费者对本土乳品品牌的负面刻板印象。

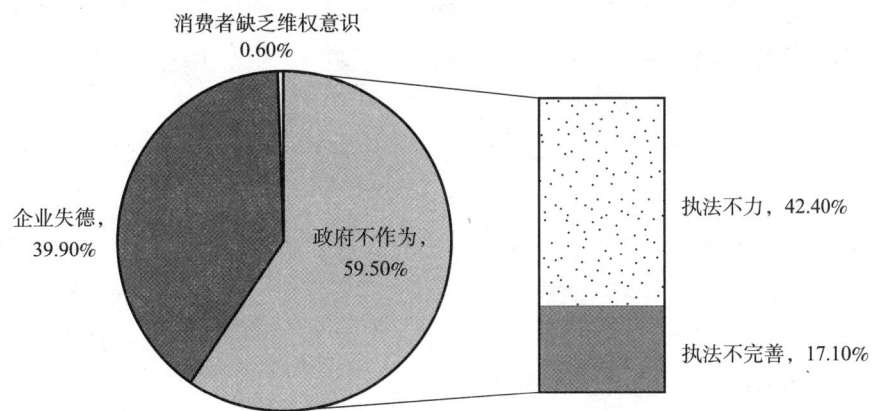

图3-11 乳制品负面事件频发的原因

### 3.4.2.3 基于媒体视角：媒体过度渲染

（1）国内媒体的推波助澜

消费者之所以更加推崇洋品牌，一个直接原因是本土乳品品牌负面消息太多。传媒的过度渲染，虽不是造成本土乳品品牌刻板印象的根本原因，但它却起到了推波助澜的作用。研究也发现，近年来中国媒体对频发的食品安全事件的大肆报道，在一定程度上造成了中国民众对本土食品行业的恐慌心理，产生了一定的负面效果（张卓倩，2009）。自 2008 年以来，消费者对本土乳品品牌的关注度直线上升。由于各媒体报道的侧重点也有不合理之处，例如，《人民日报》在 2008—2009 年对"三鹿"事件进行了 142 篇新闻报道，该报对此次事件中政府声音的报道占了 80.28%，但对于公众心态的报道仅有 2 篇，更缺少对乳制品行业的未来发展与展望的报道（王宇，2010），缺少对广大民众因这次重大的食品安全事件而产生的恐慌心理的安抚。各种负面的东西也被媒体无限放大，导致人们对本土品牌的印象越来越差。中国媒体对洋品牌大肆广告、宣传，让消费者更加崇洋媚外。中国媒体无意中扮演了凸显本土品牌质量危机和强化本土品牌偏见的角色。

（2）国外媒体的推波助澜

不同于中国媒体的做法，近年来，国外媒体对中国的毒奶粉等问题产品进行了"排山倒海"式的负面报道和炒作。例如，2008 年"三鹿"事件发生后，西方媒体从国际贸易、管理机制等角度大肆报道此事，以作为西方主流媒体的《华尔街日报》为例，在"三鹿"奶粉事件曝光后的第三天，就以中国的食品安全问题为主题，使用"painful"等形容词渲染报道色彩，并用"again"一词表明中国食品安全问题已经不是初次曝光，加强了受众心中对中国食品安全问题的认识和关注，并在篇幅最后特别通过 FDA 等权威机构的表态再度证明了中国乳制品的不良声誉，点明中国监管不力的事实，并质疑中国政府的态度和诚信度，直观犀利地向读者展现了一幅中国产品质量安全堪忧的景象，严重伤害了中国乳品的整体形象乃至整个"中国制造"的形象。

### 3.4.2.4　基于文化视角：国人崇洋媚外的观念

中国消费者具有明显崇洋消费的现象。本文针对乳品消费的调查也显示，消费者较普遍地认为发达国家的同类产品比本土品牌产品的质量好，即使是国内的名牌产品也不可靠。这种对本土乳品品牌的刻板印象的具体表现是（见表 3–13），在总体样本中，66.46% 的消费者认为新西兰的乳品品牌好；那些"使用过或听说过"新西兰品牌的消费者，对新西兰的品牌评价则更高，认为"新西兰品牌好"的占到了 70.16%。即便是从那些表示"从没听说过或使用过"新西兰品牌的调查对象的反馈来看,也仍有52.94%的人偏好洋品牌。认为"中国本土乳品品牌好"的仅占10%~11%。以上数据表明,在中国消费者眼中,普遍偏好洋品牌,"崇洋"心理比较明显,洋品牌在我国消费者心目中的印象要比本土品牌好很多。

表3-13 "崇洋"心理影响下的乳品品牌的刻板印象

| 样本 | 样本量 | 中国品牌好(%) | 新西兰品牌好(%) | 二者差不多(%) |
| --- | --- | --- | --- | --- |
| 总体样本 | 158 | 10.76 | 66.46 | 22.78 |
| 子样本1("使用过或听说过"新西兰品牌) | 124 | 10.48 | 70.16 | 19.35 |
| 子样本2("没有使用或没听说过"新西兰品牌) | 34 | 11.76 | 52.94 | 35.29 |

# 4. 本土品牌偏见的媒介启动效应与本位反思

改革开放 30 多年来，中国经济取得了巨大的成就，人民生活水平显著提高，但为什么本土品牌偏见却日益严重。本研究以中外媒体报道本国和外国品牌质量问题的框架为例，通过文本分析探讨中国媒体对本土品牌刻板印象的影响，反思国内媒体的国家利益本位和自觉意识。

## 4.1 中国媒体披露本土/外国品牌负面问题的媒介框架及策略

### 4.1.1 中国媒体披露本土品牌负面问题的媒介框架及其影响

（1）中国媒体对本土品牌质量问题的框架建构

大众传媒对本土/外国品牌危机事件的报道策略虽然不是构成本土品牌偏见产生的主要原因，但它在偏见地解释符号意义上却起到了推波助澜的作用，因为媒体报道会影响受众认识这一观念所涉及的对象或符号（Entman，1993；何俊涛，2006；薛可，2009；包蕾萍，2010）。部分学者通过对近年来频发的食品安全危机中媒体报道的启动效应进行探讨，发现食品安全报道确实产生了明显的负面效果，造成了受众对本土产品的心理恐慌，甚至对我国食品行业都持有悲观态度（张卓倩，2009）。媒体对本土品牌偏见的启动效应（priming effects）主要体现在两个方面：一方面，国内媒体大量曝光了本土品牌质量危机事件（如毒奶粉、染色馒头等），并进行"质量低劣、不负责任"等议题上的细致描述或负面评论（兰菲，2005）。受众会根据其描述与刻板印象之间的相似程度来判断其代表性。

这种报道方式对受众的影响就在于导致了代表性和易得性偏差的产生（薛可，2009），并使受众进一步确认其对本土品牌的刻板印象。

如1993年发生在郑州的万家乐热水器爆裂事件。在事件处理过程中，新华社记者就写了一篇《郑州多次发生"万家乐"热水器爆炸事故》的新闻报道，本来只是"爆裂"就这样不经意间被演绎成了"爆炸"。新华社的稿件播发后，"一石激起千层浪"，随后几乎所有的大报都转发了万家乐稿件，并做了诸如《想买热水器吗？当心！》之类的跟踪报道。万家乐就这样跌入了万劫不复的深渊，"万家乐，乐万家"的时代一去不复返了。中国媒体的这种有意、无意的报道使一个本是大家耳熟能详的本土知名品牌从此没落。

在食品行业，由于食品安全是人们最基本的生活保障，因此这一类的事件备受人们关注。而近几年食品安全危机屡屡发生，食品安全新闻一直是平面媒体、电视和网络媒体的重要内容，从媒体揭露假茅台酒事件，到央视揭露南京冠生园月饼使用陈馅儿事件，媒体的监督作用发挥得淋漓尽致，保护了消费者权益，维护了市场秩序，打击了假冒伪劣产品。但此类报道也产生了种种负面效果，引起了人们对国产食品的信任危机。例如，三鹿奶粉事件曝光后，立刻引起了人们的广泛关注，尤其是家里有婴幼儿的消费者，而其他国产非婴幼儿奶制品也受到怀疑，造成消费者心理上的恐慌，甚至对我国整体的食品安全都持悲观态度（张卓倩，2009）。

在企业危机中，媒体应坚持公众利益至上的原则，实事求是、准确地进行报道，在给读者知情权的同时，要履行媒体的社会责任，这也是为弱势群体代言，实现企业、媒体、公众多赢的局面。但由于社会公共信息平台的特殊性质，媒体对企业危机报道的内容和态度直接影响着公众对危机的看法、态度、行动。在企业危机报道中，媒体应该承担什么样的责任？怎样报道才能最大限度地避免对整个行业和行业内其他本土企业造成不可挽救的负面影响，甚至阻止本土品牌刻板印象的进一步巩固和加深。不应只主张自己对新闻事实、真实性的职责，而忘记自己对本土品牌、行业发展的责任。

（2）媒介框架对受众认知框架的影响及市场效应

有机构调查表明，洋奶粉市场份额由2008年初的20%上升到目前的65%左右。"三聚氰胺"事件之后，部分本土品牌还把奶源更换为进口工业奶粉，以提高市场占有份额。洋品牌质量优于本土品牌，似乎已在城市消费者心目中根深蒂固。"三聚氰胺"事件，外资品牌可能会利用本次事件而逐步加大在中国中高端奶粉市场的投资。国产奶粉在"三聚氰胺"事件后受到了严峻的考验，不仅要把握住外资品牌市场份额较小的中低端市场，还要谨慎外资再度扩大对市场份额较高的高端市场的投资（季惠惠等，2010）。2011 年，国外品牌奶粉在中国市场的占有率，美赞臣 15.95%，多美滋 13.05%，惠氏 12.32%，雅培 10.85%，贝因美 2.46%。[①]

再如，2012 年 7 月 23 日发生的温州动车追尾事故，该事故虽然定性为技术上的管理问题，但 7 分钟出现 100 次雷击，这是以前没有过的，也需要今后通过智能化使轨道交通更安全。与公路交通每年伤亡 30 万人相比，轨道交通要少得多。况且高铁事故又不是只发生在中国，世界上不少国家以前也发生过。但中国媒体对"7·23"事故的恶意炒作却在国内外造成了很大的负面影响，本来我国在去年可以做到 8000 公里的轨道，结果因为这一炒作，正在开工的全部停工了，国外有十几个国家本打算要引进中国的高铁技术，结果合同全部停止了（钱清泉，2012）。

国内学者运用框架理论和文本分析法，通过研究国内近年来频发的食品安全危机、企业产品危机中媒体报道的启动效应也发现，食品安全报道产生了严重的负面效果，造成了消费者对于本土产品的心理恐慌，甚至对我国食品行业都持有悲观态度（张卓倩，2009）。实证研究发现，"三聚氰胺"事件对中国消费者国家形象感知及本土品牌偏好均有显著的负向影响（王鹏等，2010）。媒体对这些事件的细致描述和负面评论，虽然不能左右受众怎么想，但却极大地促进了受众对本土品牌形象的符号认知和意义加工。

### 4.1.2 中国媒体披露外国品牌负面问题的媒介框架与自觉意识

近几年在中国市场上，那些曾被视为"高品质、高信誉度"代名词的洋品牌不断被爆出质量问题。从食品、化妆品、服装，到电器、IT、汽车，越来越多的国际知名品牌不断陷入"质量门"事件。近年来，本田、现

---

[①] 洋品牌在 2011 年将占领我国婴幼儿奶粉市场半壁江山．2011 - 01 - 11，来源：中国广播网，http://china.cnr.cn/news/201101/t20110110_507568258.html.

代、通用和福特也发布各类召回公告,在全球掀起汽车召回热潮;东芝、富士通、NEC等3个国际知名品牌的5个型号手提电脑,也曾被责令停止销售,并遭遇立案调查。其实,自2005年以来,洋品牌就开始频频"发病"了,从索尼、可口可乐、雀巢,到麦当劳、特富龙、博士伦,以及近期频繁爆出的洋品牌电梯质量事故(吴勇毅,2010)。

为什么这些问题仅仅只对个别品牌产生了短暂影响,而丝毫没有影响到中国消费者对洋品牌的崇尚和偏爱,更没有成为中国消费者增强自我肯定状态、减轻本土品牌偏见的重要线索呢?中国人"漠视"外国品牌质量问题的背后,其根本原因在于政府相关部门、某些权威人士和中国媒体在为外国产品质量问题开脱责任。外国品牌在这些问题上只要找借口推脱就可以不了了之,完全可以避免政府相关部门的立案调查和法律制裁而无须承担应有的责任,加之缺乏媒体的持续跟进报道和评论,没能在调控受众注意资源上起到足够的作用,无法使之产生对本土品牌评价提取的变化,不能增强相应评价的可接近性水平,达到减轻或消除偏见的目的。

国内媒体普遍缺乏报道外国品牌质量问题的话语权和积极性。虽然外国品牌的问题被揭露出来,但由于国内媒体缺乏对外国品牌质量问题的框架建构和议程设置,使国内受众无法产生外国品牌也存在"质量问题、责任缺失、虚假宣传、价格暴利、民族产业威胁"等方面的符号认知和外国品牌"未必就好"的意义加工,相反却不断强化了外国品牌偏好。因此,中国大众传媒有意无意地在扮演特别突出质量危机或其他激活本土品牌偏见的因素的角色,造成这个问题的重要原因就在于中国媒体缺乏国家利益本位与自觉意识。

## 4.2 西方媒体披露中国企业和西方企业产品问题的媒介框架及策略

### 4.2.1 西方媒体对中国企业产品问题的报道框架及策略

近年来,美国媒体总是基于国家利益和健康安全两种框架,对中国产品问题（如有毒宠物食品、有毒牙膏、不安全玩具、问题轮胎、不合格水产品等）进行了"排山倒海"式的负面报道和炒作，积极建构"中国制造"风险图景，使"中国制造"成为"危险产品"的代名词，引发美国公众对中国制造业的信任危机（裴敏欣，2009；李彩霞，2010）。例如，美泰公司的玩具召回事件，美国各大媒体只抓住"含铅玩具"大做文章，片面强调中国方面的责任，而对磁铁问题则轻描淡写，对进口商的设计失误和质量监督把关责任很少提及。《纽约时报》和《时代周刊》在构建"中国制造"形象时，以美国为中心将国家利益和美国社会的意识形态、价值观作为先导，将"中国制造"因质量问题而产生的风险置换为"中国政府制造"的风险。2007年7月19日，美国《华盛顿新闻报》专栏作家詹姆斯·平克顿耸人听闻地写道："中国制造什么？——死亡。"8月4日，英国《金融时报》甚至还在题为《中国又欠美国消费者一笔债》中援引有关政客攻击中国的话称，他们先夺走了我们的工作，然后又杀死我们的猫并毒害我们的孩子。2007年10月31日，香港《大公报》在"纵横谈"栏目载文称，在美国媒体报道中国制造的玩具出现安全问题后，奥巴马曾表示，如果他是总统他会全面禁止中国玩具对美国的出口。12月19日，奥巴马又声称，如果他当选美国总统，将禁止进口中国玩具，他同时呼吁对进口的中国商品采取更严格的检查措施。对于2008年的三鹿奶粉事件，西方媒体受国家利益、主流意识形态等因素的影响，积极从国际贸易等角度，站在批评我国管理制度的立场上，对此事件的负面影响大肆渲染，不断以"Made in China"中伤中国的国家形象和"中国制造"形象（周海燕，2009）。这些媒体的报道都使得美国民众加深了对于自己国家产品的热爱、自豪感，而对中国产品则产生了不信任和危机感，严重影响了美国民众对中国产品的品牌态度偏好和购买行为，从而达到了其"强化偏见、价格压制、贸易壁垒"的目的，而我们却对此缺乏应有的反思。

### 4.2.2 西方媒体对西方企业产品问题的报道框架及策略

以2011年发生的重庆沃尔玛食品安全事件为例，原本是一起销售不合格食品、过期食品、更改生产日期的违法行为，可美国《纽约时报》《华尔街日报》和英国《金融时报》等媒体却完全违背事实，无视中国法律和消费者权益，对中国政府的合法监管行为进行了恶意诽谤。例如，美国《纽约时报》《华尔街日报》等西方主流媒体对重庆沃尔玛食品安全事件进行了歪曲事实的报道，全然无视这是一起长期的、故意的欺诈牟利违法行为。在新闻主题倾向上，美国《纽约时报》直接将重庆定义为"带有极端民族主义偏见的中国西南部城市"，指出对沃尔玛的严厉惩罚是中国"经济民族主义"抬头的表现（杜笑宇，2011）。《华尔街日报》则以"威权主义的中国""变化无常的监管者""中国欺负沃尔玛""沃尔玛在棍棒下卑躬屈膝""沃尔玛在中国面临法律及政治障碍和风险"等议题进行报道；该报还以沃尔玛受罚事件为新由头，东拉西扯，扩大到指责中国政府的采购规定、自主创新政策，以及窃取知识产权、非法提供补贴等其所认为的中国恶化投资环境、歧视外资企业的行为上（李亮，2011）。

原本是一件普通的食品违法事件，但西方媒体却避重就轻，把它们解释为"中国政府的打压、阴谋、政治报复等"，并大肆污蔑、诽谤和攻击，丝毫不去反省自身的违法行为和对消费者利益损害的歉意。这些报道不能仅仅解释成是它们"中国式偏见"的再现，更不能解释成是中国媒体缺乏国际话语权。为什么我们的任何细小问题和正当维权都会被外国媒体无限放大、肆意攻击？这值得我们深思。

## 4.3 西方媒体理论陷阱与中国媒体自觉意识的反思

### 4.3.1 西方媒体理论陷阱及其取得话语权主动的潜规则

大众传播理论认为，媒介就像社会的"眺望狗"（watchdog），强烈影响着人们对社会的认知（MeQuil，2003）。媒体难以告诉人们怎么想，却可以成功地告诉人们想什么（Cohen，1963）。大众传媒不仅是"拟态环境"的主要营造者，而且在形成、维护和改变一个社会的刻板成见方面也拥有强大的影响力（李普曼，1989；Harris，2007；李永健，2008）。媒体是在被称为"框架"的概念中为受众"构建"一种印象，这种印象并不一定指向态度，但却可以在很大程度上影响受众按何种"结构"去思考和理解某种符号（薛可，2009）。受众会通过心理反应对媒体报道进行符号提取和意义加工，受众认知框架受媒体报道框架的影响或引导。因此，大众传媒的特殊引导作用和广泛影响力成为国家间竞争的重要阵地。

正因为如此，美国等西方媒体不仅对重庆沃尔玛食品事件和中国产品问题表现出它们一贯丑陋的一面，在政治领域更是有过之而无不及。美国等西方媒体自觉服从于国家利益，通过框架建构和议程设置，将中国塑造成为"罪恶轴心国""缺乏民主、自由、人权的国家""靠仿制立国、技术低下的国家"等。例如，王淑兰（2010）对"3·14"拉萨事件和"7·5"乌鲁木齐事件的西方媒体报道进行了文本分析，指出整个事件报道暴露了西方新闻采用双重标准、虚假议程设置以及西方话语中心对西藏、新疆问题巨大的意识形态偏见。薛可等（2009）对《纽约时报》的西藏事件报道进行了剖析，得出这些报道对中国形象的影响不仅在于它再一次确认了美国人对中国的刻板印象，而且还强化了这种偏见，为偏见的维持提供了进一步的社会条件。西方媒体存在不断妖魔化中国，甚至蓄谋诬蔑中国是世界'邪恶轴心'的制度环境（刘涛，2010；Stephens，2010）。我们不能把美国等西方媒体关于中国问题的大肆造谣、污蔑、诽谤和攻击简单地理解为是其"中国式偏见"的再现，如果说确实存在对中国的"偏见"，那么这种偏见是其有意而为、不断强化的结果。我们更需要看到其背后的深层目的，那就是他们基于国家利益的强权和对中国的政治打压及其阴谋。

在经济上，美国等西方媒体报道中国产品问题的主题框架就是"健康安全、责任缺失、政府监管无能等"，其手段就是把中国产品问题无限放大，其目的就是把"中国制造"塑造成为危险产品的代名词，使美国和他国公众产生对中国产品的信任危机，从而达到其非常隐蔽的"价格压制、贸易壁垒"的目的。而罔顾事实、夸大事实、捏造事实、先发制人，造谣、污蔑、诽谤和攻击则是美国媒体控制国际、国内话语权的根本手段。但美国学者们往往把美国媒体的"虚伪"轻描淡写地解释为"不是有意针对中国，而是其中国式偏见的再现"。比如：美国学者洪浚浩（2008）认为，美国媒体有关中国问题的大量负面报道并不意味着美国媒体在有意针对"中国",相反这其实是美国媒体对世界上一切国家的惯有做法①。换言之,美国媒体不仅仅针对中国,还针对所有它们认为需要污蔑、诽谤和攻击的国家,而且这种"虚伪"早已"习以成性"。美国学者们抛出这种解释的目的是希望中国这些受到污蔑、诽谤的国家要"习以为常",习惯就好了。目前,赞同这种解释的中国媒体人及其相关学者还不在少数。

可"虚伪"的美国媒体却把所谓的新闻自由、真实性、社会责任等作为了新闻报道的准则和理论精髓,他们通过设立诸如"普利策"的新闻大奖来推行它们的理论、信仰和价值观,引导、吸引甚至迷惑中国媒体人的思维和意识。西方国家及其媒体甚至公开指责中国缺乏新闻自由,其目的就是挑唆中国媒体人信奉其理论。它们用其理论和营造的舆论环境为中国媒体人设计了陷阱。因此,从这个意义上讲,中国媒体已经在意识形态上被西方国家及其媒体理论所挟持或控制。西方媒体从来就没有把新闻报道的国家利益本位和基于国家利益的自觉意识作为媒体理论,尽管他们深谙此道。由于缺乏国家利益本位和自觉意识,使得中国媒体不能在塑造"中国制造"形象上取得国内话语权主动,遑论国际话语权。

### 4.3.2 中国媒体国家利益本位和自觉意识的反思

中国媒体站在质量安全受害人的角度,监督生产公司,保护弱势消费者的利益,同时给政府施压加强监管,加强对受害人利益的保护和对相关责任公司违法行为的惩处。这种报道在方向上有积极的一面,但却忽视了事件报道效果的另一面,就是该质量事件的报道对受众认知框架的引导,进而造成对本土行业内其他公司消费者信心的打击,甚至对整个本土行业和"中国制造"形象的消极影响。我们不能否定中国媒体的社会责任和社会监督对中国社会进步所发挥的独特作用,但报道一家公司问题的同时是否也应该邀请和配合政府有关部门,对其他公司的产品进行质量检查,并将这些公司产品质量合格的正面信息报道出去,以阻止中国消费者本土品牌偏见的进一步强化和意义加工,还中国行业和其他公司一个公平。相信

---

① 薛可,梁海.基于刻板思维的国家形象符号认知[J].新闻与传播研究,2009,16(1),13-18.

多数中国媒体的本意应该不希望把本土产业和本土企业一网打尽、置之于死地吧！而另一方面，中国媒体却缺乏报道外国品牌质量问题的话语权和积极性，使受众不能产生外国品牌也存在"质量问题、责任缺失、价格暴利"等方面的符号认知和外国品牌"未必就好"的意义加工，相反却不断强化外国品牌偏好。这种报道立场和策略不仅没有帮助中国消费者维护自身的合法权益，也没有尽到"监督"的社会责任，更没有让受众感受到真实的外国品牌形象。

这种对本土/外国品牌质量问题的失衡报道策略需要中国媒体认真反思。"中国制造"连国内都没有话语权主动，又怎么可能在国际上取得话语权主动以塑造中国制造形象呢？可见，中国媒体在国家利益本位和自觉意识上的缺失是当前国际、国内话语权争夺中面临的最大问题。要突破这种怪圈，出路就在于认清西方媒体理论的两面性（积极和消极），创造中国特色的媒体理论。尽管新闻的真实性和媒体的社会责任是媒体人的良知和道德基础，但国家利益本位和基于国家利益的自觉意识才是中国媒体人取得国际话语权主动，提升国民文化自信，抑制本土品牌偏见的重要法宝。这一理念要成为中国媒体人的共识，除通过理论教育，提高媒体人独立的思维和判断能力以外，还需要国家相关部门（如各级政府宣传部）予以引导，也需要相关学者积极研究、研讨相关理论及其对策。当然，面对美国等西方霸权媒体，要获取国际话语权的主动其实办法很简单，就是"以其人之道还治其人之身"。

在重塑中国制造形象，抑制本土品牌偏见方面，中国媒体应充分保护政府相关部门、消费者协会、消费者和本土企业等主体的话语权，从消费者民族中心主义情结培养、外国品牌风险图景建构和本土品牌正面形象塑造等方面着手，通过改变社会气候、提供教育、提供学习模仿、鼓励体验、提供反刻板化想象样例等，有意调控受众注意资源，增强本土品牌反刻板化信息的易得性和代表性，提高信息的可接近—可诊断性。例如，在消费者民族中心主义情结的培养上，主要从鼓励性刺激出发，积极建构"外国品牌威胁、民族经济威胁、国家安全与外国威胁、塑造本土品牌偏好子群体、赞扬本土品牌偏好行为、双重标准、假洋货"等媒介框架和议题设置，以增强消费者基于爱国情感、国家自尊、国家认同或民族经济忧患的民族中心主义倾向。政府是培养国货消费观念的主角，政府应利用

"民族中心主义"情结，构成对外国产品的无形障碍（王海忠，2006）。在外国品牌风险图景建构上，应在国家利益、健康安全、社会责任和遵纪守法等框架下，提高大众传媒报道外国品牌危机事件的自觉意识，通过建构"质量问题、服务缺失、责任缺失、虚假宣传、价格暴利、假冒伪劣、伪造产地、恶意并购"等媒介框架和议题设置，指出外国产品威胁的严重性（王海忠，2006），增强外国品牌负面信息的可接近—可诊断性，促进中国消费者对于外国品牌"未必就好"的符号认知和意义加工。在本土品牌正面形象的塑造上，应以正面事件报道为主，通过建构"负责、崛起、优质、性价比高、不逊于外国品牌、赞扬本土品牌偏好行为、塑造本土品牌偏好群体"等媒介框架和议题设置，通过传播使人们确信购买国货具有"收益"，同时强调"人人参与"，使每个人意识到他有能力通过购买国货来维护本国产业，改善同胞福利（王海忠，2006），增强本土品牌正面信息的代表性和易得性，重塑中国制造形象。针对本土品牌质量危机事件（特别是与消费者日常生活紧密相关的食品质量问题），应借鉴心理遗忘规律，采取"三阶段报道"策略，以防止对本土品牌问题的过度报道而导致本土品牌偏见的强化，即在报道的初期，基于人们遗忘速度快，应该减少报道的数量，避免过度报道；在第二个阶段，人们对事件已经有所遗忘，媒体此刻应该加强舆论监督和引导；在最后阶段，人们的关注度已经彻底转移至别处，这时媒体应加强正面报道，拯救相关行业（张卓倩，2009）。总之，"新闻强，则国强"（张国庆，2011），在中华民族伟大复兴的征程上，中国媒体不应该是"软肋"，而应成为积极的助推器。

# 5. 中国媒体报道本土/外国品牌负面事件的话语比较

## ——基于媒体责任主体的个案研究

在市场竞争环境下，由于多种原因导致的企业危机事件随时都可能发生，经媒体曝光后容易形成品牌负面事件。但比较反常的是，在近年来中国本土/外国品牌负面事件中，同样都经历中国媒体报道，结局却大相径庭。对于中国本土品牌，经过中国媒体报道后，众多知名品牌被击倒，给企业发展蒙上了阴影，甚至彻底销声匿迹。例如，中国媒体对秦池古酒勾兑事件、爱多VCD股东授权声明事件、三鹿奶粉"三聚氰胺"事件等。对于外国品牌，中国媒体同样也曾进行发难，但是这些品牌非但没有被击倒，反而变得更为强大。例如，中国媒体对肯德基苏丹红事件、东芝电脑赔偿标准事件、皮尔卡丹赝品事件等的报道。这种情况长期累积叠加，已造成本土品牌在中国消费者心目中的形象越来越差，外国品牌形象则越来越好的刻板印象。从目前学界的研究来看，绝大多数学者都以企业为责任主体，将其归因为本土品牌在产品质量、营销策略、财务管理、公关意识等内部约束机制不到位。张燚等（2012）以媒体为责任主体，经过详细调查分析，将其归因为中国媒体在本土品牌负面事件中报道策略的失误，认为中国媒体对大量外国品牌负面事件"漠视"或"辩解"，而对本土品牌负面事件则"穷追猛打"。刘进平（2013）认为，中国媒体缺乏报道本土/外国品牌负面事件的本位意识，有意无意地扮演了突出本土品牌质量危机或其他激活本土品牌偏见的角色，是造成此种状况的主要原因之一。

责任主体的视角转换，为解释大量本土品牌长期以来无法发展壮大甚至突然消失提供了新视野。韩永青（2009）认为，随着市场环境日益宽松，中国媒体种类已极大丰富，形成了全方位、立体式的媒介传播格局，成为影响受众头脑中描绘"外部世界图像"（即主观现实）的主要手段，对消费者的认知框架建构作用越来越大。在市场经济条件下，中国媒体与品牌发展关系紧密，可以通过广告传播等形式为品牌形象塑造起到巨大的推动作用，也可以通过新闻报道等形式监督品牌质量，这已经成为中国现代社会的常态。3月15日晚上8点，一年一度的中央电视台2011年"3·15晚会"准时举行，一批国内外知名企业的产品或服务质量问题被曝光，其中双汇"瘦肉精"问题和韩国锦湖轮胎"爆胎"问题更是引起轩然大波。以此为始，中国媒体对这两个品牌出现的问题进行了为期半年的连续报道，形成了影响广泛的双汇"瘦肉精"事件和锦湖"质量门"事件。两起事件的结局是：作为中国最大的肉类加工企业，双汇集团由于品牌受损，部分下属企业无限期停产，计划中的企业重组进程被迫拖延，作为韩国最大的轮胎生产企业，韩国锦湖集团除承诺部分网点召回产品进行"敷衍式"的免费检测外，品牌本身似乎并没有受到多少影响，企业生产和销售照常。本研究以这两起事件为案例，以媒体责任主体为视角，对比分析中国媒体在报道两起事件时的新闻框架建构差异，进而推导中国媒体在品牌负面事件中建构本土/外国品牌形象新闻框架建构失误，从而提出有针对性的应对策略。

## 5.1 研究设计

### 5.1.1 样本选择

双汇"瘦肉精"问题和锦湖轮胎"爆胎"问题经中央电视台"3·15晚会"曝光后，中国媒体密切关注。以报刊、电视为主的传统媒体发挥各自的优势，不断报道事件最新进展情况，扩大信息容量，形成连续报道态势；以中国四大商业门户网站为主的网络媒体发挥海量数据存储、受众数量庞大等优势，通过单篇转载与网络专题集纳等方式紧密跟进，全面展示两起事件的媒介景观，其中腾讯网的表现尤为突出。

2011年1月21日，腾讯网在"腾讯财经"板块以"消费与民生：

2011 年 3·15 消费者权益日"为主题进行网络专题集纳，报道国内外企业产品质量问题。3 月 15 日下午 1 点 51 分，该专题首先转载中新网新闻《双汇发展被暴露使用瘦肉精猪肉　午后封跌停》，称在中央电视台当天播出的"3·15"特别节目《"健美猪"真相》中，披露了河南济源双汇公司使用"瘦肉精"猪肉的事实。晚上 8 点 26 分，该专题转载央视网报道《锦湖轮胎被曝光大量使用返炼胶　安全性能下降》。以此为始，该专题关于两起事件的新闻集纳一直持续到 4 月 12 日。与此同时，腾讯网又在"腾讯财经"板块下开设"聚焦双汇瘦肉精事件"专题，新闻集纳持续至 8 月 18 日；在"腾讯汽车"板块下开设"锦湖轮胎被爆：质量问题引发轮胎业地震"专题，新闻集纳持续至 3 月 22 日。

在中国四大商业门户网站中，由于腾讯网拥有 QQ 等使用范围广泛的网络通信工具，在中国网民尤其是青少年网民中影响巨大。网络作为新媒体，本身没有固定的专职记者，一般是转载或集纳其他传统媒体专职记者采写的稿件。腾讯网利用"腾讯财经""腾讯汽车"等板块，设立固定专题，能够在第一时间转载传统媒体相关报道，通过专题集纳的方式紧密追踪两起事件的进展，三个网络专题相关资料保存完备，为本研究的数据采集和分析提供了便利。

### 5.1.2　编码方案

本研究以臧国仁（1999）的框架分析理论为基础，郭庆光（2011）的新闻框架观点，胥琳佳等（2009）的新闻框架三重选择观点，结合新闻报道实践，设定三个层面的编码方案，即"新闻议程构成""新闻主题倾向""新闻话语方式"，分析中国媒体在两起事件中的新闻框架建构差异。具体来说，在"新闻议程构成"层面，统计分析两起事件中新闻报道议程数量构成和时间构成；在"新闻主题倾向"层面，统计分析两起事件中新闻报道的主体事件、企业历史、事件原因、事件影响、企业对策、事件结果等环节出现的频次与性质；在"新闻话语方式"层面，统计分析企业本身、相关企业、政府部门、知情人士、专家学者、新闻媒体、消费者等话语主体的话语频次，并以"认同"和"辩解"为标准，分析上述话语主体的话语性质。为便于比较分析，本研究在"新闻主题倾向"和"新闻话语主体"层面分析时,将数据样本限定在"消费与民生:2011年3·15消费者权益日"专题集纳的关于两起事件的所有新闻报道中。

## 5.2 资料分析

### 5.2.1 新闻议程构成

在腾讯网"腾讯财经"板块"消费与民生:2011年3·15消费者权益日"这个专题中,自3月15日下午1点51分第一篇新闻发出到3月21日晚上1点13分最后一篇新闻发出为止,该专题关于双汇"瘦肉精"事件共集纳7家媒体16篇新闻;自3月15日晚上8点26分第一篇新闻发出到4月12日下午3点52分最后一篇新闻发出为止,该专题关于锦湖轮胎"质量门"事件共集纳14家媒体43篇新闻。从第一篇新闻发出的时间来看,中央电视台在新闻频道以《"健美猪"真相》为标题进行报道后,中国新闻网迅速发出《双汇发展被曝使用瘦肉精猪肉 午后封跌停》这篇新闻,并被腾讯"消费与民生:2011年3·15消费者权益日"专题同步转载,比央视网首次报道《锦湖轮胎被曝光大量使用返炼胶 安全性能下降》这篇新闻早了7个多小时。中央电视台是中国国家级电视台,在新闻报道方面享有无与伦比的权威性与影响力,这样的报道方式足以构成"议程先设"效应,引发其他媒体的同步关注,以"先声夺人"的方式引起广大消费者对双汇"瘦肉精"问题的密切关注,冲击力远远大于7个小时后才出现的锦湖轮胎"爆胎"问题的新闻。这种第一篇新闻议程时间构成的差异,首先引发两起事件的媒体议程设置时间差异。

在"消费与民生:2011年3·15消费者权益日"专题中,从报道数量来看,似乎关于锦湖轮胎"质量门"事件的新闻要比双汇"瘦肉精"事件的新闻多一些。但实际情况是,腾讯网在3月15日当天开设"锦湖轮胎被爆:质量问题引发轮胎业地震"专题,截至3月22日,只发布了10篇新闻,而在"聚焦双汇瘦肉精事件"专题,报道时间一直持续到8月18日,共发布了252篇新闻。所以如果从腾讯网三个专题总数来看,关于双汇

"瘦肉精"事件的新闻总数要远远大于锦湖轮胎"质量门"事件新闻总数。也就是说从数量这个指标来衡量,中国媒体对双汇"瘦肉精"事件议程设置力度要空前大于对锦湖轮胎"质量门"事件议程设置力度。Reese 等(2001)认为新闻议程组织的不仅是一个个孤立的故事,而是为受众提供一种持久的文化理解,这种影响要远远超过单篇新闻报道的力量。所以议程数量构成的差异加剧了由议程时间构成导致议程设置力度的差异,直接后果是造成两起事件在消费者心目中的严重程度有非常大的不同。

### 5.2.2 新闻主题倾向

胥琳佳等(2009)认为,新闻文本的中层选择由主要事件、归因、历史、影响、描述、观点等环节构成。为了使本研究更加贴近两起事件的实际情况,本研究对上述中层结构环节进行了重构。在新闻叙事学中,新闻六要素是指时间、地点、人物、经过、原因、结果。事实上,时间、地点是每篇新闻必备的客观要素,一般情况下,与新闻主题倾向没有直接关系,而人物与新闻话语主体密切相关,可以放在新闻话语方式中研究。在企业危机中,企业采取的对策措施通常是广大消费者最为关心的议题之一。由此,对主要事件、企业历史、事件原因、事件影响、企业对策、事件结果 6 个表达新闻主题倾向的环节进行统计分析(见表 5-1)。

表 5-1 中国媒体报道两起事件表达新闻主题倾向环节频次统计表　单位:次

|   | 主体事件 | 企业历史 | 事件原因 | 事件影响 | 企业对策 | 事件结果 |
|---|---|---|---|---|---|---|
| 双汇 | 12 | 5 | 6 | 8 | 9 | 4 |
| 锦湖 | 15 | 13 | 6 | 28 | 35 | 10 |

腾讯网"消费与民生:2011 年 3·15 消费者权益日"专题共集纳双汇"瘦肉精"事件新闻 16 篇,共集纳锦湖轮胎"质量门"事件新闻 43 篇。由表 1 可知,在两起事件新闻中,每个表达新闻主题倾向环节出现的次数有很大差别。本研究以统计学中频次分布理论为基础,统计以上环节出现次数占相关事件总报道篇数的百分比,进而分析两起事件分别在每个环节上的被强调力度及差别,并探究中国媒体在报道两起事件的新闻主题倾向上的差异(见图 5-1)。

基于图 5-1，可以做以下分析：在企业危机报道中，第一篇新闻通常报道主体事件的概况，在后续报道中，主体事件会依据报道情景及方式有选择地出现，如果出现得越多，就会越加深消费者的品牌负面印象。在双汇"瘦肉精"事件的后续报道中，主体事件被强调的力度要远远大于锦湖轮胎"质量门"事件，给消费者造成双汇的负面印象更深刻。企业历史通常以新闻背景的形式出现，在两起事件报道中，企业历史被强调的力度似乎差不多，但在具体新闻文本中，二者的性质有很大差异。在双汇"瘦肉精"事件的后续报道中，企业历史主要介绍双汇集团在过去也出现过类似情况，暗示双汇集团一贯品牌信誉度低，出现这种问题在常理之中，而在锦湖轮胎"质量门"事件中，则主要介绍锦湖集团过去辉煌的发展历史，暗示企业品牌信誉度一贯较好，可以应付目前出现的问题。在事件原因方面，主要分析产生问题的直接或间接原因，双汇"瘦肉精"事件后续报道中事件原因被强调力度大于锦湖轮胎"质量门"事件，再加上被强调的性质不同，使得这个环节形成了巨大的归因差异。双汇"瘦肉精"事件后续报道将主要原因归结为双汇集团对肉源检测不严格，造成产生质量问题不可原谅的感觉，而锦湖轮胎"质量门"事件后续报道则将主要原因归结为废胎回收，暗示问题的产生是锦湖集团为资源再利用不小心出现的问题，产生质量问题具有某种可原谅性。

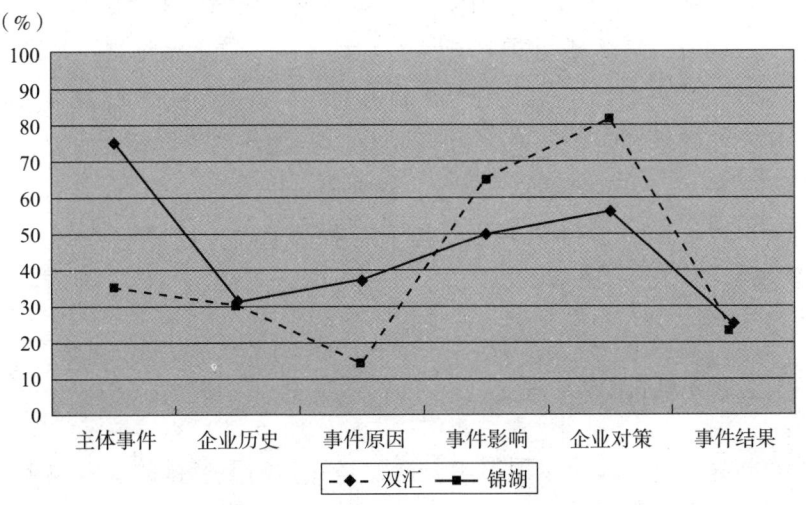

图 5-1 中国媒体报道两起事件中新闻主题倾向环节出现频次对比

在中国目前的经济发展环境下，由于法制保障滞后等原因，企业一旦出现危机事件，连锁反应就可能会使当地经济发展出现波动，相关政府部门通常会出手干预。在两起事件后续报道的事件影响这个环节，对双汇"瘦肉精"事件影响的强调要大于锦湖轮胎"质量门"事件，似乎提醒政府更应该关注双汇集团。但事实上，对双汇"瘦肉精"事件影响的强调主要在消费者方面，而对锦湖轮胎"质量门"事件影响的强调则主要在国内众多汽车制造厂商方面，所以在新闻文本中，出现了中国相关政府部门就锦湖轮胎"质量门"事件的处置表态较多，而对双汇"瘦肉精"事件则表态较少的情况。企业对策是指危机状况出现后，企业自己采取的危机管理措施。在两起事件的后续报道中，对锦湖集团应对措施的强调力度要大于对双汇集团应对措施的强调力度，暗示锦湖集团高度重视，正在努力采取措施应对，而双汇集团则重视力度不够，采取相关应对措施的力度较小。在新闻文本中，可以看到锦湖集团总部频频发声，通过"召回声明"等形式极力挽救，而双汇集团在这个环节的声音则要小很多。事件结果是指企业采取应对措施后的市场反应，在两起事件的后续报道中，对事件结果的强调力度差不多，但在新闻文本中，报道消费者对双汇集团不满意的情况要多一些，而报道消费者对锦湖集团满意的情况要多一些，出现了明显的舆论导向差异。

从总体来看，在两起事件中，中国媒体在表达新闻主题倾向环节方面的差别，构成了总体新闻框架中层选择差异，使受众感觉到双汇"瘦肉精"事件是严重的，双汇集团的产品出问题具有某种必然性且不可被原谅，影响非常恶劣且措施不力，消费者总体很不满意；而使受众感觉锦湖轮胎"质量门"事件则不那么严重，锦湖集团的产品出现问题具有某种偶然性且可以被原谅，影响虽然比较大但措施得力，消费者总体上比较满意。

### 5.2.3 新闻话语方式

在新闻报道实践中"用事实说话"是媒体需要遵循的基本原则（童兵，2000）。用事实说话的主要方式之一是引语说话，引语是记者采访后转述被采访者的话语。话语主体和话语性质不同，"说话"的效果自然不同。在新闻报道中，引语除了具有补充事实的功能，非常重要的作用还是表明话语主体的态度。引语的性质一般可以分为"认同"和"辩解"两种。在品牌负面事件报道中,"认同"是指话语主体通过报道进行负向引导,如认为企业应对事件负直接责任等,"辩解"是指话语主体通过报道进行正向引导,如认为事件发生原因复杂,企业不负直接责任,甚至没有责任等(见表 5-2、表 5-3)。

表 5-2 中国媒体报道双汇"瘦肉精"事件中话语主体话语频次对比

|  | 双汇集团 | 相关企业 | 政府部门 | 知情人士 | 专家学者 | 新闻媒体 | 消费者 |
| --- | --- | --- | --- | --- | --- | --- | --- |
| 认同 | 5 | 2 | 5 | 3 | 3 | 2 | 1 |
| 辩解 | 1 | 2 | 1 |  |  | 1 | 1 |

表 5-3 中国媒体报道锦湖轮胎"质量门"事件中话语主体话语频次对比

|  | 锦湖集团 | 相关企业 | 政府部门 | 知情人士 | 专家学者 | 新闻媒体 | 消费者 |
| --- | --- | --- | --- | --- | --- | --- | --- |
| 认同 | 18 | 15 | 8 | 1 | 1 | 12 | 2 |
| 辩解 | 10 | 8 |  | 4 | 4 | 2 | 0 |

由表 5-2、表 5-3 可知,在腾讯网"消费与民生:2011 年 3·15 消费者权益日"专题中,中国媒体给予企业本身、相关企业、政府部门、知情人士、专家学者、新闻媒体、消费者等程度不同的话语机会,但是各个话语主体话语机会差别较大,话语性质差别也比较明显。整体来看,中国媒体在锦湖轮胎"质量门"事件报道中给予各话语主体话语机会要远远多于双汇"瘦肉精"事件。本研究同样以统计学中的频次分布理论为基础,统计话语主体话语机会占相关事件总报道数量的百分比,分析两起事件中每个话语主体话语力度和话语性质差别,以此透视中国媒体在两起事件中的话语方式差异(见图 5-2、图 5-3)。

由图 5-2 可知,在双汇"瘦肉精"事件中,双汇集团、相关企业、政府部门话语机会最多,知情人士、专家学者、新闻媒体次之,消费者最少。在具体新闻文本的话语性质表现方面,除相关企业与消费者"认同"态度与"辩解"态度相当之外,其他各个话语主体"认同"度均高于"辩解"度,表明大多数话语主体倾向于双汇集团应该对"瘦肉精"事件承担直接责任等,其中态度最为坚决的是知情人士与专家学者。

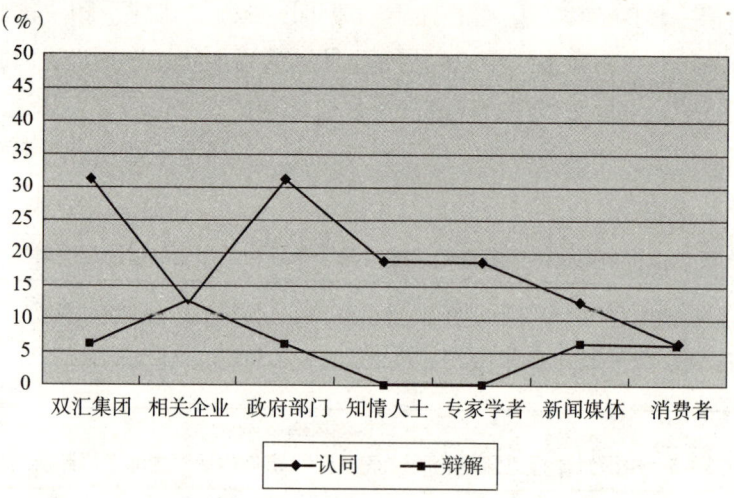

图 5-2 中国媒体报道双汇"瘦肉精"事件中话语主体话语频次对比

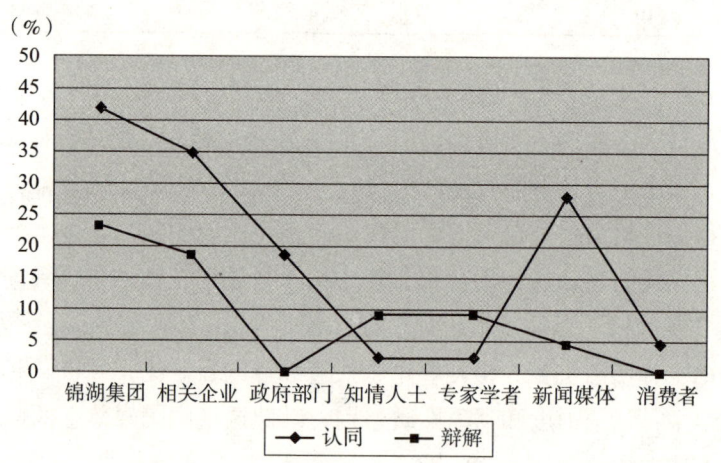

图 5-3 中国媒体在锦湖轮胎"质量门"事件报道中话语主体话语频次对比

由图 5-3 可知,在锦湖轮胎"质量门"事件中,锦湖集团、相关企业、新闻媒体话语机会最多,政府部门、知情人士、专家学者次之,消费者最少。在具体新闻文本的话语性质表现方面,锦湖集团、相关企业、新闻媒体既有"认同"也有"辩解",总体来看"认同"程度要大一些。政府部门和消费者的态度则最为坚决,完全为"认同",不过知情人士和专家学者的"辩解"程度要大于"认同"程度。话语主体一旦进入新闻报道的视野,其所表达的话语内容由于媒体的放大效应,会给受众瞬间造成

"主流意见"的错觉。所以曾庆香等（2005）指出，作为话语主体的新闻来源，掌握了对事实进行定义、设定解释框架的主动权和话语权，就使受众形成了认知事件的"知识"。

从中国媒体报道两起事件的情况来看，出现了三种话语表达不平衡现象。首先是话语权不平衡，在这样直接涉及消费者利益的事件中，企业自身、相关企业、政府部门等在媒体中的话语权相对较充分，而消费者的话语权很弱，此状况在锦湖轮胎"质量门"事件后续报道中更为明显；其次是话语性质相互矛盾，中国的某些专家学者表现似乎很活跃，但是失去了国家利益本位立场，再加上中国媒体对其话语性质选择不当，造成在话语表达中为锦湖集团"辩解"且替双汇集团"认同"的总体倾向；三是编辑方针错位，中国媒体通过媒体人士发声等形式，认为锦湖轮胎"质量门"比双汇"瘦肉精"事件影响更大，后果更为严重，但由于对话语性质选择不当，得出的总体结论似乎正好相反。

## 5.3　研究结论与建议

### 5.3.1　研究结论

双汇"瘦肉精"事件和锦湖轮胎"质量门"事件是 2011 年中国中央电视台"3·15"晚会曝光的诸多企业产品质量问题中的两起典型事件。本研究以腾讯网集纳中国媒体对两起事件网络专题形成的连续报道为数据统计样本，以框架分析理论为基础，结合频次分布理论进行分析，发现中国媒体在某种程度上扮演了本土品牌偏见形成的启动器与加速器，具体表现如下：

（1）在 2011 年"3·15"首次报道两起事件时，中国媒体出现议程时间构成差别，对双汇"瘦肉精"事件"先声夺人"式的报道是形成消费者关注差别的主要诱因；从腾讯网的三个专题统计来看，中国媒体对双汇"瘦肉精"事件共发布了 268 篇报道，且时间一致持续到 8 月 18 日；对锦湖轮胎"质量门"事件共发布 53 篇报道，且时间只持续到 4 月 12 日，这种情况造成了新闻议程数量构成差别，最终导致广大消费者对两起事件整体关注力度的差异，为中国消费者形成双汇品牌偏见奠定了基础。

（2）中国媒体在表达新闻主题倾向的各个环节，如主要事件、企业历史、事件原因、事件结果、事件影响、企业对策等方面报道频次与报道性质的差别，导致中国消费者在两起事件关注力度差异基础上，逐步形成了对两个企业品牌形象差异的"刻板印象"，消费者将双汇"质量门"事件新闻报道和锦湖轮胎"质量门"事件新闻报道同时对比后，在总体印象中，初步形成了中国消费者对双汇品牌的偏见。

（3）话语方式会对消费者的观念产生重要影响。在两起事件的报道中，中国媒体似乎尽可能展示不同话语主体的话语内容，但是话语机会和话语性质差别较大。其中企业本身、相关企业、政府部门等的表现尤为活跃，话语权较充分，知情人士、专家学者次之，消费者最少。最为引人瞩目的是中国某些所谓的知情人士和专家学者倾向于替双汇集团"认同"的意见偏多，而全部都在为锦湖集团"辩解"，再加上对中国消费者话语选择的不对等，从而加深了中国消费者对双汇品牌的偏见。

（4）在双汇"瘦肉精"事件报道中，政府部门对双汇集团是否承担直接责任既"认同"也有"辩解"，但在锦湖轮胎"质量门"事件报道中，全部为"认同"；中国媒体自身对锦湖集团应该承担直接责任的"认同"力度也远远大于对双汇集团的"认同"力度，这表明中国政府部门和中国媒体在主观上存有一定保护本土品牌的意识，但是由于中国媒体编辑方针错位的问题，在客观上起到了反作用，使得消费者对双汇品牌偏见固化。

（5）腾讯网作为中国具有影响力的网络媒体之一，能够紧跟社会特点开设网络专题，形成连续报道的新闻集纳优势，反映了报刊、电视等传统媒体对两起事件的报道态势。但在传统媒体对两起事件出现新闻框架建构失误的情况下，没有发挥网络媒体的二次"把关"职责，不仅没有将传统媒体新闻框架建构的问题处理好，还出现二次框架建构失误，在腾讯网本身巨大的影响力之下，最终导致消费者对"双汇"品牌偏见彻底"刻板印象"化。

综上所述，在时间延伸和要素构成两个方面，由中国媒体启动的对双汇"瘦肉精"事件新闻框架建构促使中国消费者对"双汇"品牌偏见形成是一个逐步发展的过程。在此过程中，消费者有意无意地会将中国媒体对锦湖轮胎"质量门"事件的新闻框架建构拿来做对比，可以极大加快这种偏见的形成速度，中国消费者会依据从典型到一般的习惯推理，产生对本土/外国品牌形象的不当联想，加上以前中国企业曾经发生过的多起品牌负面事件，中国消费者头脑中的整个本土品牌负面印象就会更加深一步。如果这种局面长期得不到纠正，在人际传播、群体传播、组织传播等领域叠加的作用下，就会出现本土品牌偏见的恶性循环，最终可能会出现中国消费者对整个本土品牌偏见彻底"刻板印象"化的危险。

### 5.3.2 对策建议

随着越来越多的外资企业进入中国本土，近年来由于各种原因，出现了众多外国品牌在国人心目中的地位越来越高，中国本土品牌形象越来越差的局面。中国媒体对双汇"瘦肉精"事件和锦湖轮胎"质量门"新闻框架建构差异从媒体责任主体角度暴露了问题的一个重要方面，即在本土品牌危机事件中，中国媒体有意无意地充当了促使这种局面形成的重要角色。要想逐步扭转这种局面，中国媒体必须强化国家利益本位意识，明确自身在振兴本土品牌中的责任，改进本土/外国品牌负面事件中的新闻框架建构策略。

（1）品牌形象不仅关系到中国企业的生死存亡，也关系到整个中国国民经济的荣辱兴衰。现代企业运行涉及多种要素，运行日益复杂，不同程度存在着各种风险，产品质量等随时有可能出现问题。因此中国媒体应在政府部门的统一协调下，建立本土品牌危机干预机制，包括初期危机信息预警机制、突发事件应急机制、社会谣言回击机制等。在准确定性的基础上，克服品牌负面事件报道的随意性，切实做到危机新闻传播的社会效益与经济效益的统一。

（2）追求新闻价值是大众媒体的天然属性，因此涉及消费者切实利益的企业产品质量问题等新闻信息通常是媒体连续报道的重点领域。以框架分析理论为视角来看，新闻报道的框架建构会直接影响受众的认知框架，所以中国媒体应切实重视媒体编辑方针，在注意保持平衡报道的前提下，协调新闻议程时间和规模设置力度，促使具体问题在得到解决的同时，尽量不伤害企业的品牌形象。

（3）企业危机公关能力是企业在发生危机事件时保护企业品牌形象的重要举措。但由于中国市场经济发展历史较短等原因，中国企业整体品牌维护意识还不够强，企业危机公关意识和措施不到位，甚至出现品牌负面事件发生后，企业陷入完全被动、一片慌乱的境地。所以在品牌负面事件发生后，中国媒体应主动出击，精选新闻报道环节、重视话语主体选择，在逐渐淡化主体事件、清楚解释事件原因的前提下，营造出企业有能力处置危机事件的舆论氛围。

（4）近年来外资企业在产品质量、销售期限、售后服务等方面频出问题，很多外国品牌都存在严重名不符实的情况，但中国媒体对外国品牌负面事件的曝光意识和措施不到位，要么发生问题没有披露，要么披露后缺乏后续报道，成了"烂尾新闻"。要改变这种局面，就需要不断增强外国品牌负面事件报道意识，大量充分地曝光外国品牌存在的问题，使消费者形成外国品牌并非完美无瑕而是存在很多问题的认知框架，逐步改变中国本土/外国品牌形象不平衡态势。

（5）在新闻报道实践中，林永年（2012）指出，同题对比报道是凸显新闻主题趋向的有力形式，这种报道方式正反对比鲜明，反差强烈，震撼力大，说服力强，且能发人深省，是受众喜闻乐见的报道形式。中国媒体尤其是网络媒体需要发挥建构主义报道的理念，通过以相同产品质量本土/外国品牌差异，相同企业危机中本土/外国品牌差异等为主题，着力凸显本土品牌优势，在对比中突出中国企业认真负责、产品质量可靠、品牌形象优良等特征，扭转中国消费者对本土品牌的认知误区。

维护本土品牌形象事关国家的根本利益，在当前大众媒体与国民经济发展密切关联的形势下，中国媒体无疑义不容辞。但是，企业自身、政府部门、专家学者等各个方面也必须注意要主动和媒体保持良好沟通，创造良性互动机制。例如，企业自身要把品牌维护作为重要经营目标，在不断提高产品质量的基础上，要像了解消费者一样了解媒体，和媒体建立良好关系；政府部门要切实做到以发展国民经济为遵旨，协调媒体与企业之间的关系；专家学者要充分发挥自身资源优势，扮演好"意见领袖"的角色，注意善用媒体引导舆论走向（张燚等，2008）。所有这些将在"第四部分 操作策略"中予以重点探讨。

# 6. 中国媒体报道外国品牌负面事件的框架分析：以重庆沃尔玛食品安全事件为例

为了进一步反思中国媒体披露外国品牌负面事件的自觉意识，本研究以2011年发生的重庆沃尔玛食品安全事件为例，运用框架理论对中国媒体报道该事件的媒介框架、话语权主体和议题设置等进行文本分析，揭示中国媒体在报道外国品牌负面事件上的本位意识、存在问题及其根源，从而为大众传媒有意调控受众注意资源，抑制本土品牌偏见的干预对策探讨辨明方向。

## 6.1 研究方法

### 6.1.1 框架编码方案

借鉴 Entman（1993）的框架理论，下面将按照发现问题→解释原因→道德判断→问题解决的基本流程进行样本编码，编码方案如下（见附录6-1、附录6-2）：①发现问题的框架编码：通过对中国媒体报道沃尔玛食品安全危机事件的新闻标题进行初步分析，拟将报道内容分为9种诉求问题，每类问题对应一个编码序号。②解释原因的框架编码：根据新闻报道中框架凸显的特点，从媒介内容的标题、导语和结尾部分来判断。通过对媒介内容的初步分析，拟将媒介归因分为15种原因，每种归因对应一个编码序号。③道德判断的框架编码：根据媒体报道的感情色彩，从是否为沃尔玛减轻甚至开脱责任的角度来进行褒贬评价，包括正面（表示超越事实,有为沃尔玛减轻甚至开脱责任的评论)、负面(表示尊重事实,有关于沃尔玛违法、责任道德缺失的评论和质疑)和中性(表示仅仅披露沃尔玛食品安全问题的重要事实和证据)3 类倾向,每种倾向对应一个编码序号。④问题解决的框架编码:通过对媒介内容的初步分析,拟将媒体报道中直接或隐含的问题解决方法归纳为 16 种,每种方法对应一个编码序号。由两位作者分别作为编码员独立编码,使用 Holsti 的公式:$2M/(N1 + N2)$ 计算编码信度,信度为 0.865,表明信度较高。

### 6.1.2 样本选定与资料收集

通过搜搜、百度以及相关媒体的搜索引擎,收集 2011 年 9 月以来有关沃尔玛食品安全危机事件的国内媒体报道(主要包括平面媒体和网络媒体)。搜索结果显示(见附录 6-3),截至 2011 年 11 月 12 日,国内媒体在 2011 年 9 月 6 日—11 月 6 日共有 96 条关于沃尔玛质量事件的报道,其中,平面媒体 75 条,网络媒体 21 条,被网络媒体转载报道 100 条。

## 6.2 中国媒体报道重庆沃尔玛事件的媒介框架分析

### 6.2.1 媒介报道内容的框架分析

(1) 发现问题的媒介框架分析:沃尔玛出了什么问题

通过对中国媒体报道沃尔玛事件的发现问题框架分析(见表 6-1)可知,国内媒体报道沃尔玛食品安全问题主要集中在以下 5 个方面,分别是以次充好,销售绿色猪肉,占 86.3%;虚假宣传占 30.5%;销售不合格食品,占 29.5%;销售过期食品,占 29.5%;食品标签含有虚假内容,占 24.2%。所有问题都是沃尔玛受经济驱使和商业道德缺失造成的。

表6-1 中国媒体报道的发现问题框架分析

| 发现问题框架 | 数量 | 百分比（%） |
| --- | --- | --- |
| 1. 以次充好，销售绿色猪肉 | 83 | 87.3 |
| 2. 虚假宣传 | 29 | 30.5 |
| 3. 销售不合格食品 | 28 | 29.5 |
| 4. 销售过期食品 | 28 | 29.5 |
| 5. 食品标签含有虚假内容 | 23 | 24.2 |
| 6. 将过期板鸭重新包装销售 | 12 | 12.6 |
| 7. 其他问题 | 14 | 14.9 |
| 8. 销售无生产日期产品 | 6 | 6.3 |
| 9. 更改生产日期 | 6 | 6.3 |

注：其他问题包括食品区卫生环境差、销售脏豆干、按摩椅质量问题、赔付消费者力度不够。

（2）解释原因的媒介框架分析：沃尔玛为什么会出现这些问题

通过对中国媒体报道沃尔玛事件的解释原因框架分析（见表6-2）可知，国内媒体主要从12个方面解释沃尔玛食品安全问题的原因，其中，前四个原因分别是漠视消费者利益和健康安全，占36.8%；无视中国法律，占28.4%；公司自身监管不力，占27.4%；经济利益驱使，占25.3%。在解释原因中，为沃尔玛开脱责任的报道约占30.6%，主要表现为把沃尔玛问题转移到"中国政府监管不力、执法和惩处不严，违法成本低""其他超市也有类似问题""是中国供应商的问题""税负过重""与政府关系不和谐"及"其他原因"等方面。这类报道要么转嫁责任，要么将议题转移到本土品牌问题上，指出"其他超市也有类似问题"或"本土品牌该如何吸取教训"等，时刻不忘提醒受众注意本土品牌问题的普遍性，暗示沃尔玛问题是偶然事件或小问题，真正有问题的是本土品牌。这不仅是为沃尔玛开脱责任，而且有意、无意地扮演了激活本土品牌偏见的角色。

表6-2 中国媒体报道的解释原因框架分析

| 解释原因框架 | 数量 | 百分比（%） |
| --- | --- | --- |
| 1. 漠视消费者利益和健康安全 | 35 | 36.8 |
| 2. 无视中国法律 | 27 | 28.4 |
| 3. 公司自身监管不力 | 26 | 27.4 |
| 4. 经济利益驱使 | 24 | 25.3 |

续表

| 解释原因框架 | 数量 | 百分比（%） |
|---|---|---|
| 5. 中国政府监管不力、执法和惩处不严，即违法成本低 | 16 | 16.8 |
| 6. 商业道德或社会责任缺失 | 8 | 8.4 |
| 7. 其他原因 | 9 | 9.5 |
| 8. 其他超市也有类似问题 | 5 | 5.3 |
| 9. 沃尔玛事件之所以能受到处罚，是因为重庆市领导重视 | 3 | 3.2 |
| 10. 是中国供应商的问题 | 1 | 1.1 |
| 11. 税负过重 | 1 | 1.1 |
| 12. 与政府关系不和谐 | 2 | 2.1 |

注：其他原因包括消费者举证困难；超市形成垄断；公关危机处理不当；危机管理缺位；未能及时与工商部门沟通；中国食品安全大环境；超国民待遇；形成垄断，绑架消费者；外国媒体认为沃尔玛受到政治打压。

（3）道德判断的媒介框架分析：对沃尔玛出现食品安全问题有何评价

从道德判断的媒介框架分析可知，国内媒体在报道中对沃尔玛食品安全问题的道德判断或评价可以划分为负面、中性和正面（见表6-3）。其中，尊重事实，有沃尔玛违法、责任道德缺失的报道占54.8%；仅仅披露沃尔玛食品安全问题的重要事实和证据的报道占33.7%；超越事实，有为沃尔玛减轻、开脱责任或转移议题的报道占23.2%。

表6-3　中国媒体报道的道德判断框架分析

| 道德判断框架 | 数量 | 百分比（%） |
|---|---|---|
| 1. 负面（尊重事实，有沃尔玛违法、责任道德缺失的评论） | 52 | 54.8 |
| 2. 中性（仅仅披露沃尔玛食品安全问题的重要事实和证据） | 32 | 33.7 |
| 3. 正面（超越事实，有为沃尔玛减轻甚至开脱责任的评论） | 22 | 23.2 |

（4）问题解决的媒介框架分析：如何解决沃尔玛食品安全问题

从问题解决的媒介框架分析可知，国内媒体在报道中直接或暗示沃尔玛食品安全问题的解决办法主要有14种（见表6-4），其中，前6种解决办法分别是限制整改，占48.4%；罚款，占47.4%；没收违法所得，占33.7%；公司本身应加强产品监管，占31.6%；对责任人要依法追究刑事责任，占31.6%；工商管理部门要继续加强监督和执法力度，占30.5%。

其中,限制整改、罚款、没收违法所得、对责任人要依法追究刑事责任等4种解决途径均为重庆市相关部门采取的行政或刑事处罚措施;而公司本身应加强产品监管这一解决途径是从公司内部找解决办法;工商管理部门要继续加强监督和执法力度这一解决途径则是从政府部门找解决办法。总体上看,沃尔玛食品安全问题的解决框架可以分为两个方面:一是沃尔玛自身要加强监管,二是政府要加大监督和执法力度。

表6-4 中国媒体报道的问题解决框架分析

| 问题解决框架 | 数量 | 百分比(%) |
| --- | --- | --- |
| 1. 限制整改 | 46 | 48.4 |
| 2. 罚款 | 45 | 47.4 |
| 3. 没收违法所得 | 32 | 33.7 |
| 4. 公司本身应加强产品监管 | 30 | 31.6 |
| 5. 对责任人要依法追究刑事责任 | 30 | 31.6 |
| 6. 工商管理部门要继续加强监督和执法力度(连坐制度) | 29 | 30.5 |
| 7. 向消费者道歉、赔偿 | 16 | 16.8 |
| 8. 其他解决办法 | 10 | 10.5 |
| 9. 消费者的责任意识有待提高 | 6 | 6.3 |
| 10. 消费者遇到类似问题要及时向工商管理部门举报(增强消费者的维权意识) | 4 | 4.2 |
| 11. 消费者应团结起来抵制沃尔玛 | 1 | 1.1 |
| 12. 应减轻企业税负 | 1 | 1.1 |
| 13. 与政府搞好关系 | 1 | 1.1 |
| 14. 公司与消协联合成立消费者维权站 | 1 | 1.1 |

注:其他解决办法包括建立可追溯的货品供应体系;遵守中国法律;做好危机管理;健全法律,加大惩罚力度。

综上所述,尽管中国媒体整体上能够在"健康安全、商业欺骗、违法犯罪"等框架下对沃尔玛事件进行恰当地报道,但也有23.2%的报道或评论在为沃尔玛减轻甚至开脱责任。而美国等西方媒体在报道沃尔玛食品安全事件上则坚持国家利益和本土企业利益框架,将报道集中在"中国政府的打压、阴谋、政治报复等"议题上,对中国政府进行肆意污蔑、诽谤和攻击,丝毫不去反省自身的违法行为以及对消费者权益的侵犯。上述分析表明，中国媒体报道外国品牌负面事件的国家利益框架和自觉意识明显较弱。中国媒体所构筑的"拟态环境"无法使受众产生沃尔玛"不可信任、弄虚作假、管理混乱等"方面的符号认知和沃尔玛"并不可靠"的意义加工，更无法成为抑制本土品牌偏见的反刻板化样例，因为媒介评论及其对原因的解释可以影响受众对所报道问题的归因（Iyengar，1990）。

### 6.2.2 媒介话语权主体的文本分析

话语权的争夺和控制是利益相关者影响受众认知的重要工具。不同传媒对同一事件之所以会表现出不同的问题发现、原因解释、道德判断和问题解决，其背后就是媒体为不同利益相关者充当了代言人的角色。通过对沃尔玛事件报道内容的来源进行文本分析，发现其框架背后所涉及的话语权主体有记者、工商行政部门、沃尔玛管理层、政府官员、消费者、权威部门或权威专家、公安部门、沃尔玛员工、业内人士等（见表6-5）。其中，占据前三位的话语权主体分别是记者、工商行政部门和沃尔玛管理层，依次为54.7%、31.6%和17.9%；来自消费者的声音仅占5.3%，这表明在媒介话语权的"争夺"中消费者处于弱势地位。更重要的是在为沃尔玛开脱责任的权利主体中，依次是沃尔玛管理层、业内人士、政府官员、权威部门或专家、记者、外国媒体、沃尔玛员工、消费者。有21.2%的媒体报道（引用外国媒体的污蔑和攻击除外）是引用上述利益相关者的言论或记者的评论来为沃尔玛辩解、开脱责任或避重就轻。显然，这些媒体的话语权已经被"控制"，其原因是多方面的，如媒体自身缺乏国家利益框架和自觉意识、对沃尔玛控制话语权的无知、媒体和记者对自身经济利益的追逐或者迎合受众的需要以及自身的本土品牌偏见等。

表6-5 媒介报道的话语权主体及责任归因

| 话语权主体 | 事实呈现，揭露问题 | | 为沃尔玛开脱责任 | |
|---|---|---|---|---|
| | 次数 | 百分比（%） | 次数 | 百分比（%） |
| 1. 记者 | 52 | 54.7 | 2 | 2.1 |
| 2. 消费者 | 5 | 5.3 | 1 | 1.1 |
| 3. 工商行政部门 | 30 | 31.6 | | |

续表

| 话语权主体 | 事实呈现，揭露问题 | | 为沃尔玛开脱责任 | |
|---|---|---|---|---|
| | 次数 | 百分比（%） | 次数 | 百分比（%） |
| 4. 公安部门 | 3 | 3.2 | | |
| 5. 政府官员 | 14 | 14.7 | 3 | 3.2 |
| 6. 沃尔玛员工 | 3 | 3.2 | 1 | 1.1 |
| 7. 沃尔玛管理层 | 17 | 17.9 | 6 | 6.3 |
| 8. 权威部门或权威专家 | 4 | 4.2 | 3 | 3.2 |
| 9. 业内人士 | 1 | 1.1 | 4 | 4.2 |
| 10. 外国媒体 | | | 2 | 2.1 |

### 6.2.3 媒介议题设置的文本分析

媒体往往通过将事件的部分信息放大，同时忽略其他方面，以此抓住和保持受众的注意（Entman，1993；Tankard，2001），因此，公众的"议题"在本质上是受到传媒"议题"影响的。为了更好地反思中国媒体报道沃尔玛事件的国家利益本位和自觉意识，有必要在前述框架分析的基础上，对沃尔玛事件报道的议题设置进行文本分析，从中管窥质量安全信息是如何被"凸显"的。根据媒介议题分析，可以把中国媒体报道沃尔玛事件的媒介议题划分为 5 种类型（见附录 6-4、表 6-6），其中，问题呈现型报道主题 12 条，占 12.5%，被转载 13 次；政府处理型报道主题 34 条，占 35.4%，被转载 38 次；沃尔玛对策型报道主题 19 条，占 19.8%，被转载 19 次；媒介评论型报道主题 22 条，占 22.9%，被转载 21 次；开脱责任或给政府施压型报道主题 9 条，占 9.4%，被转载 10 次。分析表明，政府处理型报道占了主导，这与重庆市政府的重视和工商/公安等执法部门依法查处有关；问题呈现型报道和媒介评论型报道多数也与政府重视和工商/公安等部门的依法查处有关；即便是沃尔玛对策型报道，如致歉声明、更换管理人员、退赔等也与政府部门的立案调查或依法查处紧密相关。也就是说，如果没有政府相关部门的重视和依法查处，就不可能有 66 条问题呈现型、政府处理型和媒介评论型报道，即使有媒体报道也仅仅是把问题揭露出来，最后不了了之,更不可能有沃尔玛的致歉声明、更换管理人员和退赔等对策型报道。

表6-6 中国媒体报道沃尔玛事件的媒介主题分类

| 类型 | 报道题目 | 报道或转载媒体 | 时间 |
| --- | --- | --- | --- |
| 问题呈现型（12条） | 普通肉假冒绿色猪肉 沃尔玛这是你第21次坑人 | 《重庆晨报》 被腾讯·大渝网转载 | 2011.9.6 |
| | 猪肉门未了又现"三无" 沃尔玛散装食品包装违法 | 《重庆晨报》 被腾讯·大渝网转载 | 2011.9.9 |
| | 暗访家乐福、沃尔玛：过期肉去皮卖 促销藏猫腻 | 《生命时报》 被人民网转载 | 2011.9.13 |
| | 沃尔玛在渝门店全陷涉假 假冒绿色肉近6万公斤 | 中新网 被腾讯·大渝网转载 | 2011.9.29 |
| | …… | …… | …… |
| 政府处理型（34条） | 沃尔玛重庆店全体乱卖肉 工商拟对部分店停业 | 《重庆晨报》 被腾讯·大渝网转载 | 2011.9.29 |
| | 放弃听证 沃尔玛4家门店国庆节后将受到处罚 | 重庆商报 被腾讯·大渝网转载 | 2011.10.1 |
| | 沃尔玛被罚款269万 重庆10家分店停业整顿15天 | 腾讯·大渝网［微博］ | 2011.10.9 |
| | 重庆沃尔玛假冒绿色猪肉案嫌犯被刑拘 | 《重庆晨报》 被人民网转载 | 2011.10.9 |
| | …… | …… | …… |
| 沃尔玛对策型（19条） | 沃尔玛双倍认赔 无小票有购买时间也可获赔 | 《重庆晨报》 被腾讯·大渝网转载 | 2011.9.9 |
| | 沃尔玛中国总部就假冒绿色猪肉事件公开致歉 | 中国新闻社 被人民网转载 | 2011.10.9 |
| | 沃尔玛中国总裁陈耀昌辞职 声明系"个人原因" | 四川在线—华西都市报 被搜狐转载 | 2011.10.18 |
| | 沃尔玛中国区总裁辞职 人力副总裁一同辞职 | 《信息时报》 被搜狐转载 | 2011.10.18 |
| | …… | …… | …… |

续表

| 类型 | 报道题目 | 报道或转载媒体 | 时间 |
|---|---|---|---|
| 媒介评论型（22条） | 重庆沃尔玛绿色猪肉：超市领导对作假心知肚明 | 《中国青年报》 被人民网转载 | 2011.10.10 |
| | 沃尔玛使坏背后有啥"潜规则" | 《现代快报》 被和讯网转载 | 2011.10.11 |
| | 外媒曲解"沃尔玛造假事件"称其遭受政治打压 | 中国新闻网 被搜狐转载 | 2011.10.14 |
| | 外媒报道沃尔玛在华违法受罚称中国总是抓小事 | 新华网 被搜狐转载 | 2011.10.20 |
| | …… | …… | …… |
| 开脱责任或给政府施压型（9条） | 停业整顿风波：沃尔玛与重庆关系恶化 | 经济观察网 被和讯网转载 | 2011.10.12 |
| | 沃尔玛"同意"处罚 门店停业损失或达亿元 | 《21世纪经济报道》 被和讯网转载 | 2011.10.12 |
| | 沃尔玛"假绿"事件或因绩效压力所致 | 中国经营网 被和讯网转载 | 2011.10.14 |
| | 火炉重庆 为何给了沃尔玛冷脸 | 经济观察网 被和讯网转载 | 2011.10.18 |
| | "知错就改"的沃尔玛 | 《法制晚报》 被和讯网转载 | 2011.10.22 |
| | …… | …… | …… |

注："开脱责任或给政府施压型"报道属于"媒介评论型"报道，但其舆论引导作用存在差故单列，以便分析；限于篇幅，每类仅列出部分报道。

从媒介效应上看，问题呈现型报道反映了沃尔玛问题的事实。政府处理型报道则反映了政府部门的重视和监管力度，树立了政府负责任的形象，这是应当肯定的。媒介评论型报道多数都经过深入的调查和有针对性的评论，视角独特，在引导受众认识沃尔玛食品安全问题上具有重要作用，但报道数量有限，仅占22.9%。例如，"沃尔玛已处理500多起消费者索赔占总数约0.5%""沃尔玛自查结果比预料的还严重""沃尔玛称没生产日期符合规定又被曝松花蛋产地造假""外媒曲解'沃尔玛造假事件'称其遭受政治打压""外媒报道沃尔玛在华违法受罚称中国总是抓小事"等能抓住问题的要害和实质，促使受众对沃尔玛甚至外国品牌偏好产生抑制作用，是中国媒体报道沃尔玛事件的典范，但遗憾的是这类报道的转载率很低。而沃尔玛对策型报道（如致歉声明、更换管理层、退赔、整改措施等）向社会传递的信息是沃尔玛对此问题很重视、很诚恳而且积极退赔和整改，从而引导受众同情和谅解沃尔玛，为沃尔玛树立了负责任的形象，而丝毫没有意识到这些所谓的"退赔"措施其实很难落实，只有极少部分"退赔"。而开脱责任型报道更是为沃尔玛博取同情，寻找借口。例如，"绿色猪肉事件发酵沃尔玛十家店停业或损失4500万""沃尔玛'同意'处罚门店停业损失或达亿元"，我们不禁要问，是沃尔玛的损失重要，还是中国消费者的健康安全重要，其作用无疑是在给政府施压，并博取公众同情；而"停业整顿风波：沃尔玛与重庆关系恶化""火炉重庆为何给了沃尔玛冷脸"是在告诉公众好像是重庆存心跟沃尔玛过不去一样；还有"沃尔玛'假绿'事件或因绩效压力所致""'知错就改'的沃尔玛"等则是在为沃尔玛辩护。总之，沃尔玛对策型报道主题和开脱责任或给政府施压型报道主题所占比例为29.2%，这无疑在一定程度上反映了中国媒体国家利益本位和自觉意识的薄弱。

## 6.3 研究结论

本研究通过对中国媒体报道沃尔玛事件的媒介框架和话语权主体进行文本分析发现，中国媒体尽管整体上能够在"健康安全、商业欺骗、违法犯罪"等框架下对沃尔玛事件进行报道，但也有23.2%的报道或评论在为沃尔玛减轻甚至开脱责任，话语权的丢失源于媒体国家利益本位和自觉意识的薄弱。进一步对媒介议题设置进行分析发现，国内媒体分别采用了5种类型的媒介议题，其中，问题呈现型报道占12.5%、政府处理型报道占35.4%、媒介评论型报道占22.9%、沃尔玛对策型报道占19.8%、开脱责任或给政府施压型报道占9.4%。沃尔玛对策型报道和开脱责任或施压型报道主要以发布致歉声明、更换管理层、退赔、整改或为沃尔玛寻找借口、给政府施压等信息，向社会传达的是沃尔玛对问题的重视和诚恳，为沃尔玛树立负责任的形象，并博取受众的同情和谅解，以消除负面影响。这与美国等西方媒体完全违背事实真相，以"中国政府的打压、阴谋、政治报复"等为主题进行污蔑、诽谤和攻击的报道相比，中国媒体明显缺乏国家利益本位和自觉意识。

　　本研究的创新之处在于，揭示了中国媒体在报道外国品牌负面信息上缺乏基于国家利益本位的自觉意识，从而在一定程度上解释了为什么中国媒体有意无意地在扮演着特别突出质量危机或其他激活本土品牌偏见的因素的角色。目前，国内学者对近年来频发的本土企业食品安全危机中媒体报道的启动效应进行了大量研究，发现食品安全报道确实对中国消费者国家形象感知及本土品牌偏好均有显著的负向影响（王鹏等，2010；张卓倩，2009），同时，少数学者也对美国媒体报道中国产品问题的媒介框架和风险建构策略进行了探讨（裴敏欣，2009；李彩霞，2010），但缺乏对中国媒体报道外国品牌负面事件的媒介框架和本位意识研究。本研究以沃尔玛食品安全事件为例，对国内外媒体的报道框架、本位立场和媒介议程进行了文本分析和比较，研究结论启示我们，面对中国社会日益严重的本土品牌偏见和文化自卑，中国媒体不应仅仅把"舆论监督、事实真相和知情权"作为一种责任，更需要积极建构基于国家利益框架和培养国人文化自信及民族中心主义情结、抑制本土品牌偏见的媒介理论和自觉意识，从而在新时期推动社会主义文化大发展、大繁荣以及加快我国经济发展方式转变的历史进程中发挥重要作用。

　　未来可以从以下几个方面进一步研究中国媒体的本位意识及其对受众本土品牌偏见认知的影响：一是把中国媒体对重庆沃尔玛事件和央视"3·15"晚会的外国品牌质量问题报道进行比较，探讨前者有政府重视和处罚，后者没有政府部门的介入、立案调查和处罚的情境下，媒介报道的框架差异；二是对中国媒体报道外国品牌问题和外国媒体报道中国产品问题的媒介框架进行比较，探讨中外媒体在国家利益框架和自觉意识上的差距、存在问题及其根源；三是研究大众传媒在选择性报道本土/外国品牌质量危机事件对受众本土/外国品牌偏好的影响。

# 7. 外国品牌负面信息披露的受众反应与框架分析：以重庆沃尔玛食品安全事件为例

## 7.1 问卷设计与数据收集

### 7.1.1 问卷设计

调查问卷由受众认知框架、受众反应性评价构成（见附录7）。具体设计思路如下：

（1）受众认知框架调查

受众认知框架调查主要借鉴 Entman（1993）的框架分析理论，即按照发现问题→解释原因→道德判断→问题解决的认知框架进行问卷设计，分别调查受众对沃尔玛食品安全问题的判断、对造成这些问题原因的判断、对沃尔玛品牌的褒贬评价以及对沃尔玛的质量问题应该怎样解决。事先通过对媒介内容的初步分析，拟订媒体在报道沃尔玛食品安全问题时的媒介框架——即发现问题、解释原因、道德判断和问题解决，作为问卷供受试选择。

（2）受众反应维度调查

受众反应维度调查其测度主要参照并修改 Defleur 和 Rokeach（1990）的受众反应维度，其中，认知接受度的测项为：极不可靠—极可靠、很不值得重视—很值得重视；情绪改变度的测项为：信息非常负面—非常正面、产品品质很差—很好、产品态度很不喜欢—很喜欢；行为卷入度的测项为：产品绝对不再购买—绝对会购买。因变量的测项采用7点量表。

### 7.1.2 样本选择与资料收集

(1) 样本选择

为了了解受众对近期发生的沃尔玛食品安全危机事件报道的认知框架和反应,拟在重庆城区采用街头拦截的方式调查 300 人,通过调查派在全国其他城市网络调查 140 人。

(2) 资料收集

2011 年 10 月 24 日—30 日通过调查派(www.diaochapai.com)在全国对 140 名受访者进行了网络调查。2011 年 10 月 29 日—11 月 6 日在重庆永川区采用街头拦截访问调查 300 人,主试从旁协助,有 6 名主试参与调查,每两人一组。调查问卷相同,共得到 440 份问卷,回收率 100%,回收问卷中有效问卷数 437 份,回收问卷有效率 99.3%。

(3) 研究方法

采用 SPSS 的描述性统计分析(Descriptive Statistics)和单样本 T 检验(One-Sample Test)进行数据处理和分析。

(4) 样本情况

调查问卷的人口统计特征和受试对事件的了解情况如表 7-1 所示。

表 7-1 调查问卷的人口统计特征一览

| 统计变量 | 细分变量 | 样本数量(人) | 百分比(%) |
| --- | --- | --- | --- |
| 性别 | 男 | 231 | 52.9 |
| | 女 | 206 | 47.1 |
| 年龄 | 18~25 岁 | 163 | 37.3 |
| | 26~35 岁 | 122 | 27.9 |
| | 36~45 岁 | 92 | 21.1 |
| | 46~60 岁 | 31 | 7.1 |
| | 61 岁及以上 | 23 | 5.3 |
| 教育程度 | 小学 | 12 | 2.7 |
| | 初中及相当 | 20 | 4.6 |
| | 高中及相当 | 63 | 14.4 |
| | 大专/大学 | 239 | 54.7 |
| | 研究生及以上 | 53 | 12.1 |

续表

| 统计变量 | 细分变量 | 样本数量（人） | 百分比（%） |
|---|---|---|---|
| 所在城市 | 重庆 | 386 | 88.3 |
|  | 其他城市 | 51 | 11.7 |
| 您了解沃尔玛事件吗 | 了解 | 408 | 93.4 |
|  | 不了解 | 27 | 6.2 |
| 您最初是通过什么途径了解到的 | 听朋友说 | 86 | 19.7 |
|  | 通过《重庆晨报》《重庆晚报》等 | 93 | 21.3 |
|  | 在网络上了解到的 | 144 | 33.0 |
|  | 在重庆沃尔玛超市目睹 | 18 | 4.1 |
|  | 在电视上了解的 | 92 | 21.1 |
| 是否继续关注 | 很关注 | 256 | 58.6 |
|  | 不太关注 | 178 | 40.7 |

注：年龄缺省值为6人；教育程度缺省值为50人；"你了解沃尔玛事件吗"的缺省值为2人；"您最初是通过什么途径了解到的"缺省值为4人；"是否继续关注"的缺省值为3人。

## 7.2 大众传媒对重庆沃尔玛食品安全事件报道的受众框架分析

### 7.2.1 发现问题的认知框架：沃尔玛出了什么问题？

从受众对沃尔玛事件的问题发现可知（见表7-2），受众认知沃尔玛食品安全问题主要集中在6个方面，即以次充好，销售绿色猪肉；销售过期食品；私自更改生产日期；将过期板鸭重新包装销售；销售无生产日期的"三无"产品；标价与售价不相符。其中，沃尔玛问题认知度超过50%的有2项，分别是以次充好，销售绿色猪肉，占68.4%；销售过期食品，占51.9%。

表7-2 受众对沃尔玛事件的发现问题框架

| 发现问题框架 | 频率 | 百分比 |
|---|---|---|
| 1. 以次充好，销售绿色猪肉 | 299 | 68.4 |
| 2. 销售过期食品 | 227 | 51.9 |

续表

| 发现问题框架 | 频率 | 百分比 |
|---|---|---|
| 3. 私自更改生产日期 | 134 | 30.7 |
| 4. 将过期板鸭重新包装销售 | 114 | 26.1 |
| 5. 销售无生产日期的"三无"产品 | 104 | 23.8 |
| 6. 标价与售价不相符 | 21 | 4.8 |
| 7. 其他问题（问题油茶面、火腿肠上出现异物、假猪肉、不爱去沃尔玛买东西等） | 6 | 1.4 |

注："发现问题"为多选题。

### 7.2.2 解释原因的认知框架：沃尔玛为什么会出现这些问题？

从受众对沃尔玛事件的原因解释可知（见表7-3），国内媒体在报道中把沃尔玛食品安全问题的原因解释为14个方面，其中，属于内因的有4项，属于外因的有10项；超过50%的归因有4项，均为内因，分别是经济利益驱使，占74.6%；商业道德或社会责任缺失，占65.9%；漠视消费者利益和健康安全，占65.2%；公司自身监管不力，占55.8%，这表明多数受众认为内因是问题产生的根源。在外因的解释上，主要集中在法律、监管和政府方面，均超过20%，其中，无视中国法律，占43.0%；中国政府监管不力、执法和惩处不严，即违法成本低，占39.8%；中国相关法律不健全，占25.4%；沃尔玛事件之所以能受到处罚，是因为重庆市领导重视，占23.6%；其他超市也有类似问题，占21.3%，表明多数受众并不认为沃尔玛事件是个案，而是具有一定的普遍性，并把原因归结为政府部门监管意愿和监管能力的缺失，这也说明受众对食品质量问题的安全感较低。

表7-3 受众对沃尔玛事件的解释原因框架

| 解释原因框架 | 频率 | 百分比 |
|---|---|---|
| 1. 经济利益驱使 | 326 | 74.6 |
| 2. 商业道德或社会责任缺失 | 288 | 65.9 |
| 3. 漠视消费者利益和健康安全 | 285 | 65.2 |
| 4. 公司自身监管不力 | 244 | 55.8 |
| 5. 无视中国法律 | 188 | 43.0 |

续表

| 解释原因框架 | 频率 | 百分比 |
|---|---|---|
| 6. 中国政府监管不力、执法和惩处不严，即违法成本低 | 174 | 39.8 |
| 7. 中国相关法律不健全 | 111 | 25.4 |
| 8. 沃尔玛事件之所以能受到处罚，是因为重庆市领导重视 | 103 | 23.6 |
| 9. 其他超市也有类似问题 | 93 | 21.3 |
| 10. 是中国供应商的问题 | 45 | 10.3 |
| 11. 相比中国企业食品安全是小问题 | 35 | 8.0 |
| 12. 税负过重 | 30 | 6.9 |
| 13. 与政府关系不和谐 | 31 | 7.1 |
| 14. 偶然事件 | 14 | 3.2 |
| 15. 其他原因（心太黑等） | 5 | 1.1 |

注："解释原因"为多选题。

### 7.2.3 道德判断的认知框架：对沃尔玛出现食品安全问题有何评价？

从受众对沃尔玛事件的道德判断或褒贬评价可知（见表7-4），有**79.6%**的受试认为"沃尔玛无视中国消费者的健康安全、无视中国法律、缺乏基本的商业道德，理当严惩"。而认为"沃尔玛出现食品安全问题只是偶然，不能说明什么问题""沃尔玛暴露的食品安全问题是小事，我们自己的问题更多，应多从自身查找原因"有一定比重，占**19.9%**，这部分受试出于对沃尔玛的喜爱或出于对其他超市的同样担心，而倾向于为沃尔玛寻找借口。

表7-4 受众对沃尔玛事件的道德判断框架

| 道德判断框架 | 频率 | 百分比 |
|---|---|---|
| 1. 负面（沃尔玛无视中国消费者的健康安全、无视中国法律、缺乏基本的商业道德，理当严惩） | 348 | 79.6 |
| 2. 中性（沃尔玛出现食品安全问题只是偶然，不能说明什么问题） | 27 | 6.2 |
| 3. 正面（沃尔玛暴露的食品安全问题是小事，我们自己的问题更多，应多从自身查找原因） | 60 | 13.7 |

注："道德判断"为单选题，缺省值为2。

### 7.2.4 问题解决的认知框架：如何解决沃尔玛食品安全问题？

从受众对沃尔玛事件的问题解决框架可知（见表7-5），受试提出了16个解决方案，其中，高于50%的方案有4个，分别是公司本身应加强产品监管，占68.2%；工商管理部门要继续加强监督和执法力度（连坐制度），占68.2%；消费者责任意识有待提高，占62.0%；对责任人要依法追究刑事责任，占53.8%。高于30%的方案有11项，可以分为四类：一是当前的内部解决方案，如向消费者道歉、赔偿；二是当前的外部解决方案，如对责任人要依法追究刑事责任、罚款、收缴货物、限期整改、要加强媒体报道力度；三是未来的内部解决方案，如公司本身应加强产品监管；四是未来的外部解决方案，如工商管理部门要继续加强监督和执法力度（连坐制度）、消费者责任意识有待提高、消费者遇到类似问题要及时向工商管理部门举报（增强消费者维权意识）、健全相关法律。

表7-5 受众对沃尔玛事件的问题解决框架

| 问题解决框架 | 频率 | 百分比 |
| --- | --- | --- |
| 1. 公司本身应加强产品监管 | 298 | 68.2 |
| 2. 工商管理部门要继续加强监督和执法力度（连坐制度） | 298 | 68.2 |
| 3. 消费者责任意识有待提高 | 271 | 62.0 |
| 4. 对责任人要依法追究刑事责任 | 235 | 53.8 |
| 5. 消费者遇到类似问题要及时向工商管理部门举报（增强消费者维权意识） | 208 | 47.6 |
| 6. 向消费者道歉、赔偿 | 203 | 46.5 |
| 7. 罚款 | 191 | 43.7 |
| 8. 收缴货物 | 187 | 42.8 |
| 9. 健全相关法律 | 182 | 41.6 |
| 10. 限期整改 | 174 | 39.8 |
| 11. 要加强媒体报道力度，让更多的人了解沃尔玛的违法和欺骗行为 | 153 | 35.0 |
| 12. 消费者应团结起来抵制沃尔玛 | 64 | 14.6 |
| 13. 多从自己身上找原因 | 39 | 8.9 |
| 14. 应减轻企业税负 | 27 | 6.2 |
| 15. 与政府搞好关系 | 26 | 5.9 |

续表

| 问题解决框架 | 频率 | 百分比 |
|---|---|---|
| 16. 只是小问题，可以谅解 | 15 | 3.4 |
| 17. 其他办法（退出市场；严惩犯罪；改变制度；落实政府职能问责制度） | 7 | 1.6 |

注："问题解决"为多选题。

## 7.3 大众传媒对重庆沃尔玛食品安全事件报道的受众反应分析

为了检验受众对沃尔玛事件的认知反应，参照并修改 Defleur 和 Rokeach（1990）的受众反应量表，探测受众对沃尔玛事件报道的认知接受度、情绪改变度和行为卷入度（见表7-6）。

(1) 认知接受度分析

由表7-6可知，受众认为沃尔玛食品安全报道的信息可靠度为5.63（$t=10.472$，$p=.000$），表示"可靠"；信息对受试选择超市购物的重要性评价为5.28（$t=17.996$，$p=.000$），表示"有点重要"。通过与中值4进行单样本T检验，均在99%条件下显著，表明受试对沃尔玛食品安全报道具有显著的认知接受度。

表7-6 受众对沃尔玛事件的可接近—可诊断性评价

| | 形容词 | 均值 | 标准差 | T值 | Sig. (2-tailed) |
|---|---|---|---|---|---|
| 认知接受度 | 信息是否可靠 | 5.63 | 3.246 | 10.472 | .000 |
| | 信息对您选择超市购物重要吗 | 5.28 | 1.479 | 17.996 | .000 |
| 情绪改变度 | 沃尔玛发生食品安全问题正常吗 | 3.46 | 1.717 | -6.533 | .000 |
| | 沃尔玛品牌可靠吗 | 3.79 | 1.363 | -3.278 | .001 |
| | 您对沃尔玛品牌是否还继续喜欢 | 3.58 | 1.267 | -6.966 | .000 |
| 行为卷入度 | 您以后还会去沃尔玛超市购物吗 | 4.44 | 4.285 | 2.137 | .033 |

(2) 情绪改变度分析

由表7-6可知，受试对沃尔玛发生食品安全问题的正常性评价为3.46（$t=-6.533$，$p=.000$），表示"有点不正常"；对沃尔玛品牌的可靠性评价为 3.79（t = -3.278，p = .001），表示"有点不可靠"；对沃尔玛品牌是否继续喜欢的评价为 3.58（t = -6.966，p = .000），表示"有点不喜欢"。通过与中值 4 进行单样本 T 检验，均在 99% 条件下显著，表明沃尔玛食品安全危机报道对受试品牌认知具有显著的负性情绪改变度，即该负面信息对沃尔玛品牌产生了明显的负面影响。

（3）行为卷入度分析

由表 7-6 可知，受试对"您以后还会去沃尔玛超市购物吗"问项的评价为 4.44（t = -2.137，p = .033），即受试认为自己可能还会去沃尔玛超市购物。与中值 4 进行单样本 T 检验，在 95% 条件下显著。

上述分析表明，受试对沃尔玛食品安全事件报道具有显著的认知接受度和负性情绪改变度，但行为卷入度水平依然为正向，即受试没有因为其食品安全问题而产生负性的行为卷入度。重庆大渝网针对"沃尔玛整顿后重新开业，你还去购物吗"的网调显示，50.14% 的网友表示不再去、29.65% 视情况而定、20.20% 表示还会去。

总之，本研究以 2011 年发生的重庆沃尔玛食品安全事件报道为例，调查发现受众对沃尔玛食品安全事件报道具有显著的认知接受度和负性情绪改变度，但行为卷入度水平依然为正向，即受试没有因为其食品安全问题而产生负性的行为卷入度。该结论表明，外国品牌负面信息对受众外国品牌偏好具有显著的抑制作用。面对中国社会日益严重的本土品牌偏见和文化自卑，中国媒体需要在国家利益的框架下，增强主动设置外国品牌质量缺陷、责任缺失、藐视法律、双重标准等议题的自觉意识，有意调控受众注意资源，增强受众对外国品牌负面形象和本土品牌正面形象评价的可接近—可诊断性，实现减轻或转变本土品牌偏见的目的。

# 第三部分

# 效应检验

# 8. 媒介信息披露对本土品牌偏见转变的影响研究：基于产品属性差异的视角

## 8.1 研究假设

近年来，学者们主要探讨了产品质量危机事件对企业品牌形象与品牌资产的影响，较少关注产品负面事件对抽象本土/外国品牌（或来源国形象）的影响。由于中国消费者本土品牌负面刻板印象的存在，使得对这一问题的探讨更具有现实意义。部分学者通过分析近年来频发的食品安全危机中媒体报道的启动效应，发现食品安全报道确实产生了明显的负面效果，造成受众对中国食品行业的心理恐慌，甚至对整个本土产品都持悲观态度（张卓倩，2009；兰菲，2005）。

目前，在中国市场上，越来越多的外国品牌陷入"质量门"等负面事件（包括产品/服务质量缺陷、责任缺失、价格暴利、藐视法律、双重标准等），相关报道是否可以成为中国消费者抑制本土品牌偏见的重要线索？根据Kunda（1999）的准确动机理论，由于负面事件的危害性，人们出于风险规避更容易注意和重视负面信息，认为它们更有诊断价值，并以此为基础进行判断决策。同时，依据偏见心理学的相对剥夺理论可知，当个体的期望不能满足时，剥夺感就会形成，在这种负性情绪的驱使下，人们会为自己的不满寻找合理的解释或"替罪羊"。这一理论体现在外国品牌出现负面信息时，就是人们会感到自己的高期望被相对剥夺了，从而形成对外国品牌的不满情绪，相对提高本土品牌偏好（即减轻或抑制本土品牌偏见），但这种影响受到负面信息属性的调节。产品属性包括产品相关属性和非产品相关属性（科特勒，1999）。产品相关属性是指涉及消费者需要的产品功能所必需的内在属性，如质量、安全、功能等；而非产品相关属性主要涉及价格、个性、象征等外在属性。产品相关属性与消费者利益的紧密程度（或重要性）要高于非产品相关属性，因此，不同产品属性外国品牌负面信息的可接近—可诊断性会存在差异。据此分析，可推导出如下研究假设：

H1：不同产品属性的外国品牌负面信息均有显著的可接近性（即可信度、值得重视和反映问题的严重性）。

H2：不同产品属性外国品牌负面信息对该信息所涉及的具体外国品牌具有可诊断性（即品质评价、态度改变和购买意愿），并且存在产品属性差异，那些与消费者利益紧密程度高的产品属性负面信息的可诊断性更显著。

外国品牌正面刻板印象和本土品牌负面刻板印象存在着此消彼长的二律悖反关系。任何对本土品牌偏见的增强都会进一步巩固或提高对外国品牌的偏好，相反，任何对外国品牌偏好的抑制都会相应提高对本土品牌的偏好或抑制本土品牌偏见。因此，外国品牌负面信息将在一定程度上抑制本土品牌刻板印象。但由于实验中所呈现的只是个别外国品牌的负面信息，加之中国消费者本身存在较强的本土品牌偏见，这种单一的负面信息对于整体外国品牌而言缺乏代表性，可能使具体外国品牌负面信息不足以改变被试的本土品牌刻板认知。由此，可推导出如下研究假设：

H3：不同产品属性外国品牌负面信息对抽象外国品牌的可诊断性不显著（即品质评价、态度改变和购买意愿），但依然存在产品属性差异。

H4：不同产品属性外国品牌负面信息对相应的具体外国品牌偏好、具体本土品牌偏见有显著的抑制作用，而且两者在偏好上出现反转，即被试对具体本土品牌偏好将高于具体外国品牌。

H5：不同产品属性外国品牌负面信息难以逆转抽象外国品牌偏好和抽象本土品牌偏见。

## 8.2 研究方案设计

### 8.2.1 变量与量表开发

（1）组间变量

拟从大众传媒上收集真实的外国品牌负面信息作为组间变量，根据产品相关属性和非产品相关属性划分信息类型，拟选择食品质量缺陷、手提电脑质量缺陷、商业贿赂和价格暴利等 4 个实验组（实验材料见附录 8-1），其中，前两组为产品相关属性，后两组为非产品相关属性。

（2）组内变量

组内变量包括具体本土/外国品牌和抽象本土/外国品牌等 4 种认知品牌。其中，具体外国品牌和具体本土品牌是指与实验材料一致的外国品牌和本土品牌。例如，食品质量组的具体外国品牌是麦当劳，具体本土品牌是乡村基（本土快餐企业）；手提电脑质量组的具体外国品牌是惠普手提电脑，具体本土品牌是联想手提电脑；商业贿赂组的具体外国品牌是强生公司洗涤、护肤用品，具体本土品牌是百雀羚和六神洗涤、护肤用品；价格暴利组的具体外国品牌是肯德基，具体本土品牌是乡村基（本土快餐企业）。抽象外国品牌和抽象本土品牌分别是外国品牌和本土品牌的统称。

（3）因变量

因变量为品牌态度的认知控制变量，包括认知接受度、情绪改变度和行为卷入度。变量测度将参照并修改 Defleur 和 Rokeach（1990）的受众反应量表，其中，认知接受度（表示可接近性）的测项为"极不可靠—极可靠、很不值得重视—很值得重视、很严重—很正常"；情绪改变度（表示可诊断性）的测项为"产品品质很差—很好、产品态度很不喜欢—很喜欢"；行为卷入度（表示可诊断性）的测项为"产品绝对不再购买—绝对会购买"。测项采用 Likert 7 点量表。

## 8.2.2　实验方案

本研究采用 4×4 的被试间实验设计，其中，前者为负面信息组（包括 2 种产品相关属性信息组和 2 种非产品相关属性信息组），作为被试间变量，后者为 4 种认知品牌，作为被试内变量；因变量同上；本实验有 4 个实验组（调查问卷见附录 8-2，分别是麦当劳组、惠普组、强生组和肯德基组）和 1 个控制组（控制组包括 4 个实验组所涉及的所有具体外国/本土品牌和抽象外国/本土品牌，调查问卷见附录 8-3），每组不少于 30 名本科生。为了实验的便利性，以自然班级为单位进行实验。

## 8.3 数据收集与结果分析

### 8.3.1 实验数据收集

实验程序：在实验开始之前，由主试向被试介绍本研究的目的和问卷填写要求，并告之有小礼品赠送，然后请被试阅读、观看实验材料，接着填写问卷，最后发放小礼品。

被试选择：为了提高实验效率，降低实验成本，把每个自然班作为一个实验组，每班不少于30名本科生，所学专业和年级不限。事先与授课老师做好协调，占用部分课间和上课时间，控制在15分钟以内。根据实验需要，共选择5个班，其中4个班为实验组、1个班为控制组。

问卷回收：实验集中在2011年10月22日—11月9日进行，分别在重庆文理学院经济与管理学院、文学与传媒学院、美术学院、旅游学院和政法学院选择了5个班级。实验组共回收问卷180份，回收率100%，问卷有效率100%，其中，麦当劳组65份、惠普组57份、强生组58份、肯德基组45份；控制组回收问卷38份，回收率100%，问卷有效率100%。

### 8.3.2 中值比较：外国品牌负面信息的可接近性分析

运用SPSS的描述性统计分析（Descriptive Statistics）和单样本T检验（One-Sample Test）分别对四组外国品牌负面信息的可接近性进行数据处理（见表8-1）。具体分析如下：

表8-1 外国品牌负面信息的可接近性

| 因变量 | | 食品质量组（65人） | 手提电脑质量组（57人） | 商业贿赂组（58人） | 价格暴利组（45人） |
|---|---|---|---|---|---|
| 认知改变度（可接近性） | 信息可信度 | 5.05 | 5.60 | 4.79 | 5.58 |
| | 信息值得重视度 | 6.06 | 6.28 | 5.36 | 6.07 |
| | 所反映问题的严重性 | 2.83 | 3.07 | 3.67 | 3.36 |

外国品牌负面信息的可信度分析：由表 8 – 1 可知，当出现外国品牌（即麦当劳、惠普、强生、肯德基）的负面信息时，各组被试认为，该信息的可信度分别是 5.05（t = 6.653，p = .000）、5.60（t = 12.306，p = .000）、4.79（t = 5.248，p = .000）、5.58（t = 9.142，p = .000），与中值 4 进行单样本 T 检验，均在 99% 的条件下显著。这表明，被试认为外国品牌负面信息可靠。

外国品牌负面信息的受重视度分析：由表 8 – 1 可知，当出现外国品牌（即麦当劳、惠普、强生、肯德基）的负面信息时，各组被试认为，该信息的可信度分别是 6.06（t = 14.889，p = .000）、6.28（t = 20.500，p = .000）、5.36（t = 8.104，p = .000）、6.07（t = 11.993，p = .000），与中值 4 进行单样本 T 检验，均在 99% 的条件下显著。这表明，被试认为外国品牌负面信息值得重视。

外国品牌负面信息的严重程度分析：由表 8 – 1 可知，当出现外国品牌（即麦当劳、惠普、强生、肯德基）的负面信息时，各组被试认为，该信息的可信度分别是 2.83（t = – 6.636，p = .000）、3.07（t = – 4.685，p = .000）、3.67（t = – 2.070，p = .043）、3.36（t = – 2.474，p = .017），与中值 4 进行单样本 T 检验，均在 99% 的条件下显著。这表明，被试认为外国品牌负面信息所反映的问题有点严重。

上述分析表明，不论是产品相关属性负面信息还是非产品相关属性负面信息，被试均认为其信息的可信度、值得重视程度和所反映问题的严重性显著。这表明外国品牌负面信息具有显著的可接近性，因此，假设 H1 成立。

### 8.3.3 实验组与控制组比较：外国品牌负面信息对外国品牌认知的影响

（1）外国品牌负面信息对具体外国品牌认知的影响

运用 SPSS 的 Descriptive Statistics 和配对样本 T 检验（Paired-Samples T Test），计算出实验组和控制组具体外国品牌偏好评价的均值（见表 8 – 2），并检验均值差异的显著性。

表 8-2　外国品牌负面信息抑制具体外国品牌偏好的均值

| 因变量 | | 食品质量组 | | 手提电脑质量组 | | 商业贿赂组 | | 价格暴利组 | |
|---|---|---|---|---|---|---|---|---|---|
| | | 实验组 (65人) | 控制组 (34人) | 实验组 (57人) | 控制组 (34人) | 实验组 (58人) | 控制组 (34人) | 实验组 (45人) | 控制组 (34人) |
| 情绪改变度 | 具体外国品牌品质 | 3.72 | 4.24 | 3.09 | 4.39 | 4.45 | 4.73 | 3.67 | 4.32 |
| | 具体外国品牌态度 | 3.35 | 4.26 | 2.95 | 4.12 | 4.48 | 4.65 | 3.91 | 4.50 |
| 行为卷入度 | 具体外国品牌消费意愿 | 4.08 | 4.68 | 2.72 | 3.95 | 4.48 | 5.20 | 4.38 | 5.07 |

外国品牌负面信息对具体外国品牌品质评价的影响：由表 8-2 可知，当出现外国品牌负面信息时，各实验组被试对具体外国品牌的品质评价均低于控制组，其中，食品质量组 3.72 < 4.24（t = -1.930、p = .061）、手提电脑质量组 3.09 < 4.39（t = -3.488、p = .001）、商业贿赂组 4.45 < 4.73（t = -.897、p = .375）、价格暴利组 3.67 < 4.32（t = -1.942、p = .059）。从显著性上看，手提电脑质量组在 99% 的条件下显著，食品质量组和价格暴利组在 90% 的条件下显著，而商业贿赂组则不显著。实验结果表明，与质量（产品相关属性）和价格暴利（非产品相关属性）相关的负面信息对具体外国品牌的品质评价具有显著的抑制作用，商业贿赂负面信息的意识性抑制最弱。

外国品牌负面信息对具体外国品牌态度偏好的影响：由表 8-2 可知，当出现外国品牌负面信息时，各实验组被试对具体外国品牌的态度偏好均低于控制组，其中，食品质量组 3.35 < 4.26（t = -2.653、p = .012）、手提电脑质量组 2.95 < 4.12（t = -3.150、p = .003）、商业贿赂组 4.48 < 4.65（t = .314、p = .756）、价格暴利组 3.91 < 4.50（t = -1.988、p = .055）。从显著性上看，食品质量组和手提电脑质量组在 95% 的条件下显著，价格暴利组在 90% 的条件下显著，而商业贿赂组则不显著。实验结果表明，与质量（产品相关属性）和价格暴利（非产品相关属性）相关的负面信息对具体外国品牌的态度偏好具有显著的抑制作用，商业贿赂负面信息的意识性抑制最弱。

外国品牌负面信息对具体外国品牌购买意愿的影响:由表8-2可知,当出现外国品牌负面信息时,各实验组被试对具体外国品牌的购买意愿均显著低于控制组,其中,食品质量组4.08＜4.68（t＝－1.520、p＝.096）、手提电脑质量组2.72＜3.95（t＝－3.275、p＝.002）、商业贿赂组4.48＜5.20（t＝－2.682、p＝.011）、价格暴利组4.38＜5.07（t＝－2.825、p＝.007）。从显著性上看,手提电脑质量组、价格暴利组和商业贿赂组在99%的条件下显著,食品质量组在90%的条件下显著。实验结果表明,外国品牌负面信息对具体外国品牌的购买意愿具有显著的抑制作用。

上述分析表明,与产品相关属性有关的质量负面信息和与非产品相关属性有关的价格暴利负面信息对具体外国品牌的品质评价、态度偏好和购买意愿均有显著的抑制作用,而与非产品相关属性有关的商业贿赂对具体外国品牌的品质评价、态度偏好的抑制作用则不显著,但对购买意愿的抑制作用显著,这表明外国品牌负面信息对具体外国品牌偏好的抑制效果与产品属性差异有关,故假设H2成立。

(2) 外国品牌负面信息对抽象外国品牌认知的影响

运用SPSS的Descriptive Statistics和配对样本T检验（Paired-Samples T Test）,计算出实验组和控制组抽象外国品牌偏好评价的均值（见表8-3）,并检验均值差异的显著性。

表8-3 外国品牌负面信息抑制抽象外国品牌偏好的均值

| 因变量 | | 食品质量组 | | 手提电脑质量组 | | 商业贿赂组 | | 价格暴利组 | |
|---|---|---|---|---|---|---|---|---|---|
| | | 实验组(65人) | 控制组(34人) | 实验组(57人) | 控制组(34人) | 实验组(58人) | 控制组(34人) | 实验组(45人) | 控制组(34人) |
| 情绪改变度 | 抽象外国品牌品质 | 4.06 | 4.93 | 4.86 | 4.93 | 4.95 | 4.93 | 4.33 | 4.93 |
| | 抽象外国品牌态度 | 4.00 | 4.62 | 4.77 | 4.62 | 4.81 | 4.62 | 4.44 | 4.62 |
| 行为卷入度 | 抽象外国品牌消费意愿 | 4.37 | 4.98 | 4.84 | 4.98 | 4.78 | 4.98 | 4.67 | 4.98 |

外国品牌负面信息对抽象外国品牌品质评价的影响:由表8-3可知,

各实验组与控制组的均值分别是食品质量组 4.06 < 4.93（t = -4.422、p = .000）、手提电脑质量组 4.86 < 4.93（t = .113、p = .911）、商业贿赂组 4.95 > 4.93（t = -.311、p = .757）、价格暴利组 4.33 < 4.93（t = -2.448、p = .019）。结果显示，食品质量组和价格暴利组的负面信息对抽象外国品牌的品质评价具有显著的抑制作用（p < 0.05），而手提电脑质量负面信息的影响不显著，商业贿赂负面信息的抑制结果反转，但不显著。

外国品牌负面信息对抽象外国品牌态度偏好的影响：由表 8-3 可知，各实验组与控制组的均值分别是食品质量组 4.00 < 4.62（t = -2.128、p = .041）、手提电脑质量组 4.77 > 4.62（t = .314、p = .756）、商业贿赂组 4.81 > 4.62（t = -.098、p = .922）、价格暴利组 4.44 < 4.62（t = -.351、p = .728）。结果显示，食品质量组的负面信息对抽象外国品牌的态度偏好具有显著的抑制效应（p < 0.05）；价格暴利负面信息的影响不显著；手提电脑质量和商业贿赂负面信息的抑制结果反转，但不显著。

外国品牌负面信息对抽象外国品牌购买意愿的影响：由表 8-3 可知，各实验组与控制组的均值分别是食品质量组 4.37 < 4.98（t = -2.506、p = .016）、手提电脑质量组 4.84 < 4.98（t = -.759、p = .452）、商业贿赂组 4.78 < 4.98（t = -1.040、p = .304）、价格暴利组 4.67 < 4.98（t = -1.442、p = .157）。结果显示，食品质量组的负面信息对抽象外国品牌的购买意愿具有显著的抑制作用（p < 0.05），其他实验组负面信息的影响则不显著。

上述分析表明，与食品质量有关的负面信息对抽象外国品牌的品质评价、态度偏好和购买意愿均有显著的抑制作用，而手提电脑质量、商业贿赂和价格暴利负面信息对抽象外国品牌偏好的意识性抑制则不显著。这源于两个原因：首先，从产品特性上看，食品直接涉及身体健康，是产品最重要的内在属性；其次，尽管速食品（如麦当劳、肯德基）在中国很受欢迎，但中国作为一个饮食文化深厚的国家，由于口味和习惯的原因，多数消费者还是偏爱本土饮食产品。对于手提电脑质量组、商业贿赂组和价格暴利组没能实现本土品牌刻板印象的反转，可能还是因为各实验所呈现的只是个别外国品牌的负面信息，加之中国消费者本身存在较强的外国品牌正面刻板印象，外国品牌之间的可替代性高于本土品牌，这种单一的负面信息对于抽象外国品牌而言缺乏代表性，还不足以反转被试对本土/外国品牌的刻板认知。因此，本研究证实，被试对抽象外国品牌偏好/本土品牌偏见的意识性抑制与外国品牌负面信息的产品属性有关，故假设 H3 成立。

### 8.3.4 组内比较：外国品牌负面信息对品牌来源国刻板印象的反转效应

（1）外国品牌负面信息对具体外国品牌偏好和具体本土品牌偏见的反转效应

运用 SPSS 的配对样本 T 检验（Paired-Samples T Test），计算各实验组具体外国/本土品牌的偏好均值及其相对变化的显著性（见表 8-4）。

外国品牌负面信息对具体本土/外国品牌品质评价意识性抑制的对比分析：由表 8-4 可知，当出现外国品牌负面信息时，各组被试对具体外国品牌的品质评价均显著低于具体本土品牌，其中，食品质量组 $3.72 < 4.31$（$t = -2.477$、$p = .016$）、手提电脑质量组 $3.09 < 4.75$（$t = -6.967$、$p = .000$）、商业贿赂组 $4.45 < 5.16$（$t = -3.911$、$p = .000$）、价格暴利组 $3.67 < 4.33$（$t = -2.909$、$p = .006$）。除食品质量组在 95% 的条件下显著外，其余实验组均在 99% 的条件下显著。实验结果证实，外国品牌负面信息的呈现对具体外国品牌的品质评价具有显著的抑制效果，相反，对具体本土品牌的品质评价则显著提高，表现为具体本土品牌的品质评价显著大于具体外国品牌的品质评价。

表 8-4　外国品牌负面信息抑制具体外国品牌偏好/本土品牌偏见的均值

| | 因变量 | 食品质量组（65人） | 手提电脑质量组（57人） | 商业贿赂组（58人） | 价格暴利组（45人） |
|---|---|---|---|---|---|
| 情绪改变度（可诊断性） | 具体外国品牌品质 | 3.72 | 3.09 | 4.45 | 3.67 |
| | 具体本土品牌品质 | 4.31 | 4.75 | 5.16 | 4.33 |
| | 具体外国品牌态度 | 3.35 | 2.95 | 4.48 | 3.91 |
| | 具体本土品牌态度 | 4.31 | 4.65 | 4.81 | 4.62 |
| 行为卷入度（可诊断性） | 具体外国品牌消费意愿 | 4.08 | 2.72 | 4.48 | 4.38 |
| | 具体本土品牌消费意愿 | 4.72 | 4.49 | 4.83 | 5.09 |

外国品牌负面信息对具体本土/外国品牌态度偏好意识性抑制的对比分析：由表8-4可知，当出现外国品牌负面信息时，各组被试对具体外国品牌的态度偏好均显著低于具体本土品牌，其中，食品质量组 3.35 < 4.31（t = -4.085、p = .000）、手提电脑质量组 2.95 < 4.65（t = -7.603、p = .000）、商业贿赂组 4.48 < 4.81（t = -1.858、p = .068）、价格暴利组 3.91 < 4.62（t = -3.000、p = .004）。除商业贿赂组在90%的条件下显著外，其余实验组均在99%的条件下显著。实验结果证实，外国品牌负面信息的呈现对具体外国品牌的态度偏好具有显著的抑制效果，而相反对具体本土品牌的态度偏好则显著提高，表现为具体本土品牌的态度偏好显著大于具体外国品牌的态度偏好。

外国品牌负面信息对具体本土/外国品牌购买意愿意识性抑制的对比分析：由表8-4可知，当出现外国品牌负面信息时，各组被试对具体外国品牌的购买意愿均显著低于具体本土品牌，其中，食品质量组 4.08 < 4.72（t = -2.898、p = .005）、手提电脑质量组 2.72 < 4.49（t = -7.677、p = .000）、商业贿赂组 4.48 < 4.83（t = -2.420、p = .019）、价格暴利组 4.38 < 5.09（t = -3.511、p = .001）。实验结果证实，外国品牌负面信息的呈现对具体外国品牌的购买意愿具有显著的抑制效果，而相反对具体本土品牌的购买意愿则显著提高，表现为具体本土品牌购买意愿显著大于具体外国品牌购买意愿。

上述分析表明，当出现外国品牌负面信息时，消费者将同时表现出对具体外国品牌偏好（包括品质评价、态度偏好和购买意愿）的抑制和对具体本土品牌偏好的提高（或偏见的抑制），而且对具体本土品牌的偏好要显著大于对具体外国品牌的偏好。该结论证明，不同产品属性的外国品牌负面信息均对具体外国品牌偏好和具体本土品牌偏见有显著的抑制效果，故假设 H4 成立。

(2) 外国品牌负面信息对抽象外国品牌偏好和抽象本土品牌偏见的抑制效应分析

运用 SPSS 的配对样本 T 检验（Paired-Samples T Test），计算各实验组抽象外国/本土品牌的偏好均值（见表8-5）及其相对变化的显著性。

外国品牌负面信息对抽象本土/外国品牌品质评价的抑制效应比较：由表8-5可知，实验组内被试对抽象外国品牌和抽象本土品牌的品质评价对比情况，其中，食品质量组 4.06 < 4.40（t = －1.692、p = .096）、手提电脑质量组 4.86 > 4.19（t = 3.153、p = .003）、商业贿赂组 4.95 > 4.57（t = 2.185、p = .033）、价格暴利组 4.33 > 4.18（t = .627、p = .534）。通过均值比较和显著性检验表明，食品质量组的抽象本土品牌品质评价显著大于抽象外国品牌的品质评价，出现本土品牌刻板印象反转；其他三个实验组的抽象外国品牌的品质评价大于抽象本土品牌的品质评价，没有出现反转。这在一定程度上证实被试对抽象本土/外国品牌品质评价的改变与外国品牌负面信息的产品属性差异有关。

表 8－5　外国品牌负面信息抑制抽象外国品牌偏好/本土品牌偏见的均值

| | 因变量 | 食品质量组（65人） | 手提电脑质量组（57人） | 商业贿赂组（58人） | 价格暴利组（45人） |
|---|---|---|---|---|---|
| 情绪改变度（可诊断性） | 抽象外国品牌品质 | 4.06 | 4.86 | 4.95 | 4.33 |
| | 抽象本土品牌品质 | 4.40 | 4.19 | 4.57 | 4.18 |
| | 抽象外国品牌态度 | 4.00 | 4.77 | 4.81 | 4.44 |
| | 抽象本土品牌态度 | 4.83 | 4.32 | 4.83 | 4.71 |
| 行为卷入度（可诊断性） | 抽象外国品牌消费意愿 | 4.37 | 4.84 | 4.78 | 4.67 |
| | 抽象本土品牌消费意愿 | 5.14 | 4.67 | 5.09 | 5.16 |

外国品牌负面信息对抽象本土/外国品牌态度偏好的抑制效应比较：由表 8－5 可知，实验组内被试对抽象外国品牌和抽象本土品牌的态度偏好对比情况，其中，食品质量组 4.00 < 4.83（t = －3.540、p = .001）、手提电脑质量组 4.77 > 4.32（t = 2.313、p = .024）、商业贿赂组 4.81 < 4.83（t = －.087、p = .931）、价格暴利组 4.44 < 4.71（t = －1.391、p = .171）。通过均值比较和显著性检验表明，食品质量组、商业贿赂组和价格暴利组的抽象本土品牌态度偏好均大于抽象外国品牌的态度偏好，但只有食品质量组显著成立，而手提电脑质量组没有出现本土品牌刻板印象反转。这在一定程度上表明被试对抽象本土/外国品牌态度偏好的改变与外国品牌负面信息的产品属性差异有关。

外国品牌负面信息对抽象本土/外国品牌购买意愿的抑制效应比较：由表 8－5 可知，实验组内被试对抽象外国品牌和抽象本土品牌的购买意愿对比情况，其中，食品质量组 4.37 < 5.14（t = -3.978、p = .000）、手提电脑质量组 4.84 > 4.67（t = 1.010、p = .317）、商业贿赂组 4.78 < 5.09（t = -2.296、p = .025）、价格暴利组 4.67 < 5.16（t = -2.614、p = .012）。通过均值比较和显著性检验表明，食品质量组、商业贿赂组和价格暴利组的抽象本土品牌购买意愿均显著大于抽象外国品牌的购买意愿，而手提电脑质量组没有实现抽象本土/外国品牌购买意愿的反转。

综上所述，只有食品质量组被试对抽象本土品牌的品质评价、态度偏好和购买意愿都显著大于对抽象外国品牌的偏好评价，表现出显著的本土品牌刻板印象反转；手提电脑质量组、商业贿赂组和价格暴利组的抑制效果不显著或者没有出现反转。这表明与食品质量安全有关的外国品牌负面信息的可诊断性要显著高于其他产品属性的负面信息。这源于以下三个原因：首先，从产品特性上看，食品直接涉及身体健康，是产品最重要的内在属性；其次，尽管快速食品（如麦当劳、肯德基）在中国很受欢迎，但中国作为一个饮食文化深厚的国家，由于口味和习惯的原因，多数消费者还是偏爱本土饮食产品。最后，手提电脑质量组、商业贿赂组和价格暴利组没有实现本土品牌刻板印象的反转，可能还因为各实验所呈现的只是个别外国品牌的负面信息，加之中国消费者本身存在较强的外国品牌正面刻板印象，这种单一的负面信息对于抽象外国品牌而言缺乏代表性，还不足以反转被试对本土/外国品牌的刻板认知。因此，本研究证实多数产品属性的外国品牌负面信息还难以逆转抽象外国品牌偏好和抽象本土品牌偏见，故假设 H5 成立。一个有趣的发现是，在本土品牌更受消费者欢迎的行业（如食品等），爆发外国品牌质量危机将有助于促使消费者反转其本土/外国品牌刻板认知。这为利用外国品牌负面信息来减轻本土品牌刻板印象提供了方向和重点。

## 8.4 研究结论

本研究通过实验研究证实，不同产品属性的外国品牌负面信息均具有显著的可信度、值得重视程度和所反映问题的严重性，这表明外国品牌负面信息具有显著的可接近性；与质量和价格暴利有关的负面信息对具体外国品牌的品质评价、态度偏好和购买意愿均有显著的抑制作用，而与商业贿赂有关的负面信息的抑制作用则不显著，表明外国品牌负面信息对具体外国品牌偏好的抑制效果与产品属性有关；与食品质量有关的负面信息对抽象外国品牌的品质评价、态度偏好和购买意愿的抑制作用显著高于手提电脑质量、价格暴利和商业贿赂信息，表明食品安全问题的可诊断性最高；同时，负面信息使被试对具体外国品牌的品质评价、态度偏好和购买意愿均低于具体本土品牌，这表明外国品牌负面信息对具体外国品牌偏好和具体本土品牌偏见具有显著的抑制效果。实验结果表明，产品属性差异并不代表产品相关属性外国品牌负面信息就一定比非产品相关属性外国品牌负面信息在抑制外国品牌偏好、反转本土品牌偏见上具有更高的可接近—可诊断性。除了外国品牌负面信息的产品属性，还与负面信息对应的外国产品是否是中国消费者建构本土品牌负面/外国品牌正面刻板印象的代表性产品领域有关。对于具有代表性产品领域，如果本土/外国品牌在质量和声誉比较接近时，该领域外国品牌负面信息对抑制外国品牌偏好、反转本土品牌偏见效用较大；而那些虽然是具有代表性的产品领域（如轿车等），由于本土/外国品牌差距明显，相应外国品牌负面信息对抑制外国品牌偏好、反转本土品牌偏见的效用不大；同时，那些本国产品比外国产品更有优势的产品领域（如饮食等），外国品牌负面信息对外国品牌偏好抑制和本土品牌偏见反转的效用不大。

　　本研究的局限在于：①提高对抽象外国品牌偏好和本土品牌偏见的抑制效果。由于各组实验所呈现的只是个别外国品牌的负面信息，加之中国消费者本身存在较强的外国品牌偏好，这种单一的负面信息对于抽象外国品牌而言显然缺乏代表性，因此，具体外国品牌负面信息的呈现不足以使中国消费者产生对抽象外国品牌偏好的抑制作用。但这并不表示外国品牌负面信息就不能抑制中国消费者的抽象外国品牌偏好。如果能加大意识性抑制变量的操作强度，如增加外国品牌负面信息的数量或增加民族中心主义刺激，则可能会显著提高外国品牌负面信息的可接近—可诊断性水平，从而对抽象外国品牌偏好和抽象本土品牌偏见产生较强的抑制作用。②外国品牌负面信息对本土品牌偏见抑制效果的调节因素：根据偏见心理学理论，自尊、自我意识、自我检控等社会个体特征和原有态度强度对社会偏见的意识性抑制具有调节作用。因此，可以推断，当消费者自尊、公众自我意识和原有偏见态度越强时，则外国品牌负面信息对消费者外国品牌偏好与本土品牌偏见的意识性抑制程度越低；而消费者自我检控能力越强，则对品牌偏好的意识性抑制程度越高。③转变本土品牌偏见的其他策略及抑制效果。除外国品牌负面信息外，本土品牌正面形象塑造和消费者民族中心主义情结培养也是抑制外国品牌偏好、本土品牌偏见的重要途径，因此，未来有必要通过实验研究检验其意识性抑制的有效性。

# 9. 媒介信息披露对本土品牌偏见转变的影响研究：基于产品类型差异的视角

## 9.1 研究假设

双重态度模型理论（Wilson 等，2000）认为，刻板印象存在内隐和外显两种，其中，内隐刻板印象是自动激活的，不能由消费者的目的和策略所控制和改变；而外显刻板印象则能够被消费者所意识到、所承认，可以通过消费者的目的和策略所控制和改变；外显刻板印象相对易于改变，内隐刻板印象的改变则较难。因此，在当前环境下，只能通过有效激活受众外显态度的操作系统使其形成明确的意图来否认或者抑制已有的刻板联结，实现对本土品牌偏见的意识性抑制。这是本研究的出发点。根据 Kunda（1999）的准确动机理论，由于负面事件的危害性，人们出于风险规避心理更容易注意和重视负面信息，认为它们更有诊断价值，并以此为基础进行判断决策。同时，依据偏见心理学的相对剥夺理论可知，当个体的期望不能满足时，剥夺感就会形成，在这种负性情绪的驱使下，人们会为自己的不满寻找合理的解释或"替罪羊"。这一理论体现在外国品牌负面信息时，就是人们会感到自己的高期望被相对剥夺了，从而形成对外国品牌的不满情绪，相对提高本土品牌偏好（即减轻或抑制本土品牌偏见），但这种影响受到负面信息类型的调节。不同类型外国品牌对消费者影响的大小以及与本土品牌之间的可替代性存在差异，这使得消费者对外国品牌负面信息的注意、解释和记忆存在差异（Fiske，2004）。

本研究按照价格和技术含量的高低，将外国品牌负面信息所涉及的产品类型划分为低价、低技术；低价、较高技术；较高价格、较高技术和高价、高技术等四类。品牌产品的价格越高，表明该品牌对消费者的影响越大，出于自我保护的动机，消费者对该外国品牌负面信息的可接近—可诊断性越高。同时，根据本土/外国品牌之间的可替代性规律，如果外国品牌被本土品牌替代的可行性越小（因为消费者可能会在其他同类外国品牌中选择），则外国品牌负面信息对抽象外国品牌偏好的抑制程度越低。相反，本土/外国品牌的质量、技术和声誉越接近，即外国品牌被本土品牌替代的可行性越高，则外国品牌负面信息对抽象外国品牌偏好的抑制程度越高。为此，可以推导出如下研究假设：

H1：不同产品类型的外国品牌负面信息均有显著的可接近性（即可信度、值得重视和反映问题的严重性）。

H2：不同产品类型外国品牌负面信息对该信息所涉及的具体外国品牌具有可诊断性（即品质评价、态度改变和购买意愿），并且存在产品类型差异，那些价格和技术较高，且本土/外国品牌质量比较接近的产品领域，外国品牌负面信息的可诊断性更高。

外国品牌正面刻板印象和本土品牌负面刻板印象存在着此消彼长的二律背反关系。任何对本土品牌偏见的增强都会进一步巩固或提高对外国品牌的偏好，相反，任何对外国品牌偏好的抑制都会相应提高对本土品牌的偏好或抑制本土品牌偏见。因此，外国品牌负面信息将在一定程度上抑制本土品牌刻板印象。但由于实验中所呈现的只是个别外国品牌的负面信息，加之中国消费者本身存在较强的本土品牌偏见，这种单一的负面信息对于整体外国品牌而言缺乏代表性，可能使具体外国品牌负面信息不足以改变被试的本土品牌刻板认知。由此，可推导出如下研究假设：

H3：不同产品类型外国品牌负面信息对抽象外国品牌的可诊断性不显著（即品质评价、态度改变和购买意愿），但依然存在产品属性差异。

H4：不同产品类型外国品牌负面信息对相应的具体外国品牌偏好、具体本土品牌偏见有显著的抑制作用，而且两者在偏好上出现反转，即被试对具体本土品牌偏好将高于具体外国品牌。

H5：不同产品类型外国品牌负面信息难以逆转抽象外国品牌偏好和抽象本土品牌偏见。

## 9.2 研究方案设计

### 9.2.1 研究变量

(1) 组间变量

拟从大众传媒上收集真实的外国品牌负面信息作为组间变量，根据本土/外国品牌间的可替代性划分产品类型，拟选择牙膏、药品、电视和汽车等4种产品，分别代表低价、低技术组；低价、较高技术组；较高价格、较高技术组和高价、高技术组（实验材料见附录9-1）。

(2) 组内变量

组内变量主要包括具体本土/外国品牌和抽象本土/外国品牌等4种认知品牌。其中，具体外国品牌和具体本土品牌是指与实验材料一致的外国品牌和本土品牌。例如，牙膏组的具体外国品牌是高露洁、佳洁士，具体本土品牌是冷酸灵、两面针等；药品组的具体外国品牌是强生公司，具体本土品牌是本土医药企业；电视组的具体外国品牌是LG、松下等，具体本土品牌是海信、长虹等；轿车组的具体外国品牌是丰田，具体本土品牌是中华、比亚迪等。抽象外国品牌和抽象本土品牌分别代表外国品牌和本土品牌的统称。

(3) 因变量

因变量它是品牌态度的认知控制变量，包括认知接受度、情绪改变度和行为卷入度。变量测度将参照并修改 Defleur 和 Rokeach（1990）的受众反应量表。其中，认知接受度（表示可接近性）的测项为"极不可靠—极可靠、很不值得重视—很值得重视信息、很严重—很正常"；情绪改变度（表示可诊断性）的测项为"产品品质很差—很好、产品态度很不喜欢—很喜欢"；行为卷入度（表示可诊断性）的测项为"产品绝对不再购买—绝对会购买"。测项采用7点量表。

### 9.2.2 实验设计

本研究采用 4×4 的组间实验设计，前者为分属 4 种产品类型的负面信息组（根据本土/外国品牌间的可替代性，拟选择牙膏、药品、电视和汽车等 4 种产品，分别代表低价、低技术组；低价、较高技术组；较高价格、较高技术组和高价、高技术组），作为组间变量，后者为 4 种认知品牌，作为组内变量；干扰变量和因变量同上；本实验有 4 个实验组（调查问卷见附录 9-2，分别是牙膏组、药品组、电视组和汽车组）和 1 个控制组（控制组包括 4 个实验组所涉及的所有具体外国/本土品牌和抽象外国/本土品牌，调查问卷见附录 9-3），每个实验组不少于 30 名本科生。为了实验的便利性，以自然班级为单位进行实验。

## 9.3 数据收集与结果分析

### 9.3.1 实验数据收集

（1）实验程序

在实验开始之前，由主试向被试介绍本研究的目的和问卷填写要求，并告之有小礼品赠送，然后请被试阅读、观看实验材料，接着填写问卷，最后发放小礼品。

（2）被试选择

为了提高实验效率，降低实验成本，把每个自然班作为一个实验组，每班不少于 30 名本科生，所学专业和年级不限。事先与相关授课老师做好协调，占用部分课间和上课时间，控制在 15 分钟以内。根据实验需要，共选择了 5 个班，其中，4 个班分别参与 4 个实验组、1 个班为控制组。

（3）问卷回收

实验集中在 2011 年 10 月 22 日—11 月 9 日进行，分别在重庆文理学院经济与管理学院、文传学院、美术学院、旅游学院和政法学院选择了 5 个班级。实验组共回收问卷 180 份,问卷有效率 100%,其中,牙膏组 41 份、药品组 35 份、电视组 61 份、轿车组 43 份;控制组回收问卷 34 份,回收率 100%,问卷有效率 100%。

### 9.3.2 中值比较:外国品牌负面信息的可接近性分析

运用 SPSS17.0 的描述性统计分析(Descriptive Statistics)和单样本 T 检验(One-Sample Test)分别对 4 组外国品牌负面信息的可接近性评价进行数据处理(见表 9-1)。

表 9-1 外国品牌负面信息可接近性的均值

| 因变量 | | 牙膏组<br>(41 人) | 药品组<br>(35 人) | 电视组<br>(61 人) | 轿车组<br>(43 人) |
|---|---|---|---|---|---|
| 认知改变度<br>(可接近性) | 信息可信度 | 4.85 | 4.97 | 5.26 | 5.53 |
| | 信息值得重视度 | 5.90 | 5.94 | 5.98 | 6.00 |
| | 所反映问题的严重性 | 3.15 | 2.51 | 2.54 | 3.09 |

(1)外国品牌负面信息的可信度分析

由表 9-1 可知,当出现外国品牌负面信息时,各组被试认为该信息的可信度分别是 4.85(t = 5.391,p = .000)、4.97(t = 4.694,p = .000)、5.26(t = 7.722,p = .000)、5.53(t = 10.225,p = .000),与中值 4 进行单样本 T 检验,均在 99% 的条件下显著。这表明,被试认为外国品牌负面信息可靠。

(2)外国品牌负面信息值得重视程度分析

由表 9-1 可知,当出现外国品牌负面信息时,各组被试认为该信息值得重视的程度分别是 5.90(t = 12.241,p = .000)、5.94(t = 12.692,p = .000)、5.98(t = 11.825,p = .000)、6.00(t = 12.813,p = .000),与中值 4 进行单样本 T 检验,均在 99% 的条件下显著。这表明,被试认为外国品牌负面信息值得重视。

(3)外国品牌负面信息所反映问题的严重性分析

由表 9-1 可知,当出现外国品牌负面信息时,各组被试认为该信息反映了具体外国品牌质量问题的严重性分别是 3.15(t = -3.582,p =

.001)、2.51（t = -9.560，p = .000)、2.54（t = -8.372，p = .000)、3.09（t = -3.750，p = .001），与中值4进行单样本T检验，均在99%的条件下显著。这表明，被试认为外国品牌负面信息所反映的问题比较严重。

上述分析表明，所有产品类型的外国品牌负面信息均具有显著的可信度、值得重视程度和所反映问题的严重性，即具有显著的可接近性。因此，假设H1成立。

### 9.3.3 实验组与控制组比较：外国品牌负面信息对外国品牌认知的影响

（1）外国品牌负面信息对具体外国品牌认知的影响

运用SPSS的Descriptive Statistics和配对样本T检验（Paired-Samples T Test），对实验组与控制组可诊断性的均值差异进行比较（见表9-2），并通过配对样本T检验测量其显著性。

表9-2 外国品牌负面信息抑制具体外国品牌偏好的均值

| 因变量 | | 牙膏组 | | 药品组 | | 电视组 | | 轿车组 | |
|---|---|---|---|---|---|---|---|---|---|
| | | 实验组 (41人) | 控制组 (34人) | 实验组 (35人) | 控制组 (34人) | 实验组 (61人) | 控制组 (34人) | 实验组 (43人) | 控制组 (34人) |
| 情绪改变度 | 具体外国品牌品质 | 4.27 | 5.12 | 3.54 | 4.46 | 2.67 | 5.07 | 3.21 | 4.34 |
| | 具体外国品牌态度 | 4.32 | 5.15 | 3.80 | 4.38 | 2.89 | 4.29 | 2.79 | 3.91 |
| 行为卷入度 | 具体外国品牌消费意愿 | 4.66 | 5.49 | 3.77 | 4.51 | 3.30 | 4.85 | 2.44 | 4.00 |

外国品牌负面信息对具体外国品牌品质评价的影响：由表9-2可知，当出现外国品牌负面信息时，各实验组被试对具体外国品牌的品质评价均显著低于控制组，其中，牙膏组4.27 < 5.12（t = -3.340、p = .002)、药品组3.54 < 4.46（t = -4.186、p = .000)、电视组2.67 < 5.07（t = -10.378、p = .000)、轿车组3.21 < 4.34（t = -3.610、p = .001)。这表明外国品牌负面

信息对相应外国品牌的品质评价具有显著的抑制作用。

外国品牌负面信息对具体外国品牌态度偏好的影响：由表 9-2 可知，当出现外国品牌负面信息时，各实验组被试对具体外国品牌的态度偏好均显著低于控制组，其中，牙膏组 4.32 < 5.15（t = -4.128、p = .000）、药品组 3.80 < 4.38（t = -2.493、p = .018）、电视组 2.89 < 4.29（t = -5.069、p = .000）、轿车组 2.79 < 3.91（t = -3.660、p = .001）。这表明外国品牌负面信息对相应外国品牌的态度偏好具有显著的抑制作用。

外国品牌负面信息对具体外国品牌购买意愿的影响：由表 9-2 可知，当出现外国品牌负面信息时，各实验组被试对具体外国品牌的购买意愿均显著低于控制组，其中，牙膏组 4.66 < 5.49（t = -3.328、p = .002）、药品组 3.77 < 4.51（t = -3.426、p = .002）、电视组 3.30 < 4.85（t = -6.267、p = .000）、轿车组 2.44 < 4.00（t = -4.610、p = .000）。这表明外国品牌负面信息对相应外国品牌的购买意愿具有显著的抑制作用。

综上所述，当出现不同产品类型的外国品牌负面信息时，消费者对具体外国品牌的品质评价、态度偏好和购买意愿均显著降低，表明所有类型的外国品牌负面信息均对消费者的具体外国品牌偏好有显著的抑制作用，故假设 H2 成立。

（2）外国品牌负面信息对抽象外国品牌认知的影响

运用 SPSS 的 Descriptive Statistics 和配对样本 T 检验（Paired-Samples T Test），对实验组与控制组可诊断性的均值差异进行比较（见表 9-3），并通过配对样本 T 检验测量其显著性。

表 9-3 外国品牌负面信息抑制抽象外国品牌偏好的均值

| 因变量 | | 牙膏组 | | 药品组 | | 电视组 | | 轿车组 | |
|---|---|---|---|---|---|---|---|---|---|
| | | 实验组 (41人) | 控制组 (34人) | 实验组 (35人) | 控制组 (34人) | 实验组 (61人) | 控制组 (34人) | 实验组 (43人) | 控制组 (34人) |
| 情绪改变度 | 抽象外国品牌品质 | 4.59 | 4.93 | 4.51 | 4.93 | 3.48 | 4.93 | 4.67 | 4.93 |
| | 抽象外国品牌态度 | 4.59 | 4.62 | 4.17 | 4.62 | 3.97 | 4.62 | 4.42 | 4.62 |
| 行为卷入度 | 抽象外国品牌消费意愿 | 4.83 | 4.98 | 4.57 | 4.98 | 4.13 | 4.98 | 4.44 | 4.98 |

外国品牌负面信息对抽象外国品牌品质评价的影响：由表9-3可知，牙膏组 4.59 < 4.93（t = -1.432、p = .160）、药品组 4.51 < 4.93（t = -2.082、p = .045）、电视组 3.48 < 4.93（t = -5.135、p = .000）、轿车组 4.67 < 4.93（t = -1.157、p = .254）。结果显示，当出现外国品牌负面信息时，各实验组被试对抽象外国品牌的品质评价均低于控制组，但从显著性上看，只有药品组（P < 0.05）和电视组（P < 0.01）的均值差异显著，牙膏组和轿车组不显。这表明具体外国品牌负面信息对抽象外国品牌的品质评价具有抑制作用，且抑制效果存在产品类型的差异。

外国品牌负面信息对抽象外国品牌态度偏好的影响：由表9-3可知，牙膏组 4.59 < 4.62（t = -.488、p = .629）、药品组 4.17 < 4.62（t = -1.902、p = .066）、电视组 3.97 < 4.62（t = -3.189、p = .003）、轿车组 4.42 < 4.62（t = -1.013、p = .318）。结果显示，当出现外国品牌负面信息时，各实验组被试对抽象外国品牌的态度偏好均低于控制组，但从显著性上看，只有药品组（P < 0.1）和电视组（P < 0.01）的均值差异显著，牙膏组和轿车组不显著。这表明具体外国品牌负面信息对抽象外国品牌的态度偏好具有抑制作用，且抑制效果存在产品类型的差异。

外国品牌负面信息对抽象外国品牌购买意愿的影响：由表9-3可知，牙膏组 4.83 < 4.98（t = -.628、p = .534）、药品组 4.57 < 4.98（t = -1.380、p = .177）、电视组 4.13 < 4.98（t = -3.447、p = .001）、轿车组 4.44 < 4.98（t = -2.314、p = .026）。结果显示，当出现外国品牌负面信息时，各实验组被试对抽象外国品牌的购买意愿均低于控制组，但从显著性上看，只有电视组（P < 0.01）和轿车组（P < 0.05）的均值差异显著，牙膏组和药品组不显著。这表明具体外国品牌负面信息对抽象外国品牌的购买意愿具有抑制作用，且抑制效果存在产品类型的差异。

综上所述，从向性上看，当出现不同产品类型的外国品牌负面信息时，各实验组被试对抽象外国品牌的品质评价、态度偏好和购买意愿均低于控制组，表明具体外国品牌负面信息对抽象外国品牌偏好具有抑制作用。但在显著性上，仅有电视组（包括品质评价、态度偏好和购买意愿）、药品组（包括品质评价和态度偏好）以及轿车组（购买意愿）通过显著性检验。原因在于：价格和技术含量越高说明该产品对消费者越重要，就越能消费者对相关负面信息的注意。当呈现负面信息时，被试会以此作为想象样例,进而做出对抽象外国品牌偏好的评价。由于中国在中医药的无可替代性以及在电视产品方面高质量,并不逊色于外国品牌,因此使得药品组和电视组外国品牌负面信息会导致被试显著降低对抽象外国品牌偏好的评价。这表明外国品牌负面信息对抽象外国品牌偏好的抑制效果存在产品类型的差异,本土/外国品牌越接近,则相应外国品牌负面信息越能导致消费者对整体外国品牌偏好的抑制,故假设 H3 成立。

### 9.3.4 组内比较:外国品牌负面信息对品牌来源国刻板印象反转的影响

(1)外国品牌负面信息对具体外国品牌偏好和具体本土品牌偏见的反转效应

运用 SPSS 的配对样本 T 检验(Paired-Samples T Test),计算各实验组具体外国/本土品牌的偏好均值及其相对变化的显著性(见表9-4)。

表9-4 外国品牌负面信息抑制具体外国品牌偏好和具体本土品牌偏见的均值

| | 因变量 | 牙膏组<br>(41人) | 药品组<br>(35人) | 电视组<br>(61人) | 轿车组<br>(43人) |
|---|---|---|---|---|---|
| 情绪改变度<br>(可诊断性) | 具体外国品牌品质 | 4.27 | 3.54 | 2.67 | 3.21 |
| | 具体本土品牌品质 | 4.49 | 4.03 | 5.21 | 4.44 |
| | 具体外国品牌态度 | 4.32 | 3.80 | 2.89 | 2.79 |
| | 具体本土品牌态度 | 4.32 | 4.23 | 4.95 | 3.98 |
| 行为卷入度<br>(可诊断性) | 具体外国品牌消费意愿 | 4.66 | 3.77 | 3.30 | 2.44 |
| | 具体本土品牌消费意愿 | 4.80 | 4.77 | 4.82 | 4.21 |

外国品牌负面信息对具体本土/外国品牌品质评价的意识性抑制:由表9-4可知,当出现外国品牌负面信息时,各组被试对具体外国品牌的品质评价均显著低于具体本土品牌,其中,牙膏组 4.27 < 4.49(t = -1.777、p = .083)、药品组 3.54 < 4.03(t = -2.764、p = .009)、电视组 2.67 < 5.21(t = -12.342、p = .000)、轿车组 3.21 < 4.44(t = -4.310、p = .000)。除牙膏组在90%的条件下显著,其余实验组均在99%的条件下显著。实验结果证实,外国品牌负面信息的呈现对相应外国品牌的品质评价具有显著的抑制效果,而相应本土品牌的品质评价则显著提高,且显著

大于具体外国品牌的品质评价。

外国品牌负面信息对具体本土/外国品牌态度偏好的意识性抑制：由表9-4可知，当出现外国品牌负面信息时，除牙膏组外，其余各组被试对具体外国品牌的态度偏好均显著低于具体本土品牌，其中，牙膏组4.32＝4.32（t＝.000、p＝1.000）、药品组3.80＜4.23（t＝-2.166、p＝.037）、电视组2.89＜4.95（t＝-7.724、p＝.000）、轿车组2.79＜3.98（t＝-4.003、p＝.000）。实验结果证实，外国品牌负面信息的呈现对相应外国品牌的态度偏好具有显著的抑制效果，而相应本土品牌的态度偏好则显著提高，且显著大于具体外国品牌的态度偏好。

外国品牌负面信息对具体本土/外国品牌购买意愿的意识性抑制：由表9-4可知，当出现外国品牌负面信息时，各组被试对具体外国品牌的购买意愿均低于具体本土品牌，其中，牙膏组4.66＜4.80（t＝-.882、p＝.383）、药品组3.77＜4.77（t＝-6.298、p＝.000）、电视组3.30＜4.82（t＝-7.762、p＝.000）、轿车组2.44＜4.21（t＝-7.172、p＝.000）。尽管牙膏组的显著性较低，但其余各组均在99%的条件下显著，因此，可以初步得出如下结论：外国品牌负面信息的呈现对相应外国品牌的购买意愿具有显著的抑制效果，而相应本土品牌的购买意愿则显著提高，且显著大于具体外国品牌的购买意愿。

上述分析表明，当出现外国品牌负面信息时，消费者将同时表现出对具体外国品牌偏好（包括品质评价、态度偏好和购买意愿）的抑制和对具体本土品牌偏好的提高（或偏见的抑制），而且被试对具体本土品牌的偏好要显著大于具体外国品牌偏好。该结论证明，不同产品类型的外国品牌负面信息都对具体外国品牌偏好和具体本土品牌偏见有显著的抑制作用，故假设H4成立。

（2）外国品牌负面信息对抽象外国品牌偏好和抽象本土品牌偏见的反转效应

运用SPSS的配对样本T检验（Paired-Samples T Test），计算各实验组抽象外国/本土品牌的偏好均值（见表9-5）及其相对变化的显著性。

表 9-5 外国品牌负面信息抑制抽象外国品牌偏好和抽象本土品牌偏见的均值

| 因变量 | | 牙膏组<br>(41 人) | 药品组<br>(35 人) | 电视组<br>(61 人) | 轿车组<br>(43 人) |
|---|---|---|---|---|---|
| 情绪改变度<br>(可诊断性) | 抽象外国品牌品质 | 4.59 | 4.51 | 3.48 | 4.67 |
| | 抽象本土品牌品质 | 4.34 | 4.29 | 4.82 | 4.77 |
| | 抽象外国品牌态度 | 4.59 | 4.17 | 3.97 | 4.42 |
| | 抽象本土品牌态度 | 4.51 | 4.66 | 4.80 | 4.77 |
| 行为卷入度<br>(可诊断性) | 抽象外国品牌消费意愿 | 4.83 | 4.57 | 4.13 | 4.44 |
| | 抽象本土品牌消费意愿 | 4.83 | 4.77 | 4.80 | 4.60 |

外国品牌负面信息对抽象本土/外国品牌品质评价的意识性抑制：由表 9-5 可知，当出现外国品牌负面信息时，电视组和轿车组被试对抽象外国品牌的品质评价低于抽象本土品牌，没有出现反转，其中，电视组 $3.48<4.82$（$t=-5.783$、$p=.000$）、轿车组 $4.67<4.77$（$t=-0.358$、$p=.722$）；而牙膏组和药品组内被试对抽象外国品牌的品质评价却高于抽象本土品牌，其中，牙膏组 $4.59>4.34$（$t=1.705$、$p=.096$）、药品组 $4.51>4.29$（$t=.984$、$p=.332$）。虽然牙膏组和药品组出现了反转，但从显著性上看，只有电视组在 99% 的条件下显著。

外国品牌负面信息对抽象本土/外国品牌态度偏好的意识性抑制：由表 9-5 可知，当出现外国品牌负面信息时，药品组、电视组和轿车组被试对抽象外国品牌的态度偏好低于抽象本土品牌，其中，药品组 $4.17<4.66$（$t=-1.888$、$p=.068$）、电视组 $3.97<4.80$（$t=-3.922$、$p=.000$）、轿车组 $4.42<4.77$（$t=-1.343$、$p=.186$）。虽然出现了反转，但从显著性上看，只有电视组在 99% 的条件下显著。而牙膏组内被试对抽象外国品牌的态度偏好略高于抽象本土品牌，即 $4.59>4.51$（$t=0.326$、$p=.746$），没有出现反转。

外国品牌负面信息对抽象本土/外国品牌购买意愿的意识性抑制：由表 9-5 可知，牙膏组 $4.83=4.83$（$t=0.000$、$p=1.000$）、药品组 $4.57<4.77$（$t=-1.313$、$p=.198$）、电视组 $4.13<4.80$（$t=-3.602$、$p=.001$）、轿车组 $4.44<4.60$（$t=-0.685$、$p=.497$）。实验结果表明，当出现外国品牌负面信息时，除牙膏组外，其余各组被试对抽象外国品牌的购买意愿均低于抽象本土品牌，但只有电视组在 99% 的条件下显著。

上述分析表明，只有电视组被试对抽象本土品牌的品质评价、态度偏好和购买意愿显著大于对抽象外国品牌的偏好评价，表现出显著的本土品牌刻板印象反转；牙膏组、药品组和轿车组的抑制效果不显著或者没有出现反转。这表明与电视有关的外国品牌负面信息的可诊断性要显著高于其他产品类型的负面信息。这源于以下两个原因：首先，在中国市场上，以电视为代表的家用电器是最早充分竞争的行业，本土品牌不论在质量、技术和品牌声誉上都与外国电视品牌不相上下。在这种情境下，当外国品牌电视出现负面事件时，消费者会把国产电视品牌作为本土品牌的代表或想象样例，从而显著改变其对本土/外国品牌的态度，反转刻板认知。其次，牙膏组、药品组和轿车组之所以没能实现本土品牌刻板印象的反转，可能还是因为各实验所呈现的只是个别外国品牌的负面信息，加之中国消费者本身存在较强的外国品牌正面刻板印象，这种单一的负面信息对于抽象外国品牌而言缺乏代表性，还不足以反转被试对本土/外国品牌的刻板认知。事实上，国产品牌轿车比外国品牌轿车在档次、质量差距太大，某一外国品牌轿车的质量危机事件无法扭转中国消费者对于本土品牌的刻板认知。因此，本研究证实多数产品类型的外国品牌负面信息还难以逆转抽象外国品牌偏好和抽象本土品牌偏见，故假设 H5 成立。同时，研究表明，在本土/外国品牌质量接近的行业（如家电等），爆发外国品牌质量危机将有助于促使消费者反转其本土/外国品牌刻板认知。这为利用外国品牌负面信息来减轻本土品牌刻板印象提供了方向和重点。

## 9.4 研究结论

本研究通过实验研究证实，不同产品类型的外国品牌负面信息均具有显著的可信度、值得重视程度和所反映问题的严重性，同时对具体外国品牌的态度偏好和购买意愿均显著降低，这表明外国品牌负面信息具有显著的可接近—可诊断性；研究还发现，当出现外国品牌负面信息时，消费者将同时表现出对具体外国品牌偏好（包括品质评价、态度偏好和购买意愿）的抑制和对具体本土品牌偏好的提高（或偏见的抑制），而且被试对具体本土品牌的偏好要显著大于具体外国品牌偏好。虽然多数产品类型的外国品牌负面信息还难以逆转抽象外国品牌偏好和抽象本土品牌偏见，但在本土/外国品牌质量接近的行业（如家电等），外国品牌质量危机的爆发将有助于促使消费者反转其本土/外国品牌刻板认知。这些结论为有效调控受众注意资源，抑制本土品牌偏见提供了方向和重点。

  本研究的不足之处在于：①线索来源仅仅是从现实生活中提取了少量样例，根据说服理论，实验中的信息强度和线索数量与现实生活存在差距。如果能够与其他偏见抑制策略结合起来，就能使实验环境更接近于现实的信息环境。②为了研究的需要，线索信息经过适当精练，无法完整将媒体设置了外国品牌质量的什么问题、如何解释外国品牌质量问题的原因、如何引导受众对外国品牌的价值判断、暗示如何解决外国品牌质量问题等。因此，在影响受试认知框架（即思考什么）方面的线索信息相对较少，其效果必然会受到一定的影响。③在现实生活中，由于信息渠道的覆盖范围、消费者信息摄取来源的限制以及信息本身的下沉等原因，部分消费者也可能无法获取有关外国产品负面线索，因此，无法产生对本土品牌偏见的意识性抑制。④由于本土品牌偏见形成的原因很多，如工业发展水平、社会文化背景和社会经济结构等，因此，仅仅呈现外国产品的负面线索很难在短期内产生对本土品牌偏见的意识性抑制。

# 10. 媒介信息披露对本土品牌偏见转变的影响研究：基于民族中心主义刺激信息的调节作用

## 10.1 文献探讨与假设推导

### 10.1.1 民族中心主义刺激信息调节不同属性外国品牌负面信息的研究假设

上述研究发现，不同产品属性外国品牌负面信息对具体本土/外国品牌刻板印象具有明显的反转效应，但除了在本土/外国品牌质量接近的行业（如家电等），外国品牌质量危机的爆发会促使消费者反转抽象本土/外国品牌刻板认知，多数产品属性的外国品牌负面信息还难以逆转抽象本土/外国品牌刻板印象（Liu 等，2012）。为此，本研究引入"民族中心主义情结"刺激信息，以探讨其对不同产品属性外国品牌负面信息抑制本土/外国品牌刻板印象的调节作用。根据现实冲突理论，当存在外群体威胁时，内群体成员会表现出明显的内群体偏好、外群体偏见（Duckitt，1994）。当出现外国品牌威胁线索时，受试的"大我"意识或民族中心主义情结（即民族经济忧患）可能会被激活，从而提高其对外国品牌负面信息的可接近—可诊断性认知，使之产生更高程度的本土/外国品牌态度改变。同时，中国消费者的本土品牌负面刻板印象和外国品牌正面刻板印象存在着此消彼长的二律背反关系，即外国品牌偏好的高涨（即正面刻板印象增强），必然会伴随着本土品牌偏好的下降（即负面刻板印象增强），相反，外国品牌偏好的抑制（即正面刻板印象减弱），则必然同时表现出本土品牌偏好的增强（即负面刻板印象减弱）。由此，可以推导出如下研究假设：

H1-1：民族中心主义情结刺激线索能提高外国品牌负面信息的可接近性（包括负面信息的可信度、值得重视程度和反映问题的严重性），而且存在产品属性差异。

H1-2：民族中心主义情结刺激线索能提高外国品牌负面信息对具体/抽象外国品牌和本土品牌偏好（包括品质评价、态度偏好、购买意愿）的抑制或反转作用。

H1-21：民族中心主义刺激能提高外国品牌负面信息对具体外国品牌偏好（包括品质评价、态度偏好、购买意愿）的抑制作用，而且存在产品属性差异。

H1-22：民族中心主义刺激能提高外国品牌负面信息对抽象外国品牌偏好（包括品质评价、态度偏好、购买意愿）的抑制作用，而且存在产品属性差异。

H1-23：民族中心主义刺激能提高外国品牌负面信息对具体本土品牌偏好（包括品质评价、态度偏好、购买意愿）的反转作用，而且存在产品属性差异。

H1-24：民族中心主义刺激能提高外国品牌负面信息对抽象本土品牌偏好（包括品质评价、态度偏好、购买意愿）的反转作用，而且存在产品属性差异。

## 10.1.2 民族中心主义刺激信息调节不同类型外国品牌负面信息的研究假设

上述研究发现，不同产品类型外国品牌负面信息对具体本土/外国品牌刻板印象具有明显的反转效应，但除了在本土/外国品牌质量接近的行业（如家电等），外国品牌质量危机的爆发会促使消费者反转抽象本土/外国品牌刻板认知，多数产品类型的外国品牌负面信息还难以逆转抽象本土/外国品牌刻板印象（Jinping Liu et al.，2012）。根据现实冲突理论，当存在外群体威胁时，内群体成员会表现出明显的内群体偏好、外群体偏见（Duckitt，1994）。当出现外国品牌威胁线索时，受试的"大我"意识或民族中心主义情结（即民族经济忧患）可能会被激活，从而提高其对外国品牌负面信息的可接近—可诊断性认知，使之产生更高程度的本土/外国品牌态度改变。同时，中国消费者的本土品牌负面刻板印象和外国品牌正面刻板印象存在着此消彼长的二律背反关系，即外国品牌偏好的高涨（即正面刻板印象增强），必然会伴随着本土品牌偏好的下降（即负面刻板印象增强），相反，外国品牌偏好的抑制（即正面刻板印象减弱），则必然同时表现出本土品牌偏好的增强（即负面刻板印象减弱）。由此，可以推导出如下研究假设：

H2-1：民族中心主义情结刺激线索能提高外国品牌负面信息的可接近性（包括负面信息的可信度、值得重视程度和反映问题的严重性），而且存在产品类型差异。

H2-2：民族中心主义情结刺激线索能提高外国品牌负面信息对具体/抽象外国品牌和本土品牌偏好（包括品质评价、态度偏好、购买意愿）的抑制或反转作用。

H2-21：民族中心主义刺激能提高外国品牌负面信息对具体外国品牌偏好（包括品质评价、态度偏好、购买意愿）的抑制作用，而且存在产品类型差异。

H2-22：民族中心主义刺激能提高外国品牌负面信息对抽象外国品牌偏好（包括品质评价、态度偏好、购买意愿）的抑制作用，而且存在产品类型差异。

H2-23：民族中心主义刺激能提高外国品牌负面信息对具体本土品牌偏好（包括品质评价、态度偏好、购买意愿）的反转作用，而且存在产品类型差异。

H2-24：民族中心主义刺激能提高外国品牌负面信息对抽象本土品牌偏好（包括品质评价、态度偏好、购买意愿）的反转作用，而且存在产品类型差异。

## 10.2 研究思路与实验设计

### 10.2.1 研究思路

本研究尝试引入"民族中心主义情结"刺激信息，通过先呈现"民族中心主义情结"刺激材料，后呈现不同产品属性和产品类型的外国品牌负面信息材料，采用组间实验设计，以各实验组和参照组（仅有不同产品属性和产品类型的外国品牌负面信息刺激材料的实验结果）得分之差的显著性作为检验标准，比较分析实验组和参照组的变化，验证民族中心主义情结和外国品牌负面信息组合呈现时，对消费者品牌来源国刻板印象反转的影响程度；最后，根据取得的理论成果，提出减轻或转变本土品牌偏见的外国品牌风险图景建构策略。为此，本章采用以下研究思路（如图 10-1 所示）。

## 10.2.2 变量与量表开发

（1）组间变量

拟从大众传媒上收集真实的外国品牌负面信息（按产品属性与产品类型分类）作为组间变量。根据产品相关属性和非产品相关属性划分信息类型，拟选择食品质量缺陷、手提电脑质量缺陷、商业贿赂和价格暴利等 4 个实验组（实验材料见附录 8-1），其中，前两组为产品相关属性，后两组为非产品相关属性；根据本土/外国品牌间的可替代性划分产品类型，拟选择牙膏、药品、电视和汽车等 4 种产品，分别代表低价、低技术组；低价、较高技术组；较高价格、较高技术组和高价、高技术组（实验材料见附录 9-1）。

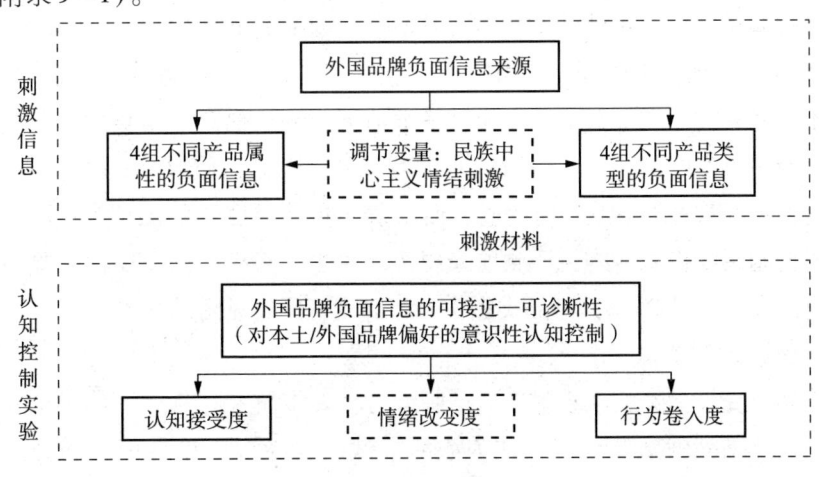

图 10-1 研究架构与思路

(2) 组内变量

组内变量包括具体本土/外国品牌和抽象本土/外国品牌等 4 种认知品牌。其中，抽象外国品牌和抽象本土品牌分别代表外国品牌和本土品牌的统称。

产品属性实验组的具体外国品牌和具体本土品牌是指与属性实验材料一致的外国品牌和本土品牌，例如，食品质量组的具体外国品牌是麦当劳，具体本土品牌是乡村基（本土快餐企业）；手提电脑质量组的具体外国品牌是惠普手提电脑，具体本土品牌是联想手提电脑；商业贿赂组的具体外国品牌是强生公司洗涤、护肤用品，具体本土品牌是百雀羚和六神洗涤、护肤用品；价格暴利组的具体外国品牌是肯德基，具体本土品牌是乡村基（本土快餐企业）。

产品类型实验组的具体外国品牌和具体本土品牌是指与实验材料一致的外国品牌和本土品牌。例如，牙膏组的具体外国品牌是高露洁、佳洁士，具体本土品牌是冷酸灵、两面针等；药品组的具体外国品牌是强生公司，具体本土品牌是本土医药企业；电视组的具体外国品牌是 LG、松下等，具体本土品牌是海信、长虹等；轿车组的具体外国品牌是丰田，具体本土品牌是中华、比亚迪等。抽象外国品牌和抽象本土品牌分别代表外国品牌和本土品牌的统称。

(3) 因变量

因变量指品牌态度（包括具体/抽象的外国品牌偏好和具体/抽象的本土品牌偏见）的意识性认知控制，其测度将参照并修改 Defleur 和 Rokeach (1990) 的受众反应量表，其中，认知接受度（表示可接近性）的测项为：极不可靠—极可靠、很不值得重视—很值得重视、信息非常负面—非常正面；情绪改变度（表示可诊断性）的测项为：产品品质很差—很好、产品态度很不喜欢—很喜欢；行为卷入度（表示可诊断性）的测项为：产品绝对不再购买—绝对会购买。测项采用 7 点量表。其中，产品属性实验组的调查问卷见附录 8 - 2，产品类型实验组的调查问卷见附录 9 - 2。

(4) 调节变量

调节变量指民族中心主义情结刺激材料。本研究拟从大众传媒上收集真实的外国品牌威胁材料，作为激活被试民族经济忧患意识的刺激材料（见附录 10 - 1）。

### 10.2.3　实验设计

本研究采用 1×8×4 的被试间实验设计。其中，第一个因子"1"代表民族中心主义情结刺激材料，作为调节变量；第二个因子"8"由 4 种不同属性的外国品牌负面信息组和 4 种不同类型的外国品牌负面信息组，作为被试间变量；第三个因子"4"代表 3 种认知品牌，作为组内变量；因变量为品牌态度的认知控制变量。本实验有 4 个实验组，每组有 30 名本科生参与。每个实验组均有 1 个参照组，共计 8 个参照组。参照组只单独呈现产品属性负面信息（即沿用第 9 章的实验结果）和产品类型负面信息（即沿用第 10 章的实验结果），而不呈现民族中心主义情结刺激材料。

## 10.3　数据收集与结果分析一：民族中心主义刺激信息对不同属性外国品牌负面信息转变本土品牌偏见的调节效应

### 10.3.1　实验数据收集

实验程序：在实验开始之前，由主试向被试介绍本研究的目的和问卷填写要求，并告之有小礼品赠送，然后请被试阅读、观看实验材料，接着填写问卷，最后发放小礼品。其中，实验组需要先后同时呈现民族中心主义刺激材料和外国品牌负面信息材料，参照组只呈现外国品牌负面信息材料。

被试选择：为了提高实验效率，降低实验成本，把每个自然班作为一个实验组，每班不少于 30 名本科生，所学专业和年级不限。事先与授课老师做好协调，占用部分课间和上课时间，控制在 15 分钟以内。根据实验需要，共选择 8 个班，其中，实验组和参照组各 4 个班。

问卷回收：①2011 年 10 月 22 日—11 月 9 日进行参照组实验，分别从重庆文理学院经济与管理学院、文学与传媒学院、美术学院、旅游学院和政法学院选择了4个班级。参照组实验共回收问卷225份，回收率100%，问卷有效率100%，其中，麦当劳组65份、惠普组57份、强生组58份、肯德基组45份。②2011年11月7—9日进行实验组实验，分别从重庆文理学院旅游学院和数统学院选择了8个班级。实验组共回收问卷146份，回收率100%，问卷有效率为100%，其中，麦当劳组32份、惠普组32份、强生组40份、肯德基组42份。

## 10.3.2 民族中心主义情结刺激对不同属性外国品牌负面信息可接近性的调节作用

运用SPSS的描述性统计分析（Descriptive Statistics）和配对样本T检验（Paired-Samples T Test），对实验组与参照组可接近性的均值差异进行比较（见表10－1），并通过配对样本T检验测量其显著性。

民族中心主义刺激对外国品牌负面信息可信度的调节效应：由表10－1可知，实验组和参照组被试认为该信息的可信度分别是：食品质量组 5.69 > 5.05（t = 2.014, p = .053）、手提电脑质量组 5.44 < 5.60（t = 0.361, p = .720）、商业贿赂组 5.38 > 4.79（t = 2.739, p = .009）、价格暴利组 5.31 < 5.58（t = －1.158, p = .253）。从均值上看，食品组和商业贿赂组的实验值大于参照值，且在95%的条件下显著，表明民族中心主义刺激信息显著增强了食品质量和商业贿赂外国品牌负面信息的可信度；对手提电脑和价格暴利组则没有产生调节作用。

表10－1 民族中心主义刺激对外国品牌负面信息可接近性的调节效应

| 因变量 | | 食品质量组 | | 手提电脑质量组 | | 商业贿赂组 | | 价格暴利组 | |
|---|---|---|---|---|---|---|---|---|---|
| | | 实验组(32人) | 参照组(65人) | 实验组(32人) | 参照组(57人) | 实验组(40人) | 参照组(58人) | 实验组(42人) | 参照组(45人) |
| 认知改变度(可接近性) | 信息可信度 | 5.69 | 5.05 | 5.44 | 5.60 | 5.38 | 4.79 | 5.31 | 5.58 |
| | 信息值得重视度 | 6.13 | 6.06 | 5.91 | 6.28 | 5.87 | 5.36 | 5.86 | 6.07 |
| | 所反映问题的严重性 | 2.78 | 2.83 | 2.75 | 3.07 | 3.15 | 3.67 | 3.12 | 3.36 |

民族中心主义刺激对外国品牌负面信息值得重视程度的调节效应：由表 10-1 可知,实验组和参照组被试认为该信息值得重视的程度分别是：食品质量组 6.13 > 6.06( t = 0.289, p = .775)、手提电脑质量组 5.91 < 6.28( t = -1.846, p = .074)、商业贿赂组 5.87 > 5.36( t = 1.660, p = .105)、价格暴利组 5.86 < 6.07( t = -.893, p = .377)。从均值上看,食品组和商业贿赂组的实验值大于参照值,但不显著;对手提电脑和价格暴利组没有产生调节作用。

民族中心主义刺激对外国品牌负面信息严重性的调节效应：由表 10-1可知,实验组和参照组被试认为该信息反映了具体外国品牌质量问题的严重性分别是：食品质量组 2.78 < 2.83( t = 0.549, p = .587)、手提电脑质量组 2.75 < 3.07( t = -0.106, p = .917)、商业贿赂组 3.15 < 3.67( t = -1.172, p = .248)、价格暴利组 3.12 < 3.36( t = -0.854, p = .398)。从均值上看,四个组的实验值均小于参照值,表明民族中心主义刺激信息增强了相应外国品牌负面信息的严重性感知,但从显著性上看,均不显著,表明调节作用不明显。

综上所述,从均值的向性上看,民族中心主义刺激信息增强了部分实验组被试感知外国品牌负面信息的可信度、值得重视程度和反映问题的严重性,但从显著性上看,这种调节作用只在食品质量组和商业贿赂组外国品牌负面信息的可信度上显著成立。因此,假设 H1-1 不成立。

### 10.3.3 民族中心主义情结刺激对不同属性外国品牌负面信息抑制外国品牌偏好的调节作用

(1)民族中心主义刺激对不同属性外国品牌负面信息抑制具体外国品牌偏好的调节作用

运用 SPSS 的 Descriptive Statistics 和配对样本 T 检验(Paired-Samples T Test),对实验组与参照组可诊断性的均值差异进行比较(见表 10-2),并通过配对样本 T 检验测量其显著性。

表 10-2　民族中心主义刺激对外国品牌负面信息抑制具体外国品牌偏好的调节效应

| 因变量 | | 食品质量组 | | 手提电脑质量组 | | 商业贿赂组 | | 价格暴利组 | |
|---|---|---|---|---|---|---|---|---|---|
| | | 实验组<br>(32人) | 参照组<br>(65人) | 实验组<br>(32人) | 参照组<br>(57人) | 实验组<br>(40人) | 参照组<br>(58人) | 实验组<br>(42人) | 参照组<br>(45人) |
| 情绪<br>改变度 | 具体外国<br>品牌品质 | 3.47 | 3.72 | 3.59 | 3.09 | 4.20 | 4.45 | 3.33 | 3.67 |
| | 具体外国<br>品牌态度 | 3.03 | 3.35 | 2.87 | 2.95 | 3.88 | 4.48 | 3.36 | 3.91 |
| 行为<br>卷入度 | 具体外国<br>品牌消费<br>意愿 | 3.84 | 4.08 | 2.84 | 2.72 | 4.05 | 4.48 | 4.05 | 4.38 |

民族中心主义刺激对外国品牌负面信息抑制具体外国品牌品质评价的调节效应：由表10-2可知，食品质量组、商业贿赂组、价格暴利组被试对具体外国品牌的品质评价均低于参照组，手提电脑质量组略高于参照组。其中，食品质量组 3.47<3.72（t=0.089、p=.929）、手提电脑质量组 3.59>3.09（t=0.465、p=.645）、商业贿赂组 4.20<4.45（t=-0.640、p=.526）、价格暴利组 3.33<3.67（t=-1.302、p=.200）。实验结果表明：基于民族中心主义情结下，食品质量组（产品相关属性）、价格暴利组（非产品相关属性）、商业贿赂组（非产品相关属性）相关负面信息对于具体外国品牌的品质不具有抑制性。手提电脑质量（产品相关属性）相关的负面信息对具体外国品牌的品质评价具有显著的抑制作用。

民族中心主义刺激对外国品牌负面信息抑制具体外国品牌态度偏好的调节效应：由表10-2可知，手提电脑质量组、商业贿赂组、价格暴利组被试对具体外国品牌的态度偏好均低于参照组，食品质量组被试对抽象外国品牌的态度高于参照组。其中，食品质量组 3.03<3.35（t=-0.318、p=.753）、手提电脑质量组 2.87<2.95（t=-1.488、p=.147）、商业贿赂组 3.88<4.48（t=-2.403、p=.021）、价格暴利组 3.36<3.91（t=-1.630、p=.111）。从显著性上看，各组在95%的条件下显著。实验结果表明：基于民族中心主义情结下，食品质量（产品相关属性）相关的负面信息对抽象外国品牌的态度偏好具有显著的抑制作用，价格暴利组（非产品相关属性）、手提电脑质量组（产品相关属性）、商业贿赂组（非产品

相关属性）相关的负面信息对抽象外国品牌的态度偏好不具有显著的抑制作用。

民族中心主义刺激对外国品牌负面信息抑制具体外国品牌购买意愿的调节效应：由表10-2可知，各实验组被试对具体外国品牌的态度均显著低于参照组，其中，食品质量组 3.84 > 4.08（t = -0.533、p = .598）、手提电脑质量组 2.84 < 2.72（t = -0.884、p = .384）、商业贿赂组 4.05 < 4.48（t = -1.771、p = .084）、价格暴利组 4.05 < 4.38（t = -1.074、p = .289）。从显著性上看，手提电脑质量组、价格暴利组和商业贿赂组、食品质量组均在95%的条件下显著。这表明基于民族中心主义情结下，各组外国品牌负面信息对具体外国品牌的态度不具有抑制作用。

上述分析表明：基于民族中心主义情结下，与产品相关属性有关的质量负面信息对具体外国品牌的品质、抽象外国品质有显著的抑制作用，但在具体外国品牌态度上抑制性不显著。而与非产品相关属性有关的价格暴利、商业贿赂负面信息对具体外国品牌的品质、抽象外国品质、具体外国品牌态度不具有抑制作用。"民族中心主义情结"材料的刺激，未能显著提高不同产品属性的外国品牌负面信息对具体外国品牌偏好（包括品质评价、态度偏好、消费意愿）的抑制作用，故 H1-21 不成立。其原因可能是各实验组所呈现的只是个别外国品牌的负面信息，以及对于非产品相关属性的负面消息接触较少被测试者自身利益关系不相关，加之中国消费者本身存在较强的外国品牌偏好，这种单一的负面信息对于抽象外国品牌而言显然缺乏代表性。

（2）民族中心主义刺激对不同属性外国品牌负面信息抑制抽象外国品牌偏好的调节作用

运用 SPSS 的 Descriptive Statistics 和配对样本 T 检验（Paired-Samples T Test），对实验组与参照组可诊断性的均值差异进行比较（见表10-3），并通过配对样本 T 检验测量其显著性。

民族中心主义刺激对外国品牌负面信息抑制抽象外国品牌品质评价的调节效应：由表10-3可得到各实验组被试对抽象外国品牌的品质评价与参照组的对比情况，其中，食品质量组 4.34 > 4.06（t = 1.818、p = .079）、手提电脑质量组 4.56 < 4.86（t = -1.686、p = .102）、商业贿赂组 4.85 < 4.95（t = 0.091、p = .928）、价格暴利组 4.02 < 4.33（t =

-1.189、p=.241）。结果显示，手提电脑质量组、商业贿赂组、价格暴利组的实验值小于参照组，但均值差异缺乏显著性，表明民族中心主义刺激对三组外国品牌负面信息抑制抽象外国品牌品质评价的调节作用不显著。

表10-3 民族中心主义刺激对外国品牌负面信息抑制抽象外国品牌偏好的调节效应

| 因变量 | | 食品质量组 | | 手提电脑质量组 | | 商业贿赂组 | | 价格暴利组 | |
|---|---|---|---|---|---|---|---|---|---|
| | | 实验组(32人) | 参照组(65人) | 实验组(32人) | 参照组(57人) | 实验组(40人) | 参照组(58人) | 实验组(42人) | 参照组(45人) |
| 情绪改变度 | 抽象外国品牌品质 | 4.34 | 4.06 | 4.56 | 4.86 | 4.85 | 4.95 | 4.02 | 4.33 |
| | 抽象外国品牌态度 | 4.38 | 4.00 | 4.19 | 4.77 | 4.55 | 4.81 | 4.14 | 4.44 |
| 行为卷入度 | 抽象外国品牌消费意愿 | 4.66 | 4.37 | 4.31 | 4.84 | 4.50 | 4.78 | 4.52 | 4.67 |

民族中心主义刺激对外国品牌负面信息抑制抽象外国品牌态度偏好的调节效应：由表10-3可得到各实验组被试对抽象外国品牌的品质评价与参照组的对比情况，其中，食品质量组4.38＞4.00（t=1.642、p=.111）、手提电脑质量组4.19＜4.77（t=-2.343、p=.026）、商业贿赂组4.55＜4.81（t=-0.092、p=.927）、价格暴利组4.14＜4.44（t=-1.122、p=.268）。结果显示，手提电脑质量组、商业贿赂组、价格暴利组的实验值小于参照组，但只有手提电脑质量组（P＜0.05）通过了显著性检验，表明民族中心主义刺激显著增强了手提电脑质量组负面信息对抽象外国品牌态度偏好的抑制作用。

民族中心主义刺激对外国品牌负面信息抑制抽象外国品牌购买意愿的调节效应：由表10-3可得到各实验组被试对抽象外国品牌的品质评价与参照组的对比情况，其中，食品质量组4.66＞4.37（t=1.625、p=.114）、手提电脑质量组4.31＜4.84（t=-2.616、p=.014）、商业贿赂组4.50＜4.78（t=-1.325、p=.193）、价格暴利组4.52＜4.67（t=-0.483、p=.631）。结果显示，手提电脑质量组、商业贿赂组、价格暴利组的实验值小于参照组，但只有手提电脑质量组（P＜0.05）通过了显著性检验，表明民族中心主义刺激显著增强了手提电脑质量组负面信息对抽象外国品牌购买意愿的抑制作用。

综上所述，食品质量虽然涉及产品相关属性，但由于口味和饮食习惯的原因，消费者更偏爱本国饮食产品，或者说消费者整体上存在本土品牌负面刻板印象，并在食品领域不会被启动；而外国饮食产品也不是中国消费者建构外国品牌正面刻板印象的产品领域。因此，食品质量组外国品牌负面信息的可诊断性很低。各组实验中，民族中心主义刺激只对手提电脑质量组外国品牌负面信息抑制抽象外国品牌态度偏好和购买意愿具有显著的调节作用。这主要源于本土手提电脑品牌质量的提升，与国际品牌不相上下，特别是联想对 IBM 手提电脑业务的并购及其国际化战略。因此，在民族中心主义信息的刺激下，被试完全能够接受本土品牌，从而以此为样例降低了外国品牌偏好。故民族中心主义刺激对外国品牌负面信息抑制抽象外国品牌偏好具有调节作用，并存在产品属性差异，假设 H1-22 成立。

### 10.3.4 民族中心主义情结刺激对不同属性外国品牌负面信息抑制本土品牌偏见的调节作用

（1）民族中心主义刺激对不同属性外国品牌负面信息抑制具体本土品牌偏好的调节作用

运用 SPSS 的 Descriptive Statistics 和配对样本 T 检验（Paired-Samples T Test），对实验组与参照组可诊断性的均值差异进行比较（见表9-4），并通过配对样本 T 检验测量其显著性。

表10-4 民族中心主义刺激对外国品牌负面信息抑制具体本土品牌偏好的调节效应

| 因变量 | | 食品质量组 | | 手提电脑质量组 | | 商业贿赂组 | | 价格暴利组 | |
|---|---|---|---|---|---|---|---|---|---|
| | | 实验组 (32人) | 参照组 (65人) | 实验组 (32人) | 参照组 (57人) | 实验组 (40人) | 参照组 (58人) | 实验组 (42人) | 参照组 (45人) |
| 情绪改变度 | 具体本土品牌品质 | 4.56 | 4.31 | 5.16 | 4.75 | 5.43 | 5.16 | 4.14 | 4.33 |
| | 具体本土品牌态度 | 4.66 | 4.31 | 5.00 | 4.65 | 5.25 | 4.81 | 3.95 | 4.62 |

续表

| 因变量 | | 食品质量组 | | 手提电脑质量组 | | 商业贿赂组 | | 价格暴利组 | |
|---|---|---|---|---|---|---|---|---|---|
| | | 实验组(32人) | 参照组(65人) | 实验组(32人) | 参照组(57人) | 实验组(40人) | 参照组(58人) | 实验组(42人) | 参照组(45人) |
| 行为卷入度 | 具体本土品牌消费意愿 | 5.22 | 4.72 | 4.72 | 4.49 | 5.08 | 4.83 | 4.31 | 5.09 |

民族中心主义刺激对外国品牌负面信息反转具体本土品牌品质评价的调节效应：由表10-4可知，实验组和参照组被试对具体本土品牌的品质评价分别是：食品质量组4.56＞4.31（t=1.532、p=.136）、手提电脑质量组5.16＞4.75（t=0.882、p=.385）、商业贿赂组5.43＞5.16（t=.928、p=.359）、价格暴利组4.14＜4.33（t=-0.980、p=.333）。结果显示，食品组、手提电脑质量组和商业贿赂组的实验值均大于参照组，但均值差异缺乏显著性，表明民族中心主义刺激对3组负面信息反转具体本土品牌品质评价的调节作用不显著。

民族中心主义刺激对外国品牌负面信息反转具体本土品牌态度偏好的调节效应：由表10-4可知，实验组和参照组被试对具体本土品牌的态度偏好分别是：食品质量组4.66＞4.31（t=1.592、p=.121）、手提电脑质量组5.00＞4.65（t=0.839、p=.408）、商业贿赂组5.25＞4.81（t=2.111、p=.041）、价格暴利组3.95＜4.62（t=-2.414、p=.020）。结果显示，食品质量组、手提电脑质量组和商业贿赂组的实验值均大于参照组，但只有商业贿赂组（P＜0.05）通过了显著性检验，表明民族中心主义刺激显著增强了商业贿赂组负面信息对具体本土品牌态度偏好的反转作用。

民族中心主义刺激对外国品牌负面信息反转具体本土品牌购买意愿的调节效应：由表10-4可知，实验组和参照组被试对具体本土品牌的购买意愿分别是：食品质量组5.22＞4.72（t=2.697、p=.011）、手提电脑质量组4.72＞4.49（t=0.656、p=.516）、商业贿赂组5.08＞4.83（t=2.242、p=.031）、价格暴利组4.31＜5.09（t=-2.988、p=.005）。结果显示，食品质量组、手提电脑质量组和商业贿赂组的实验值均大于参照组，其中，食品质量组和商业贿赂组（P＜0.05）通过了显著性检验，表明民族中心主义刺激显著增强了食品质量组和商业贿赂组负面信息对具体本土品牌购买意愿的反转作用。

综上所述,民族中心主义刺激对价格暴利组没有调节作用,原因在于高价格本身正是外国品牌高品质属性推断的重要线索之一,它已经被中国消费者完全接受,而且乐此不疲。而其他组的实验值均大于参照组,从显著性上看,民族中心主义刺激仅对商业贿赂组的具体本土品牌态度偏好、食品质量组和商业贿赂组的具体本土品牌购买意愿有显著的提高。故民族中心主义刺激对外国品牌负面信息反转具体本土品牌偏好具有调节作用,并存在产品属性差异,假设 H1-23 成立。

(2) 民族中心主义刺激对不同属性外国品牌负面信息抑制抽象本土品牌偏见的调节作用

运用 SPSS 的 Descriptive Statistics 和配对样本 T 检验(Paired-Samples T Test),对实验组与参照组可诊断性的均值差异进行比较(见表 10-5),并通过配对样本 T 检验测量其显著性。

表 10-5 民族中心主义刺激对外国品牌负面信息抑制抽象本土品牌偏好的调节效应

| 因变量 | | 食品质量组 | | 手提电脑质量组 | | 商业贿赂组 | | 价格暴利组 | |
| --- | --- | --- | --- | --- | --- | --- | --- | --- | --- |
| | | 实验组(32人) | 参照组(65人) | 实验组(32人) | 参照组(57人) | 实验组(40人) | 参照组(58人) | 实验组(42人) | 参照组(45人) |
| 情绪改变度 | 抽象本土品牌品质 | 4.19 | 4.40 | 4.28 | 4.19 | 5.08 | 4.57 | 4.05 | 4.18 |
| | 抽象本土品牌态度 | 4.62 | 4.83 | 4.56 | 4.32 | 5.15 | 4.83 | 4.64 | 4.71 |
| 行为卷入度 | 抽象本土品牌消费意愿 | 5.16 | 5.14 | 4.59 | 4.67 | 5.30 | 5.09 | 4.95 | 5.16 |

民族中心主义刺激对外国品牌负面信息反转抽象本土品牌品质评价的调节效应:由表 10-5 可知,实验组和参照组被试对抽象本土品牌的品质评价分别是:食品质量组 4.19 < 4.40($t = -0.530$、$p = .600$)、手提电脑质量组 4.28 > 4.19($t = 1.341$、$p = .190$)、商业贿赂组 5.08 > 4.57($t = 2.930$、$p = .006$)、价格暴利组 4.05 < 4.18($t = -0.692$、$p = .493$)。结果显示,手提电脑质量组和商业贿赂组的实验值大于参照组,但只有商业

贿赂组（P<0.05）通过了显著性检验，表明民族中心主义刺激显著增强了商业贿赂组负面信息对抽象本土品牌品质评价的反转作用。

民族中心主义刺激对外国品牌负面信息反转抽象本土品牌态度偏好的调节效应：由表10–5可知，实验组和参照组被试对抽象本土品牌的态度偏好分别是：食品质量组4.62<4.83（t=–0.701、p=.488）、手提电脑质量组4.56>4.32（t=1.783、p=.084）、商业贿赂组5.15>4.83（t=1.956、p=.058）、价格暴利组4.64<4.71（t=–0.422、p=.675）。结果显示，手提电脑质量组和商业贿赂组的实验值大于参照组，均通过了显著性检验（P<0.1），表明民族中心主义刺激显著增强了手提电脑质量组和商业贿赂组负面信息对抽象本土品牌态度偏好的反转作用。

民族中心主义刺激对外国品牌负面信息反转抽象本土品牌购买意愿的调节效应：由表10–5可知，实验组和参照组被试对抽象本土品牌的购买意愿分别是：食品质量组5.16>5.14（t=–0.304、p=.763）、手提电脑质量组4.59<4.67（t=0.793、p=.434）、商业贿赂组5.30>5.09（t=1.647、p=.108）、价格暴利组4.95<5.16（t=–1.120、p=.269）。结果显示，食品组和商业贿赂组的实验值均大于参照组，但均值差异缺乏显著性，表明民族中心主义刺激对相应外国品牌负面信息反转抽象本土品牌购买意愿的调节作用不显著。

上述分析表明，民族中心主义刺激仅对商业贿赂组负面信息反转抽象本土品牌品质评价，以及手提电脑质量组和商业贿赂组负面信息反转抽象本土品牌态度偏好具有显著的调节作用，故假设H1–24不成立。

### 10.3.5　研究结论

本研究通过实验研究证实，民族中心主义刺激对外国品牌负面信息抑制抽象外国品牌偏好、反转具体本土品牌偏好具有调节作用，并存在产品属性差异。对于食品质量组，虽然食品质量涉及产品相关属性，但由于口味和饮食习惯的原因，消费者更偏爱本国饮食产品，或者说消费者整体上存在本土品牌负面刻板印象，并在食品领域不会被启动；而外国饮食产品也不是中国消费者建构外国品牌正面刻板印象的产品领域，因此，外国品牌负面信息的可诊断性很低。对于价格暴利组，民族中心主义刺激对被试抑制外国品牌偏好、反转本土品牌偏见缺乏调节作用，原因在于高价格本身正是外国品牌高品质属性推断的重要线索之一，它已经被中国消费者完全接受。对于手提电脑质量组，民族中心主义刺激对外国品牌负面信息抑制抽象外国品牌态度偏好和购买意愿具有显著的调节作用。这主要是因为本土手提电脑品牌质量与国际品牌不相上下，以此为想象样例，达到显著的外国品牌偏好抑制和本土品牌偏见反转。这些结论为有效调控受众注意资源，抑制本土品牌偏见提供了方向和重点。

## 10.4 数据收集与结果分析二：民族中心主义刺激信息对不同类型外国品牌负面信息转变本土品牌偏见的调节效应

### 10.4.1 实验数据收集

实验程序：在实验开始之前，由主试向被试介绍本研究的目的和问卷填写要求，并告之有小礼品赠送，然后请被试阅读、观看实验材料，接着填写问卷，最后发放小礼品。其中，实验组需要先后同时呈现民族中心主义刺激材料和外国品牌负面信息材料，参照组只呈现外国品牌负面信息材料。

被试选择：为了提高实验效率，降低实验成本，把每个自然班作为一个实验组，每班不少于 30 名本科生，所学专业和年级不限。事先与授课老师做好协调，占用部分课间和上课时间，控制在 15 分钟以内。根据实验需要，共选择 8 个班，其中，实验组和参照组分别 4 个班。

问卷回收：首先，在 2011 年 10 月 22 日至 11 月 9 日进行参照组实验，分别从重庆文理学院经济与管理学院、文传学院、美术学院、旅游学院和政法学院选择了 5 个班级。参照组共回收问卷 180 份，问卷有效率 100%，其中，牙膏组 41 份、药品组 35 份、电视组 61 份、轿车组 43 份。然后，在 2011 年 11 月 7～9 日进行实验组实验，分别从重庆文理学院旅游学院和数统学院选择了 8 个班级。实验组共回收问卷 200 份，回收率 100%，问卷有效率100%，其中，牙膏组46份、药品组57份、电视组45份、轿车组52份。

## 10.4.2 民族中心主义情结刺激对不同类型外国品牌负面信息可接近性的调节作用

运用SPSS的描述性统计分析（Descriptive Statistics）和配对样本T检验（Paired-Samples T Test），对实验组与参照组可接近性的均值差异进行比较（见表10-6），并通过配对样本T检验测量其显著性。

民族中心主义刺激对外国品牌负面信息可信度的调节效应：由表10-6可知，实验组和参照组被试认为实验所呈现的外国品牌负面信息的可信度分别是：牙膏组5.24＞4.85（t=1.498，p=.142）、药品组5.33＞4.97（t=1.721，p=.094）、电视组5.98＞5.26（t=2.955，p=.005）、轿车组5.37＜5.53（t=-1.075，p=.288）。从均值上看，牙膏组、药品组和电视组的实验值均大于参照值，表明民族中心主义刺激信息增强了被试感知外国品牌负面信息的可信度，但从显著性上看，只对电视组的调节作用显著（p＜0.01）。

表10-6 民族中心主义刺激对外国品牌负面信息可接近性的调节效应

| 因变量 | | 牙膏组 | | 药品组 | | 电视组 | | 轿车组 | |
|---|---|---|---|---|---|---|---|---|---|
| | | 实验组 (46人) | 参照组 (41人) | 实验组 (57人) | 参照组 (35人) | 实验组 (45) | 参照组 (61人) | 实验组 (52人) | 参照组 (43人) |
| 认知改变度（可接近性） | 信息可信度 | 5.24 | 4.85 | 5.33 | 4.97 | 5.98 | 5.26 | 5.37 | 5.53 |
| | 信息值得重视度 | 6.09 | 5.90 | 6.12 | 5.94 | 6.42 | 5.98 | 5.85 | 6.00 |
| | 所反映问题的严重性 | 3.22 | 3.15 | 2.96 | 2.51 | 2.31 | 2.54 | 2.62 | 3.09 |

民族中心主义刺激对外国品牌负面信息值得重视程度的调节效应：由表10-6可知，实验组和参照组被试认为该信息值得重视的程度分别是：牙膏组6.09＞5.90（t=0.879，p=.384）、药品组6.12＞5.94（t=1.537，p=.134）、电视组6.42＞5.98（t=2.318，p=.025）、轿车组

5.85 < 6.00（t = -1.071，p = .290）。从均值上看，仍然是牙膏组、药品组和电视组的实验值大于参照值，表明民族中心主义刺激信息增强了被试感知外国品牌负面信息的受重视度，但从显著性上看，也只对电视组的调节作用显著（P < 0.05）。

民族中心主义刺激对外国品牌负面信息严重性的调节效应：由表10-6可知，实验组和参照组被试认为该信息反映了具体外国品牌质量问题的严重性分别是：牙膏组 3.22 > 3.15（t = 0.220，p = .827）、药品组 2.96 > 2.51（t = 0.964，p = .342）、电视组 2.31 < 2.54（t = -0.069，p = .945）、轿车组 2.62 < 3.09（t = -1.495，p = .142）。从均值上看，电视组和轿车组的实验值小于参照值，表明民族中心主义刺激信息增强了被试感知外国品牌负面信息所反映问题的严重性，但从显著性上看，两个实验组的调节作用均不显著。

综上所述，从均值的向性上看，民族中心主义刺激信息增强了部分实验组被试感知外国品牌负面信息的可信度、值得重视程度和反映问题的严重性，但从显著性上看，这种调节作用只在电视组外国品牌负面信息的可信度和值得重视程度两个认知上显著。由于本土电视产品的高质量并不逊色于外国品牌，这使得民族中心主义刺激信息对增强电视组外国品牌负面信息可接性的调节作用显著。这表明民族中心主义刺激信息的调节作用存在产品类型差异，价格和技术含量越高，而且本土/外国品牌越接近，则调节作用越显著。因此，假设 H2-1 成立。

本研究不仅证实了 Kunda（1999）的准确动机理论，即由于负面事件的危害性，人们出于风险规避更容易注意和重视负面信息，认为它们更有诊断价值，并以此为基础进行判断决策；而且民族中心主义刺激信息所产生的民族经济威胁，能显著增强外国品牌负面信息的可接近性。

## 10.4.3 民族中心主义情结刺激对不同类型外国品牌负面信息抑制外国品牌偏好的调节作用

（1）民族中心主义刺激对不同类型外国品牌负面信息抑制具体外国品牌偏好的调节作用

运用 SPSS 的 Descriptive Statistics 和配对样本 T 检验（Paired-Samples T

Test），对实验组与参照组可诊断性的均值差异进行比较（见表10-7），并通过配对样本 T 检验测量其显著性。

表10-7 民族中心主义刺激对外国品牌负面信息抑制具体外国品牌偏好的调节效应

| 因变量 | | 牙膏组 | | 药品组 | | 电视组 | | 轿车组 | |
|---|---|---|---|---|---|---|---|---|---|
| | | 实验组(46人) | 参照组(41人) | 实验组(57人) | 参照组(35人) | 实验组(45) | 参照组(61人) | 实验组(52人) | 参照组(43人) |
| 情绪改变度 | 具体外国品牌品质 | 3.98 | 4.27 | 3.65 | 3.54 | 2.40 | 2.67 | 3.10 | 3.21 |
| | 具体外国品牌态度 | 4.07 | 4.32 | 3.84 | 3.80 | 3.04 | 2.89 | 2.83 | 2.79 |
| 行为卷入度 | 具体外国品牌购买意愿 | 4.15 | 4.66 | 3.81 | 3.77 | 3.33 | 3.30 | 2.71 | 2.44 |

民族中心主义刺激对外国品牌负面信息抑制具体外国品牌品质评价的调节效应：由表10-7可知，实验组和参照组被试对具体外国品牌的品质评价分别是：牙膏组3.98＜4.27（$t=-1.323$、$p=.193$）、药品组3.65＞3.54（$t=-0.776$、$p=.443$）、电视组2.40＜2.67（$t=-0.822$、$p=.415$）、轿车组3.10＜3.21（$t=-0.393$、$p=.697$）。从均值上看，牙膏组、电视组和轿车的实验值小于参照值，表明民族中心主义刺激信息增强了外国品牌负面信息对具体外国品牌品质评价的抑制作用，但不显著。

民族中心主义刺激对外国品牌负面信息抑制具体外国品牌态度偏好的调节效应：由表10-7可知，实验组和参照组被试对具体外国品牌的态度偏好分别是：牙膏组4.07＜4.32（$t=-0.830$、$p=.411$）、药品组3.84＞3.80（$t=-0.543$、$p=.590$）、电视组3.04＞2.89（$t=0.665$、$p=.510$）、轿车组2.83＞2.79（$t=-0.156$、$p=.877$）。从均值上看，只有牙膏组的实验值小于参照值，但均值差异不显著。

民族中心主义刺激对外国品牌负面信息抑制具体外国品牌购买意愿的调节效应：由表10-7可知，实验组和参照组被试对具体外国品牌的购买意愿分别是：牙膏组4.15＜4.66（$t=-2.379$、$p=.022$）、药品组3.81＞3.77（$t=-0.126$、$p=.900$）、电视组3.33＞3.30（$t=0.231$、$p=.818$）、轿车组2.71＞2.44（$t=1.103$、$p=.276$）。实验表明，牙膏组的实验值小于参照值，而且均值差异显著（P<0.05）。

因此，从总体上看，民族中心主义刺激信息对外国品牌负面信息抑制具体外国品牌品质、态度和购买意愿的调节效应不显著，故假设 H2-21 不成立。尽管前面已经发现，民族中心主义刺激信息能显著提高外国品牌负面信息的可接近性，但没能显著提高外国品牌负面信息对具体外国品牌的可诊断性（如情绪改变度和行为卷入度）。原因在于中国消费者存在较强的外国品牌正面刻板印象，即认为外国品牌比本土品牌更好。

（2）民族中心主义刺激对不同类型外国品牌负面信息抑制抽象外国品牌偏好的调节作用

运用 SPSS 的 Descriptive Statistics 和配对样本 T 检验（Paired-Samples T Test），对实验组与参照组可诊断性的均值差异进行比较（见表 10-8），并通过配对样本 T 检验测量其显著性。

民族中心主义刺激对外国品牌负面信息抑制抽象外国品牌品质评价的调节效应：由表 10-8 可知，实验组和参照组被试对抽象外国品牌的品质评价分别是：牙膏组 4.63＞4.59（t=0.095、p=.925）、药品组 4.33＜4.51（t=-1.842、p=.074）、电视组 3.18＜3.48（t=-0.994、p=.326）、轿车组 4.40＜4.67（t=-1.484、p=.145）。从均值上看，药品组、电视组和轿车的实验值小于参照值，表明民族中心主义刺激信息增强了外国品牌负面信息对抽象外国品牌品质评价的抑制作用，但不显著。

表 10-8　民族中心主义刺激对外国品牌负面信息抑制抽象外国品牌偏好的调节效应

| 因变量 | | 牙膏组 | | 药品组 | | 电视组 | | 轿车组 | |
| --- | --- | --- | --- | --- | --- | --- | --- | --- | --- |
| | | 实验组<br>（46人） | 参照组<br>（41人） | 实验组<br>（57人） | 参照组<br>（35人） | 实验组<br>（45） | 参照组<br>（61人） | 实验组<br>（52人） | 参照组<br>（43人） |
| 情绪<br>改变度 | 抽象外国<br>品牌品质 | 4.63 | 4.59 | 4.33 | 4.51 | 3.18 | 3.48 | 4.40 | 4.67 |
| | 抽象外国<br>品牌态度 | 4.28 | 4.59 | 4.46 | 4.17 | 3.87 | 3.97 | 4.23 | 4.42 |
| 行为<br>卷入度 | 抽象外国<br>品牌购买<br>意愿 | 4.48 | 4.83 | 4.47 | 4.57 | 3.87 | 4.13 | 4.29 | 4.44 |

民族中心主义刺激对外国品牌负面信息抑制抽象外国品牌态度偏好的

调节效应:由表 10-8 可知,实验组和参照组被试对抽象外国品牌的态度偏好分别是:牙膏组 4.28 < 4.59 (t = -1.432、p = .160)、药品组 4.46 > 4.17 (t = 0.000、p = 1.000)、电视组 3.87 < 3.97 (t = 0.000、p = 1.000)、轿车组 4.23 < 4.42 (t = -0.660、p = .513)。从均值上看,牙膏组、电视组和轿车组的实验值小于参照值,表明民族中心主义刺激信息增强了外国品牌负面信息对抽象外国品牌态度偏好的抑制作用,但不显著。

民族中心主义刺激对外国品牌负面信息抑制抽象外国品牌购买意愿的调节效应:由表 10-8 可知,实验组和参照组被试对抽象外国品牌的购买意愿分别是:牙膏组 4.48 < 4.83 (t = -2.064、p = .046)、药品组 4.47 < 4.57 (t = -1.034、p = .309)、电视组 3.87 < 4.13 (t = -0.960、p = .342)、轿车组 4.29 < 4.44 (t = -0.774、p = .443)。从均值上看,各组的实验值均小于参照值,表明民族中心主义刺激信息增强了外国品牌负面信息对抽象外国品牌态度偏好的抑制作用,但从显著性上看,只有药膏组在 95% 的条件下显著。

因此,从总体上看,民族中心主义刺激对外国品牌负面信息抑制抽象外国品牌品质、态度和购买意愿的调节效应不显著,故假设 H2-22 不成立。民族中心主义刺激信息既然不能显著影响外国品牌负面信息对具体外国品牌的可诊断性,就更不可能显著影响外国品牌负面信息对抽象外国品牌的可诊断性。受众对现实的建构不是被动地受到媒介信息的影响,而是一个文本和受众的互动过程(Entman,1991)。受众是根据信息与刻板印象之间的相似程度来判断其代表性,当两者一致时,受众会进一步确认刻板印象(薛可,2009)。显然,由于中国消费者存在较强的外国品牌正面刻板印象,实验中所呈现的外国品牌负面信息的代表性不够。

### 10.4.4 民族中心主义情结刺激对不同类型外国品牌负面信息抑制本土品牌偏见的调节作用

(1) 民族中心主义刺激对不同类型外国品牌负面信息抑制具体本土品牌偏好的调节作用

运用 SPSS 的 Descriptive Statistics 和配对样本 T 检验(Paired-Samples T Test),对实验组与参照组可诊断性的均值差异进行比较(见表 10-9),

并通过配对样本T检验测量其显著性。

民族中心主义刺激对外国品牌负面信息反转具体本土品牌品质评价的调节效应：由表10-9可知，实验组和参照组被试对具体本土品牌的品质评价分别是：牙膏组4.63＞4.49（t=0.562、p=.577）、药品组4.40＞4.03（t=1.319、p=.196）、电视组5.58＞5.21（t=1.148、p=.257）、轿车组4.17＜4.44（t=-1.262、p=.214）。从均值上看，牙膏组、药品组和电视组的实验值均大于参照值，表明民族中心主义刺激信息增强了外国品牌负面信息对具体本土品牌品质评价的反转作用，但不显著。

**表10-9 民族中心主义刺激对外国品牌负面信息抑制具体本土品牌偏好的调节效应**

| 因变量 | | 牙膏组 | | 药品组 | | 电视组 | | 轿车组 | |
|---|---|---|---|---|---|---|---|---|---|
| | | 实验组(46人) | 参照组(41人) | 实验组(57人) | 参照组(35人) | 实验组(45) | 参照组(61人) | 实验组(52人) | 参照组(43人) |
| 情绪改变度 | 具体本土品牌品质 | 4.63 | 4.49 | 4.40 | 4.03 | 5.58 | 5.21 | 4.17 | 4.44 |
| | 具体本土品牌态度 | 4.20 | 4.32 | 4.33 | 4.23 | 5.36 | 4.95 | 4.00 | 3.98 |
| 行为卷入度 | 具体本土品牌购买意愿 | 4.70 | 4.80 | 4.95 | 4.77 | 5.13 | 4.82 | 4.27 | 4.21 |

民族中心主义刺激对外国品牌负面信息反转具体本土品牌态度偏好的调节效应：由表10-9可知，实验组和参照组被试对具体本土品牌的态度偏好分别是：牙膏组4.20＜4.32（t=-0.342、p=.734）、药品组4.33＞4.23（t=0.511、p=.613）、电视组5.36＞4.95（t=1.871、p=.068）、轿车组4.00＞3.98（t=0.091、p=.928）。从均值上看，药品组、电视组和轿车组的实验值均大于参照值，表明民族中心主义刺激信息增强了外国品牌负面信息对具体本土品牌态度偏好的反转作用，但只有电视组在p=0.1条件下显著。

民族中心主义刺激对外国品牌负面信息反转具体本土品牌购买意愿的调节效应：由表10-9可知，实验组和参照组被试对具体本土品牌的购买意愿分别是：牙膏组4.70＜4.80（t=-0.713、p=.480）、药品组4.95＞4.77（t=1.227、p=.228）、电视组5.13＞4.82（t=1.463、p=.151）、轿车组 4.27 > 4.21（t = 0.404、p = .688）。从均值上看，药品组、电视组和轿车组的实验值均大于参照值，表明民族中心主义刺激信息增强了外国品牌负面信息对具体本土品牌购买意愿的反转作用，但不显著。

因此，从总体上看，民族中心主义刺激对外国品牌负面信息抑制抽象外国品牌品质、态度和购买意愿的调节效应不显著，故假设 H2 – 23 不成立。

（2）民族中心主义刺激对不同类型外国品牌负面信息抑制抽象本土品牌偏见的调节作用

运用 SPSS 的 Descriptive Statistics 和配对样本 T 检验（Paired-Samples T Test），对实验组与参照组可诊断性的均值差异进行比较（见表 10 – 10），并通过配对样本 T 检验测量其显著性。

表 10 – 10　民族中心主义刺激对外国品牌负面信息抑制抽象本土品牌偏好的调节效应

| 因变量 | | 牙膏组 | | 药品组 | | 电视组 | | 轿车组 | |
|---|---|---|---|---|---|---|---|---|---|
| | | 实验组 (46人) | 参照组 (41人) | 实验组 (57人) | 参照组 (35人) | 实验组 (45) | 参照组 (61人) | 实验组 (52人) | 参照组 (43人) |
| 情绪改变度 | 抽象本土品牌品质 | 4.41 | 4.34 | 4.49 | 4.29 | 5.00 | 4.82 | 4.23 | 4.77 |
| | 抽象本土品牌态度 | 4.63 | 4.51 | 4.65 | 4.66 | 5.36 | 4.80 | 4.40 | 4.77 |
| 行为卷入度 | 抽象本土品牌购买意愿 | 4.89 | 4.83 | 5.02 | 4.77 | 5.22 | 4.80 | 4.62 | 4.60 |

民族中心主义刺激对外国品牌负面信息反转抽象本土品牌品质评价的调节效应：由表 10 – 10 可知，实验组和参照组被试对抽象本土品牌的品质评价分别是：牙膏组 4.41 > 4.34（t = 0.287、p = .776）、药品组 4.49 > 4.29（t = 0.543、p = .590）、电视组 5.00 > 4.82（t = 0.935、p = .355）、轿车组 4.23 < 4.77（t = – 2.174、p = .035）。从均值上看，牙膏组、药品组和电视组的实验值大于参照值，表明民族中心主义刺激信息增强了外国品牌负面信息对抽象本土品牌品质评价的反转作用，但不显著。

民族中心主义刺激对外国品牌负面信息反转抽象本土品牌态度偏好的调节效应：由表 10 – 10 可知，实验组和参照组被试对抽象本土品牌的态度偏好分别是:牙膏组 4.63 > 4.51（t = 0.531、p = .598）、药品组 4.65 < 4.66（t = 0.000、p = 1.000）、电视组 5.36 > 4.80（t = 2.509、p = .016）、轿车组 4.40 < 4.77（t = - 1.378、p = .176）。从均值上看,只有牙膏组和电视组的实验值大于参照值,表明民族中心主义刺激信息增强了外国品牌负面信息对抽象本土品牌态度偏好的反转作用,但只有电视组的均值差异显著（P < 0.05）。

民族中心主义刺激对外国品牌负面信息反转抽象本土品牌购买意愿的调节效应:由表 10 - 10 可知,实验组和参照组被试对抽象本土品牌的购买意愿分别是:牙膏组 4.89 > 4.83（t = 0.518、p = .608）、药品组 5.02 > 4.77（t = 1.022、p = .314）、电视组 5.22 > 4.80（t = 2.313、p = .025）、轿车组 4.62 > 4.60（t = 0.352、p = .726）。从均值上看,各组的实验值均大于参照值,表明民族中心主义刺激信息增强了外国品牌负面信息对抽象本土品牌购买意愿的反转作用,但从显著性上看,只有电视组的均值差异显著（P < 0.05）。

因此,从总体上看,民族中心主义刺激只对电视组外国品牌负面信息反转抽象本土品牌刻板认知的调节效应显著,其余各组的品质评价、态度偏好和购买意愿均存在部分向性反转,但缺乏显著性,即存在产品类型差异。故假设 H2 - 24 成立。

### 10.4.5　研究结论

本研究通过实验研究证实,民族中心主义刺激信息能增强部分实验组被试感知外国品牌负面信息的可信度、值得重视程度和反映问题的严重性,但从显著性上看,这种调节作用只在电视组外国品牌负面信息的可信度和值得重视程度两个认知维度上显著。由于本土电视产品的高质量并不逊色于外国品牌,这使得民族中心主义刺激信息对增强电视组外国品牌负面信息可接性的调节作用显著。这表明民族中心主义刺激信息的调节作用存在产品类型差异,价格和技术含量越高,而且本土/外国品牌越接近,则调节作用越显著。同时,从总体上看,民族中心主义刺激只对电视组外国品牌负面信息反转抽象本土品牌刻板认知的调节效应显著,其余各组的品质评价、态度偏好和购买意愿均存在部分向性反转,但缺乏显著性。

本研究的不足之处在于：民族中心主义情结刺激信息对外国品牌负面信息抑制本土品牌刻板印象的调节效应依赖于消费者自我意识的内省过程，只有当"大我"意识明显提高时才能被消费者加工，用于本土品牌刻板印象调适。所谓"大我"意识是指消费者从国家利益和民族经济发展出发，对自身购买行为可能产生的对国家经济发展和本土品牌成长支持的重视程度；与之相对应的是"小我"意识，它是指消费者从自身利益出发，对品牌产品的功能价值、情感价值和社会价值的重视程度。由现实冲突理论可知，民族中心主义情结刺激信息能显著增强消费者的"大我"意识；而"大我"意识越强，则消费者对本土品牌刻板印象意识性抑制的程度越高。这需要在未来研究中设置"大我"和"小我"测量量表，展开进一步研究。同时，除民族中心主义刺激信息外，外国品牌负面信息对本土/外国品牌偏好的影响还受到被试自尊、自我意识、自我检控能力等社会个体特征和原有态度强度的调节。根据偏见心理学的自尊理论和自我意识理论可知，高自尊的人一旦其自尊受到威胁，偏见会增加，自我保护动机会比较强烈；而公众自我意识高的人比较关心外在的标准，非常在意社会规范的影响。因此，未来应加强调节因素研究。

第四部分

# 操作策略

# 11. 转变本土品牌偏见的媒介传播路径与框架建构策略

改革开放以来，以世界500强为代表的众多外国企业进驻中国本土，一方面外国企业为繁荣中国市场经济做出了应有贡献，但另一方面外国企业凭借雄厚的资金优势，通过兼并重组、整合营销等手段，使得外国品牌在汽车、手机、奶粉等重要行业逐渐主导利润丰厚的中国消费市场。与此同时，这些行业中的众多中国本土品牌在外国品牌挤压下知名度逐渐降低，甚至彻底消失在中国消费者的视野中，逐渐出现本土/外国品牌形象严重不对等，消费者普遍存在本土品牌"中国式偏见"现象（苏醒，2008）。从学界目前的研究情况来看，多数学者以企业为责任主体，将其归因为本土品牌在产品质量、营销策略、财务管理、公关意识等内部约束机制方面不到位；也有学者以媒体为责任主体，将其归因为中国媒体本土品牌形象传播的策略失误，特别是在本土/外国品牌负面事件中，中国媒体缺乏本位意识，有意无意地扮演了激活本土偏见的角色（刘进平，2013）。责任主体的视角转换为本土品牌偏见的对策研究提供了新视野。

## 11.1 媒体策略目标

品牌是沟通企业与消费者的重要媒介，从根本上来说，品牌价值是否能够得以充分实现，取决于品牌作为媒介在企业和消费者之间的沟通效率。培养分析理论认为，社会要作为一个统一整体存在和发展下去，就需要社会成员对该社会有一种共识，也就是对客观存在的事物，重要的事物以及社会各种事物，各个部分及其相互关系有大体一致或接近的认识，只有在这个基础上,社会成员的认识、判断和行为才会有共同的基准,社会生活才能实现协调,而提供这种共识是大众媒体的一项重要任务(郭庆光,2011)。在现代社会中,大众媒体成为品牌形象塑造的主要渠道,基本方式可分为三种,即负面形象塑造、正常形象塑造和正面形象塑造。从媒体责任主体的角度看,目前消费者产生本土品牌偏见的重要原因在于中国媒体的本土品牌形象传播策略有诸多失误之处,呈现出负面形象塑造有余、正常形象塑造不足、正面形象塑造缺乏的局面,使得本土品牌的良性媒介功能作用没有充分发挥出来。因此,要转变本土品牌偏见,中国媒体在品牌传播方面需要重构策略模式。

在市场营销活动中,消费者的品牌肯定态度包括品牌认同和品牌依赖两个层次。因此,要想转变本土品牌偏见,中国媒体需要采取积极、主动的媒介策略,从消费者的观念认知和价值认知两个层面入手,使消费者由本土品牌偏见过渡到本土品牌认同,最后达到本土品牌依赖的理想状态。这个过程其实就是中国媒体使用媒体传播策略使消费者在消费本土品牌这个问题上达成共识的过程,使消费者建立起乐于消费本土品牌的良好习惯,最终培养出稳定的具有极高忠诚度的消费者群体。品牌不仅是一种产品区别于另外一种产品的标志,而且是企业拥有的一项产权,更是一个以消费者为中心的概念;品牌价值的真正内涵在于给消费者带来物质、情感、文化认同的满足(李雪梅等,2001)。所以,中国媒体要充分认识自身在国家经济发展中的价值定位,充分发挥自身在本土品牌形象建构中的独特作用,为本土品牌成长壮大出力助威。在当前中国经济处于深度转型的重要时期,使本土品牌真正立足本土并走向世界,打造属于中国企业的一个又一个百年老店,应成为企业和媒体的共同目标。

## 11.2 媒体策略路径

中国消费者普遍认为,本土品牌质量较差、品质不高、形象低端,而认为外国品牌质量优良、品质较高、形象高端,甚至很多消费者出于炫耀性消费心理,认为使用外国品牌是高品质生活的保证和身份的象征(朱华,2011),使用本土品牌则会带来功能和形象上的损失(胡立彪,

2012）。现实生活中，同一类型产品即使本土/外国品牌在市场价位、功能属性、售后服务上处于相同档次，消费者也仍然更愿意购买外国品牌。在这种消费环境下，很多本土企业被迫不能专心培育自主品牌，或跟风制造假"洋品牌"，或主动申请被外国品牌吞并等。这种状况已呈愈演愈烈之势，如果得不到有效转变，就会给本土品牌发展造成巨大障碍，形成恶性循环，阻碍中国整个国民经济的发展，进而危及整个国家的经济安全。

消费者在品牌消费过程中，消费心理起决定性因素。所谓消费心理，是指消费者在产品购买活动中表现出来的心理特征与心理活动，包括价值心理、规范心理、习俗心理、身份心理、情感心理等。也就是说，消费者在消费品牌化产品时，某种程度上就是其消费心理需求得以满足的过程。使用与满足理论认为，受众的媒介使用动机由问题情境激发，在受众中产生信息期待，从而产生接触媒介需求动机的媒介期待，它由能够满足媒介需要的具体媒介使用行为而产生，期待引起受众将行为指向特定的媒介使用活动（周庆山，2004）。品牌是在营销或传播过程中形成的、用于将产品与消费者等关系利益团体联系起来并带来新价值的一种媒介（余明阳等，2005）。所以，在使用与满足理论的视野下，消费者的品牌消费过程某种程度上就是对品牌这种特殊媒介的使用与满足过程。

品牌科学研究表明，当消费者面临单一品牌产品选择时，功能属性起主导作用，当消费者面临功能相同或相近的多个品牌产品选择时，品牌形象起主导作用。在现代社会中，品牌形象恰恰主要是由大众媒体建构的。也就是说，当消费者面临功能相同或相近的多个品牌产品选择时，大众传媒已有的媒介提示开始起作用。当某个品牌的产品已有媒介提示是优质形象时，消费者的使用与满足度就高，重复或持续消费概率就高；当品牌产品已有媒介提示是低劣形象时，消费者使用与满足度就低，可能回避消费，也就基本不存在重复或持续消费问题。随着市场环境日益宽松，中国媒体种类已极大丰富，形成了全方位、立体式的媒介传播格局，成为影响受众头脑描绘"外部世界图像"（即主观现实）的主要手段（韩永青等，2009）。因此，要想转变消费者本土品牌偏见，中国媒体应切实利用自身功能属性，从传播效果理论研究成果中寻找灵感，遵循传播规律以达到传播致效，在逐步改善本土品牌形象过程中发挥积极作用，促使消费者增加本土品牌的使用与满足度，使消费者形成本土品牌偏爱的国货意识。

## 11.3 媒体策略模型

一般来说，消费者的品牌消费心理由是否决定要"使用"和使用后是否能够"满足"组成。是否决定要"使用"主要受大众媒体的议程设置、媒介框架、意见领袖等效果的影响；是否能够"满足"主要受大众媒体的创新扩散、"第三人"效果、沉默的螺旋等效果的影响。由此，初步建构如图11-1所示的转变本土品牌偏见的媒体策略模式图。

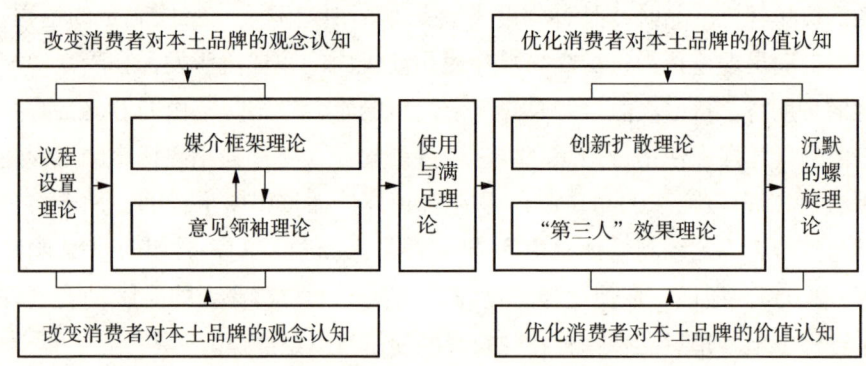

图11-1 转变本土品牌偏见的媒体策略模式

### 11.3.1 改变消费者对本土品牌的观念认知

议程设置理论认为，在特定的一系列问题或议题中，那些得到大众媒体更多注意的问题或论题，在一段时间内将日益为受众所熟悉，它们的重要性也将日益为受众所感知，而那些得到较少注意的问题或论题在这两方面则相应下降，而且受到某议程影响的受众成员会按照该媒体对这些问题的重视程度，调整自己对问题重要性的看法（麦奎尔，1987）。议程设置是大众媒体影响受众认知框架的重要方式，发挥作用的基本前提是媒体资源与受众注意力之间的直接关联。因此，在转变本土品牌偏见这个议题上，中国媒体首先要考虑议程设置技巧，可以通过新闻报道、专题集纳、栏目设置等形式，强化本土品牌偏见现象报道力度，使消费者认识到这种状况若继续存在，就会对国民经济与社会发展乃至自身利益造成非常大的损害；强化本土品牌正面事件报道力度，使消费者认识到本土品牌未必就差；强化外国品牌负面事件报道力度，使消费者认识到外国品牌未必就好。议程设置方式的改变，可以引起消费者对本土品牌偏见现象的高度关注，进而改变消费者对本土/外国品牌注意力不平衡的局面。

在此基础上，还要充分发挥媒介框架建构与意见领袖的引导作用。媒介框架是大众媒体进行内容选择的原则，是强调、解释与表述的符码，常用它们构建媒介产品与话语，不管是文字还是图像，在大众媒体文本进行编码的过程中，媒介框架都成为一个重要的制度化环节，在受众解码活动中发挥着某种关键作用（费斯克等，2004）。媒介框架是对议程设置的进一步拓展，包括宏观层面的议程构成、中观层面的主题构成、微观层面的话语构成三个方面。中国媒体需要在这三个层面改进媒介框架建构方式，使消费者进一步认识到本土品牌可以或已经达到品质优良标准，可以放心大胆消费；同时，认识到外国品牌品质很差的情况比比皆是，消费时需要时刻保持警惕心理。意见领袖与媒介框架是互动关系，以专家学者等为代表的社会公众人物通常以意见领袖的身份出现在大众媒体中，成为媒介框架建构中话语主体的主要来源。意见领袖通常社交范围广，拥有较多的信息渠道，对大众媒体接触频度高、接触量大，活跃在政治、购物、时尚等生活领域。受众一般认为，对于自己必须做出决定的事情来说，意见领袖具有某种专长或者能够提供某种真知灼见，当遇到决定是否相信、购买、加入、支持、喜欢时，他们就会去意见领袖那里寻求指导（洛厄里等，2009）。中国媒体要善于选择具有本土品牌偏好的社会公众人物担当意见领袖，在媒介框架建构中发挥积极作用。

### 11.3.2 优化消费者对本土品牌的价值认知

消费者通常有求新、求异的消费趋向，甚至认为产品新颖程度在某种意义上代表了品牌形象，用于满足他们追求"与众不同""流行时尚"的消费心理。创新扩散理论研究表明，新事物、新品种、新技术等的扩散过程可以分为两个方面：一是信息传递过程的"信息流"，由大众媒体直接流向受众；二是作为效果或影响产生的"影响流"，经过人际传播中许多环节的过滤（郭庆光，2011）。创新扩散中的"信息流"是"影响流"产生的前提。因此，中国媒体应契合自身追求新闻价值的动机，重视本土品牌的创新传播力度。在本土品牌传播过程中，关注创新成果，突出创新成效，使消费者形成本土品牌"时尚先锋""前卫时髦"等方面的印象感知，为人际传播中的"影响流"发挥积极作用。从大众媒体影响力的角度来说，"他者效果"理论是对创新扩散理论的补充，解释了大众媒体"信息流"产生"影响流"的特殊情况。因此，中国媒体在本土品牌创新传播时，要注重消费者群体的细分和关系研究，强化创新传播技巧。

中国媒体进行本土品牌创新传播的根本目的是通过自身"信息流"所形成的"影响流"在现实社会中产生强大的良性人际引导力量。根据沉默的螺旋理论可知，意见的表明和"沉默"的扩散是一个螺旋式的社会传播过程，意味着一方的"沉默"造成另一方意见的增势，使优势意见显得更为强大，这种强大的意见反过来又会迫使更多的持不同意见者转向"沉默"，这种"意见环境"的压力作用于人惧怕孤立的心理，增强了人对"优势意见"采取趋同行动（郭庆光，2011）。根据沉默的螺旋理论，可以把目前存在的本土品牌偏见现象解释为消费者在进行品牌选择时所表现出来的总体倾向，即在同等或相似条件下，消费者选择消费外国品牌的人数要大于选择消费本土品牌的人数。因此，在影响消费者价值观念方面，中国媒体的主要任务是通过更有创意的本土品牌创新传播，不断提高消费者对本土品牌的心理满足度，逐步增加乐于购买本土品牌的人数和减少乐于购买外国品牌的人数，使产生本土品牌偏见的土壤被逐渐消除。

# 12. 转变本土品牌偏见的媒介操作模式与议题设置策略

中国媒体要充分认识自身的功能属性，在逐步改善本土品牌形象过程中发挥积极作用，促使消费者对本土品牌使用与满足度的增加，形成乐于消费本土品牌的国货意识。在媒体实践方面，如何构建有效操作路径成为摆在中国媒体面前的紧迫任务。

## 12.1 媒体的经济功能

在消费行为层面，消费者对品牌价值的肯定表现在对品牌的首选消费和重复或持续消费。要想使消费者在消费行为中对某个品牌表现出肯定态度，需要消费者具备两种心理，即消费前的良好印象感知和消费后的价值满足感知。媒介构造理论认为，对社会真实的建构由三部分组成，即客观真实（由事实组成，存在于个人之外并被体验为客观世界的真实）、符号真实（对客观世界任何形式的符号式表达，包括艺术、文学及媒介内容）、主观真实（由个人在客观真实和符号真实基础上建构的真实）；社会建构采取了一种集中的组织思路，通过选择、强调、排除和精心处理等方式为媒介内容提供背景，并提出中心议题；在一些有争议的问题上，通常可以看到争论各方竭力以自己的术语去定义或构造某个议题（周庆山，2004）。已有研究表明，媒介构造可以对受众产生效果，影响他们最终对有争议问题的解释（周庆山，2004）。

媒介构造理论表明，在消费者赖以确认品牌价值选择的关键因素（即主观真实建构）中，处于第三方的媒介内容发挥着重要作用。在大众媒体异常发达的当今社会，这种作用的影响力会越来越大。所以，要想转变消费者本土品牌偏见，中国媒体在媒体实践中采取有效的操作路径非常重要。在市场营销活动中，企业关心品牌的目的是促进产品的销售数量，消费者关心品牌的目的是取得产品的消费质量。如果将两者结合起来就会发现，大众媒体实施品牌传播的核心命题是企业诉求与消费者诉求如何有效统一的问题。消费者参照大众媒体的品牌形象建构，发现产品能够契合他们的消费心理，意味着可以达到他们对品牌的使用与满足预期，他们就选择消费；发现产品没有能够契合他们的消费心理，就意味着无法达到他们的品牌使用与满足预期，他们就放弃消费。从这个意义上讲，在转变本土品牌偏见的议题上，中国媒体的主要任务就是基于客观事实，发挥自身的符号真实建构功能，影响消费者的主观真实建构过程，沟通企业诉求与消费者诉求，进而达到消费者的品牌使用与满足预期。

大众媒体可以通过不同途径导致社会需求变动，进而改变社会经济状况，所以影响社会需求是大众媒体的基本经济功能（姚林青，2008）。根据传播效果理论可知，要转变本土品牌偏见，中国媒体需要采取积极主动的媒体策略，从消费者的观念认知和价值认知两个层面入手，使消费者从本土品牌偏见过渡到本土品牌认同，最后达到本土品牌依赖的理想状态。这个过程其实就是中国媒体使用媒体传播策略使消费者在消费本土品牌这个问题上达成共识，并建立起乐于消费本土品牌的良好习惯的过程。因此，中国媒体要立足于基本经济功能，在转变本土品牌偏见的议题上，改进媒体对本土品牌框架建构的方法，增强媒体对本土品牌创新传播的能力，为培养稳定的具有极高忠诚度的消费者群体贡献力量。

## 12.2 媒体的监督定位

本土品牌的健康成长是中国经济正常发展的有力保证，也是促进国民经济收入分配的根本保障。因此，本土品牌形象问题已不是个别企业的发展问题，而是事关国计民生的国家经济战略问题。从基本经济功能来说，中国媒体需要承担起转变本土品牌偏见的应有职责。但随着中国市场经济高速发展和人民生活水平不断提高，消费者的消费样式正由过去选择有限的单一模式向内涵丰富的综合模式过渡。在社会分工逐渐细化和消费观念逐渐开放的背景下，消费者的吃、穿、住、用、行等生活领域和各类企业产品之间的关系日益密切，产品质量成为消费者普遍关心的焦点问题。近些年来，出于追求新闻价值的本能冲动和舆论监督的本质属性，中国媒体先后曝光了多起本土企业发生的产品质量问题，引发相关行业的巨大震荡乃至造成了毁灭性打击，甚至损害了"中国制造"的形象。于是，在力求转变本土品牌偏见的议题下，既要保护本土品牌，又要监督本土品牌的两难选择便摆在了中国媒体面前。

在现代社会中，大众媒体与舆论之间建立起了一种天然的、密切的关系，可以引发舆论、反映舆论、代表舆论、引导舆论，所以在认识舆论强大社会功能的同时必须要更明确大众媒体的作用（李良荣，2012）。大众媒体实施舆论监督的基本原理在于将个别事件放大，使之瞬间成为全社会关注的焦点，形成强大的舆论压力。在此过程中，如果实施的分寸和技巧把握不当，就很容易引发社会大众由"点"到"面"的不当联想。对品牌监督来说，如果大众媒体对个别产品质量问题过度聚焦，加上社会谣言的推波助澜，就很容易让消费者形成对整个行业"以此类推"的不当联想，产生"城门失火，殃及池鱼"的负面效应。因此，中国媒体需要不断提升从业人员的媒介素养，在实施本土品牌监督过程中要充分发扬其正面效应，避其负面效应。如果一旦发现个别企业产品出现质量问题的苗头，不宜立即实施舆论监督，尤其是带有极度渲染色彩的报道行为，而应在维护消费者利益的前提下，通过内部渠道告知相关企业或采用预警性质的提示报道；其次，如果出现不可控制的严重质量事件，应立即全面、真实、准确地报道事件真相，同时以事实回击各类社会谣言；最后，在后续报道中，应以同题对比报道等形式增加外国品牌质量问题报道，逐步转移社会大众关注焦点，避免本土/外国品牌信息失衡的不利局面出现。

## 12.3　媒体操作模型

本土品牌反刻板化拟态环境的建构既需要营造本土品牌消费氛围，促进消费者对本土品牌的"使用度"，又需要营造本土品牌品质氛围，促进消费者对本土品牌的"满足度"。由此,初步建构如图12-1所示的转变本土品牌偏见的媒体操作路径图。

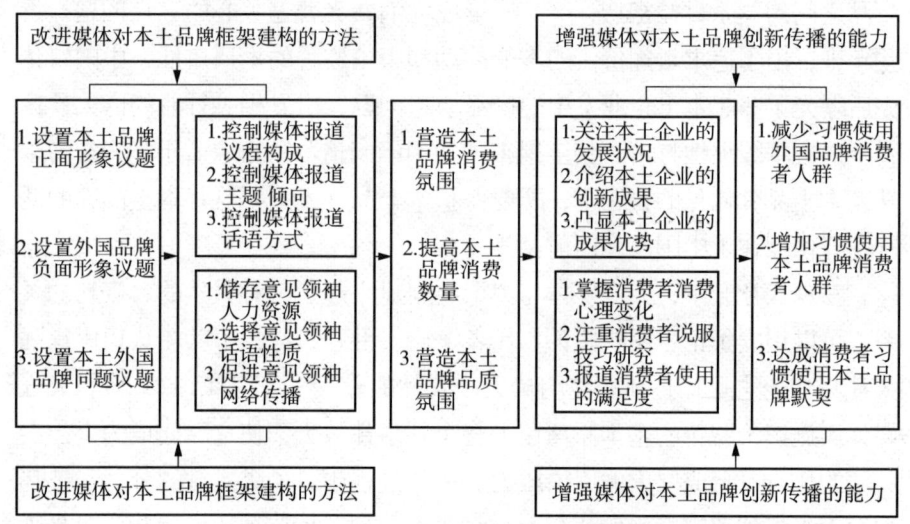

图12-1 转变本土品牌偏见的媒体操作路径

## 12.3.1 改进媒体对本土品牌框架建构的方法

在现实社会中,每天发生的可供大众媒体报道的事件很多,但是大众媒体的资源稀缺性和价值选择性决定了只有少数事件可以成为报道对象。从受众来讲,人所天然具有的注意力选择机制决定了只能关注有限数量的信息。尽管以网络媒体为代表的新媒体兴起后,大众媒体资源已极大地丰富,价值选择门槛也比以往降低了很多,但是受众的注意力选择机制并没有因此改变。所以,在转变本土品牌偏见议题上,中国媒体要强化本土品牌偏见议程设置力度,促使消费者对此类现象引起高度关注。注重设置本土品牌正面形象议题,提高本土品牌在产品质量提升、消费市场分布等方面动态的报道比例。及时设置外国品牌负面形象议题,提高外国品牌在产品质量问题、售后服务失诺等方面问题的报道比例,尤其是要避免不报道或后续报道出现"烂尾新闻"的情况;还可以使用专题报道的形式,系统回顾外国品牌出现问题的历史等。使用本土/外国品牌同题对比报道,一方面能凸显本土品牌优势,直观鲜明地影响消费者的认知框架;另一方面，如果本土品牌发生危机事件，同题对比报道可以降低消费者的不客观危机认知度，为企业赢得危机处理时间，将品牌伤害度降到最低。

当社会中某项议题成为热点事件后，大众媒体持续跟进报道是当然选择，此时大众媒体巧妙设置媒介框架非常关键。中国媒体要善于控制本土品牌的新闻议程构成，在正面形象议题中，应集中力量凸显时间构成和数量构成；在负面形象议题中，应尽量间隔后续报道时间和延缓报道节奏。要善于控制本土品牌新闻主题倾向，在正面形象议题中，应以鼓励消费者购买为目标，突出品牌优势和意义；在负面形象议题中，应以减轻品牌形象震荡为目标，强调企业历史、事件原因、应急对策等方面的内容。要善于控制新闻报道话语方式，无论是正面形象议题还是负面形象议题，要在企业自身、相关企业、政府部门、知情人士、专家学者、消费者等中进行精心选择，充分发挥各主体正面引导的话语优势。由于拥有较高社会声望和较多信息资源等原因，很多话语主体在平时实际上发挥着意见领袖的作用。中国媒体要重视储存意见领袖人力资源，依据意见领袖的行业分类，建立专业资源库供记者检索采访；依据话语性质选择意见领袖的话语内容，防止选择不当造成反作用；促进意见领袖的网络传播，使他们使用博客、微博、微信等网络平台，以专业立场发布关于本土品牌的权威信息。

### 12.3.2 增强媒体对本土品牌创新传播的能力

品牌创新程度是衡量品牌内涵的重要指标，也是满足消费者心理的重要基础。消费者通常有求新、求异的消费趋向，甚至认为产品新颖程度在某种意义上代表了品牌形象，用于满足他们追求"与众不同""流行时尚"的消费心理。所以，中国媒体应特别重视本土品牌创新发展情况，不失时机采取本土品牌创新传播举措。要关注本土企业发展，建立本土品牌创新发展评估机制，以创新成效为标准，使用专题报道等方式，分析本土品牌成长状况；介绍本土品牌创新进展，使用新闻集纳等方式反映本土品牌创新成果，使消费者及时了解本土品牌创新发展信息；凸显本土品牌创新优势，使用同题报道等方式，将本土/外国相同或相似产品进行对比，突出本土品牌通过创新发展在产品质量方面显示出来的优势。在本土品牌创新传播过程中，要注重消费市场调查，使本土品牌创新传播过程更有技巧和价值。掌握消费者心理变化情况，善于追踪和分析社会流行风向标，为本土企业创新决策提供依据。注重消费者说服技巧，利用大众媒体自身具有的放大效应，充分报道特定消费群体的示范消费情况，唤起其他消费群体的模仿和国货意识、抑制本土品牌偏见。反映消费者使用的满足度，在意见领袖层面精心选择话语主体，以普通消费者的身份现身说法，扩展本土品牌创新发展的社会影响力。

针对企业创新成果，在每个阶段制定合理的品牌传播方案（李庆春，2012）。中国媒体实施本土品牌创新传播的根本目的在于改变消费者的消费习惯，进而改变本土/外国品牌的消费比例。当媒体出现大量本土品牌创新方面的报道时，媒体本身形成的强大"信息流"将会使本土品牌形象在消费者心目中得到极大的改善，进而通过人际传播渠道在消费者中间形成话题，将本土品牌推向流行时尚前沿，增加已使用本土品牌消费者的心理满足度，迅速引发其他尚未使用本土品牌消费者的模仿或跟进，促使首选消费和重复或持续消费数量逐步增长。与此同时，外国品牌的某些"光环"就会逐渐趋向隐蔽，使消费外国品牌的消费者不仅感受到社会规范的环境压力，还感受到某种消费道义的人际压力。在这个过程中，那些具有强烈国货偏爱的意见将逐渐取得主导地位成为"优势意见"，而主张消费外国品牌的意见就会逐渐趋于边缘化，成为彻底的"劣势意见"。最终，社会中的大多数消费者就会逐步走出本土品牌偏见的泥沼，产生本土品牌偏爱，形成国货消费意识。

# 13. 转变本土品牌偏见的议程融合与媒介管理策略

本土品牌形象的建设已不是个别企业的发展问题,而是事关国计民生的国家经济战略。转变本土品牌偏见事关重大,需要相关政府部门协调社会各方力量,从国家经济安全战略的高度提高认识,构建系统的本土品牌安全战略,保障中国经济持续、健康、稳定发展。

## 13.1 媒体管理模型

国家经济安全是指主权国家在开放条件下经济发展、经济利益不受内外部威胁和侵害,以保持正常发展的状态和能力(葛冰等,2009)。20世纪50年代,世界政治格局进入冷战时期,西方主要发达国家先后开始了经济全球化运动。冷战结束后,众多发展中国家开始融入经济全球化体系。经济全球化一方面为消除各国贸易壁垒,加强各国经济联系起到了积极作用,但另一方面也引发了很多国家关于本国经济安全问题的担忧。自1982年日本正式提出"经济安全"这个概念后,其他国家便开始陆续关注本国的经济安全问题。进入21世纪以来,世界各国对国家经济安全问题的重视持续升温,许多国家都将其列为本国非传统安全战略的核心议题之一。2001年,中国正式成为世界贸易组织(WTO)成员国,开始融入经济全球化体系,在给中国带来诸多发展机遇的同时,也出现了很多威胁国家经济安全的不确定因素,涉及产业安全、能源安全、贸易安全、粮食安全、金融安全、财政安全等多个领域(张一弓等,2010)。

目前，在中国全面深化改革的关键时期，中共中央提出要加快转变经济发展方式，加快建设创新型国家，推动经济更有效率、更加公平、更可持续发展。为了保证中国经济改革深入推进，基于自主创新理念着力振兴产业经济成为当然选择，而国家经济安全是产业经济健康发展的根本保证。但到目前为止，在关于中国经济安全战略的相关研究中，以本土品牌偏见为代表的本土品牌安全问题一直没有得到应有的关注。在当今经济全球化深度发展的背景下，本土品牌安全问题已成为关系国家经济安全的重大现实问题，必须引起全社会各个层面的广泛重视。从当前中国市场经济发展情况来看，本土品牌偏见现象的核心矛盾是本土企业与消费者之间的售买关系，关键问题是消费者的消费观念没有转变，根本原因是本土品牌安全战略尚未形成。所以，中国需要借鉴美国、日本、韩国等国家在品牌安全战略管理方面的成功经验，整合社会各个层面的力量，以转变消费者本土品牌偏见为宗旨，建立本土企业与消费者良性售卖关系为目标，构建本土品牌安全战略，采取积极、有效的行动，使本土企业逐渐摆脱被动、尴尬的局面，在经济全球化进程中赢得更多主动，为保障国家经济安全奠定良好的基础。

　　本土品牌安全战略是一个复杂系统，构建本土品牌安全战略需要遵循系统论的基本原理。系统论认为，结构与功能是系统对象两个相互联系又相互区别的基本属性，信息反馈系统是系统发展的根本保证（魏宏森等，1995）。本土品牌安全战略主要包括本土品牌基础战略、本土品牌塑造战略、本土品牌干预战略、本土品牌自用战略等4个逐层递进又密切联系的子战略系统，初步建立如图13–1所示的转变本土品牌偏见的媒体管理模型。本土品牌安全战略涉及政府部门、企业自身、专家学者、大众媒体等4个相互关联又功能相异的社会主体。在内部信息沟通的基础上，需要建立各社会主体共同参与的本土品牌发展联合新闻发布制度，建构本土品牌反刻板化拟态环境，重塑"中国制造"形象。

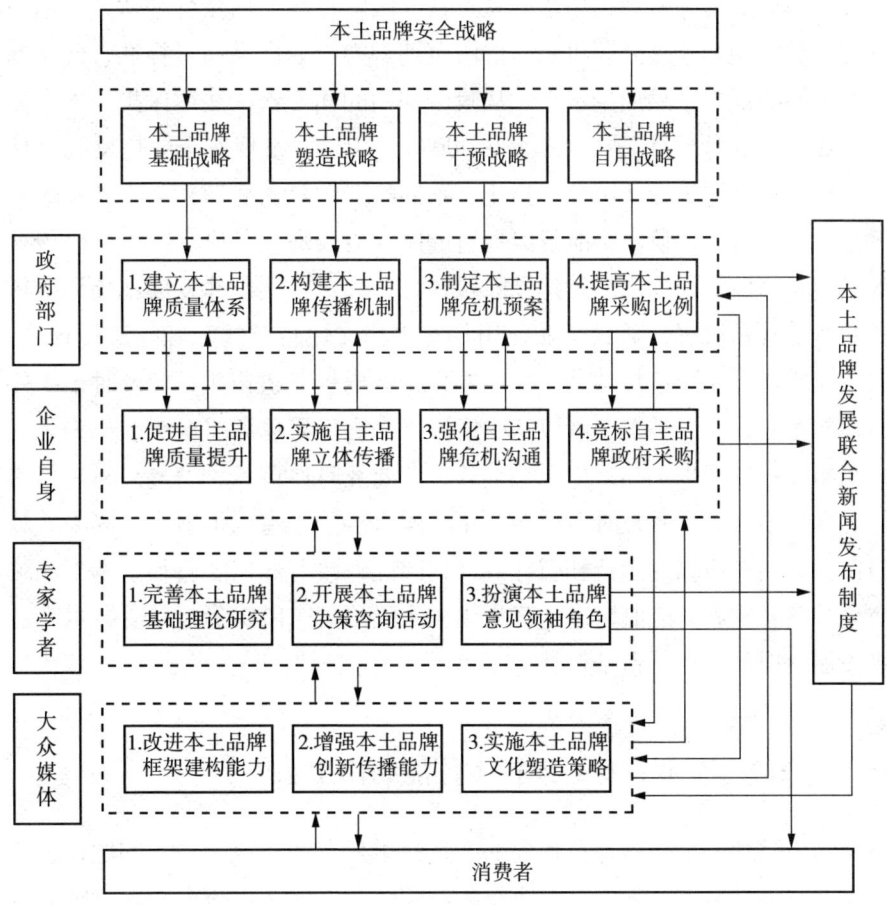

图 13-1 转变本土品牌偏见的媒体管理模型

## 13.2 社会要素参与

### 13.2.1 政府部门：发挥综合协调作用

本土品牌安全战略是国家经济安全战略的核心组成部分，各级政府部门应在中央政府的领导下统一思想认识，积极发挥综合协调作用。要重视建立和完善本土品牌质量体系，在知识产权、技术标准、使用期限、物理性能、售后服务等方面，依法确立不低于国际标准的质量标准体系。运用动态调整机制和违规处罚机制，依法定期调整企业产品质量标准，促使本土企业不断提高产品质量水平。从政府部门的角度看，法律保护是本土品牌健康成长的重要保障（王良锦，2007），所以，发现有企业违反既定标准，应依法立即采取严厉处罚措施，不间断严厉打击假冒伪劣、走私贩卖等违法犯罪行为，使本土品牌能拥有健康的成长环境。应从民族文化传承的角度，高度认识本土品牌建设问题，综合分析中国媒体发展现状和中华文化资源分布情况，倡导企业使用具有中华文化特色的品牌标志设计等。着手制定本土品牌危机预案，发现本土品牌出现危机苗头，应及时出手处置危机源头，在保护消费者权益的情况下，尽量避免危机苗头演化为重大危机事件；发现本土品牌出现严重危机，要及时协调各种力量果断采用措施，调查事件真相并及时向社会公布。政府部门是特殊消费者，其采购数量巨大，具有极强的示范和引导效应，因此，政府部门要着眼于本土品牌安全战略的实施，应制定本土产品优先采购法规，以实际行动支持本土品牌发展、提升"中国制造"形象。

### 13.2.2　企业自身：发挥主体能动作用

本土品牌安全战略是关系到本土企业生死存亡的重大现实问题，企业自身要将强化自主品牌安全管理作为重要任务。要认真研究本土品牌质量体系，严肃对待产品质量问题；组建专门研发团队，提高自主创新能力，从根本上增强企业自主品牌的核心竞争力。建立内容完善的企业产品质量检测系统，坚决防止低质量产品流入市场。提高自主品牌立体传播意识，突破广告传播的单一模式，着力增加公益赞助、主题活动、影视传播、网络营销等内容，将商业利益、社会责任、文化传承等结合起来，整合塑造企业良好的社会形象。品牌危机事件是造成品牌负面形象的主要原因，因此企业要增强自主品牌危机沟通能力。如果危机事件在可控范围之内，则要依据自身能力果断处理，在保障消费者权益的前提下，缩小乃至消灭事件影响；如果危机事件超出自身控制能力范围，则要及时配合政府部门采取真相调查、公开致歉、停产整顿、损害赔偿等方式保障消费者权益，尽量避免危机事件演变为负面热点事件。2008年，财政部提出要加大本土企业参与政府采购支持力度,越来越多的本土企业已参与到政府采购行动中,但与很多西方发达国家相比力度还远远不够。因此,本土企业要充分认识到参与政府采购的重大意义,注重竞标策略与技巧(刘宏志,2009),最大可能使本土企业自主品牌进入政府示范消费场域。

### 13.2.3 专家学者:发挥良好协助作用

本土品牌安全战略是涉及国家经济发展全局的重大理论命题,需要充分发挥专家学者的良好协助作用。由于本土品牌消费文化在国内市场发育不足,学界对品牌科学研究还处于学习西方理论阶段,本土品牌科学理论研究还不够充分。品牌科学研究日益社会化,已经成为专门的社会职业,要求社会各界关注品牌科学,对品牌科学进行综合性、整体性研究(张锐等,2008)。因此,在一线从事品牌科学研究的专家学者,应针对中国实际情况开展品牌科学理论的本土化研究,能在重大理论问题上取得进展和达成共识。以服务中国经济安全战略为基础,构建本土品牌安全战略为目标,以交叉学科视野积极开展品牌基础理论研究,广泛开展消费市场调研活动,以丰富的研究成果增强社会各界对本土品牌安全问题的认识。有关专家学者应适时了解国家经济政策走向,关注本土企业生产经营情况,定期调研本土消费市场状况,通过科研项目、品牌咨询等形式定期提供本土品牌决策咨询报告,为政府部门、企业自身、大众媒体等提供参考。在社会中拥有广泛影响和良好形象的专家学者,应善于积极扮演本土品牌意见领袖角色,在本土品牌公共事件和危机事件中发挥正面舆论导向作用;积利用博客、微博、微信等网络人际传播平台,建构本土品牌时尚消费的风向标。

### 13.2.4 大众媒体:发挥媒介构造作用

本土品牌安全战略是事关国计民生的国家经济战略问题,大众传媒应基于基本经济功能发挥媒介构造作用。要注重设置本土品牌正面形象议题,提高本土品牌动态报道比例;及时设置外国品牌负面形象议题,提高外国品牌质量问题报道比例;使用本土/外国品牌同题对比报道,凸显本土品牌优势，降低消费者的不客观危机认知度。善于控制本土品牌的新闻议程构成，在正面形象议题中，应集中力量凸显时间构成和数量构成；在负面形象议题中，应尽量间隔后续报道时间和延缓报道节奏。要善于控制本土品牌新闻主题倾向，在正面形象议题中，突出本土品牌的优势；在负面形象议题中，应减轻本土品牌形象的震荡。要善于控制新闻报道话语方式，充分发挥话语主体正面引导的话语优势。重视储存意见领袖的人力资源，建立专业资源库供记者检索采访；依据话语性质选择意见领袖话语内容，防止选择不当造成反作用；促进意见领袖网络传播，以专业立场发布关于本土品牌的权威信息。要关注本土企业发展状况，建立本土品牌创新发展评估机制；介绍本土品牌创新进展，使用新闻集纳等方式反映本土创新成果；凸显本土品牌创新优势，使用同题对比报道等方式，将本土／外国相同或相似产品进行对比；掌握消费者消费心理变化情况，为本土企业创新决策提供依据。注重消费者说服技巧，充分报道特定消费群体的示范消费情况。要重视本土品牌文化氛围的生成，学习借鉴其他国家大众媒体做法，在影视剧广告植入中不断提高本土品牌植入比例，避免出现植入外国品牌的情况等。

## 13.3　媒体管理实施

在现代管理学中，有效的管理行为必然是以管理要素之间透明的信息传播为基础的。良好的信息传播机制可以使管理要素之间建立充分信任，发挥内部沟通、指挥管理、决策应变、达成共识的多重作用，便于协调统一行动和科学民主决策。实施本土品牌安全战略是基于国家经济安全战略的现代经济管理行为，必须遵循现代社会信息传播规律，建立以大众媒体为核心的信息传播机制。在内部信息传播方面，政府部门、企业自身、专家学者等社会主体除了正常的内部信息沟通协调，更需要经常和大众媒体保持密切联系，及时发布本土品牌变动信息。与此同时，大众媒体在经济报道领域要重点关注本土品牌变动情况，设置良性媒介框架，凝练媒介形象，及时跟进报道，吸引消费者注意力，满足消费者信息需求。专家学者应善于扮演意见领袖的角色，在信息传播机制中发挥独特作用。专家学者是特殊的消费者群体，一方面可以利用自身优势和政府部门、企业自身、大众媒体等保持直接联系，将消费体验以意见表达、咨询报告等形式直接反映出来，另一方面可以利用自己的社会影响力实现与消费者直接接触，向消费者传播关于本土品牌的正面信息。

构建本土品牌安全战略必须建立本土品牌发展联合新闻发布制度。为了便于大众媒体设置本土品牌议程，吸引消费者对本土品牌的关注，需要定期组织有政府部门、本土企业、专家学者等参与的联合新闻发布会，使本土品牌信息及时让消费者获知，起到建立信任、培养情感，乃至辅助化解危机等重大作用。传统的品牌安全观念将品牌安全管理局限于企业自身，认为企业必须实施专门的品牌安全管理，把维护品牌安全作为企业自身管理的一项系统工程。在经济全球化发展背景下，各种社会主体之间的依赖关系日益紧密，如果仅仅依靠企业自身实施品牌安全管理已经不符合实际情况。中国政府决策部门必须树立全新本土品牌安全观念，构建本土品牌安全战略体系，保障本土品牌在中国经济安全战略序列中发挥积极作用。

# 14. 结 论

## 14.1 研究结论

(1) 问题反思

①本土品牌偏见的现状与成因分析。本研究首先借助自由联想法、K-B法和Gardner法，分阶段对本土品牌刻板印象进行问卷调查，最终得到15个词汇描述的本土品牌刻板印象。按其与本土品牌符合程度的高低（即均值大小）排序依次是品牌意识较差、较便宜、广告创意不够、同质化程度较严重、较实惠、山寨货较多、大多缺乏个性、大多缺乏特色、产品比较粗糙、技术含量较低、品牌价值较低、质量一般、传统守旧、档次较低、满意度较低。除"较实惠"一词具有正面意义外，其余14个形容词均具有负面意义。在此基础上，本研究借助刻板思维与符号认知理论，从企业、政府、媒体和文化环境等因素出发，对中国社会本土品牌刻板印象的成因进行文本分析，揭示本土品牌刻板印象形成的影响因素。

②中国媒体报道本土/外国品牌负面事件的话语比较。基于媒体责任主体视角，以框架分析理论为研究方法，分析了中国媒体在2011年双汇"瘦肉精"事件和锦湖轮胎"质量门"事件中的新闻议程构成、新闻主题倾向、新闻话语方式的差异。研究发现：中国媒体对本土品牌偏见的形成具有启动和加速作用。

③中国媒体披露外国品牌负面信息的框架分析。本研究以中国媒体报道重庆沃尔玛食品安全事件为例，通过对媒介框架和话语权主体进行文本分析发现，中国媒体尽管整体上能够在"健康安全、商业欺骗、违法犯罪"等框架下对该事件进行报道，但也有23.2%的报道或评论在为沃尔玛减轻甚至开脱责任。进一步对媒介议题设置进行分析发现，国内媒体分别呈现了5种媒介议题，其中，有12.5%属于问题呈现型报道、35.4%属于

政府处理型报道、22.9%属于媒介评论型报道、19.8%属于沃尔玛对策型报道、9.4%属于开脱责任或给政府施压型报道。与美国等西方媒体完全违背事实真相，以"中国政府的打压、阴谋、政治报复"等为议题进行了污蔑、诽谤和攻击的报道相比，中国媒体的国家利益本位和自觉意明显薄弱。

④外国品牌负面事件报道的受众反应与框架分析。本研究以2011年发生的重庆沃尔玛食品安全事件报道为例，运用Entman的框架分析理论，对受众发现问题、解释原因、道德判断、问题解决的认知框架分析，在此基础上，参照并修改Defleur和Rokeach的受众反应量表，对沃尔玛事件的受众反应进行了问卷调查，得到的研究结论是受众对沃尔玛食品安全事件报道具有显著的认知接受度和负性情绪改变度，但行为卷入度水平依然为正向，即受试没有因为其食品安全问题而产生负性的行为卷入度。该结论表明，外国品牌负面信息对受众外国品牌偏好具有显著的抑制作用，为本土品牌偏见的认知控制提供了一定的理论基础。

（2）效应检验

①媒介信息披露对本土品牌偏见转变的影响——基于产品属性差异的视角。通过收集近年来外国品牌负面事件的媒体报道，从中选择2种产品相关属性信息和2种非产品相关属性信息构成4个实验组，采用组间实验设计，以控制组为参照，得到如下结论：不论是产品相关属性负面信息还是非产品相关属性负面信息均有显著的可接近性；与质量和价格暴利有关的负面信息对被试具体外国品牌的品质评价、态度偏好和购买意愿均有显著的抑制作用，而与商业贿赂有关的负面信息的抑制作用则不显著，这表明外国品牌负面信息对具体外国品牌偏好的抑制效果与产品属性差异有关；与食品质量有关的负面信息对被试抽象外国品牌的品质评价、态度偏好和购买意愿的抑制作用显著高于手提电脑质量、价格暴利和商业贿赂信息，这表明食品安全问题的可诊断性最高；同时，被试对具体外国品牌的品质评价、态度偏好和购买意愿均低于具体本土品牌，这表明外国品牌负面信息对外国品牌偏好和本土品牌偏见具有显著的抑制效果。

②媒介信息披露对本土品牌偏见转变的影响——基于产品类型差异的视角。品牌来源国刻板印象是中国社会情境下的一种典型社会认知偏差，如何反转品牌来源国刻板印象是当前亟须研究的重要命题。为探讨不同产

品类型外国品牌负面信息披露对品牌来源国刻板印象反转的影响及调节作用，本研究按照价格和技术含量的高低，将外国品牌负面事件报道材料划分为低价、低技术，低价、较高技术，较高价格、较高技术和高价、高技术等4种类型，构成4个实验组。采用组间实验设计，得到如下研究结论：外国品牌负面信息具有显著的可接近—可诊断性；外国品牌负面信息显著降低了消费者对具体/抽象外国品牌的认知、情绪和行为卷入度；当呈现外国品牌负面信息时，被试对具体外国品牌的品质评价、态度偏好和购买意愿均低于具体本土品牌，这表明外国品牌负面信息对消费者具体外国品牌偏好和具体本土品牌偏见具有显著的抑制作用。虽然多数外国品牌负面信息还难以逆转抽象外国品牌偏好和抽象本土品牌偏见，但在本土/外国品牌质量接近的行业（如家电等），外国品牌质量危机的爆发将会促使消费者反转其品牌来源国刻板认知。

③媒介信息披露对本土品牌偏见转变的影响——基于民族中心主义刺激信息的调节作用。首先，把民族中心主义信息和不同属性外国品牌负面信息作为刺激线索，实验研究发现：民族中心主义刺激仅对手提电脑质量组外国品牌负面信息抑制抽象外国品牌态度偏好和购买意愿具有显著的调节作用，这表明民族中心主义刺激对外国品牌负面信息抑制抽象外国品牌偏好具有调节作用，而且存在产品属性差异；同时，民族中心主义刺激还对商业贿赂组的具体本土品牌态度偏好、食品质量组和商业贿赂组的具体本土品牌购买意愿有显著的提高。这表明，民族中心主义刺激对外国品牌负面信息反转具体本土品牌偏好具有调节作用，而且存在产品属性差异。其次，把民族中心主义信息和不同类型外国品牌负面信息作为刺激线索，实验研究发现：民族中心主义刺激信息能增强部分实验组被试感知外国品牌负面信息的可信度、值得重视程度和反映问题的严重性，但这种调节作用只在电视组外国品牌负面信息的可信度和值得重视程度两个维度上显著。同时，民族中心主义刺激还对电视组外国品牌负面信息反转抽象本土品牌刻板认知具有显著的调节作用。研究表明，民族中心主义刺激信息的调节作用存在产品类型差异，价格和技术含量越高，而且本土/外国品牌越接近，则调节作用越显著。

（3）操作研究

①转变本土品牌偏见的媒介传播路径与框架建构策略。从媒体责任主体的视角，分析转变本土品牌偏见的媒体策略目标与策略路径。在系统梳理主要传播效果理论的基础上，提出以使用与满足理论为核心的媒体策略模型，即以议程设置理论、媒介框架理论、意见领袖理论为基础，改变消费者对本土品牌的观念认知，提高消费者对本土品牌的"使用度"；以创新扩散理论、"第三人"效果理论、沉默的螺旋理论为基础，优化消费者对本土品牌的价值认知，提高消费者对本土品牌的"满足度"。

②转变本土品牌偏见的媒介操作模式与议题设置策略。以媒体策略为理论基础，具体分析转变本土品牌偏见过程中媒体的经济功能与监督定位，提出媒体操作模型，即以提高本土品牌消费数量为核心，努力营造本土品牌消费氛围和本土品牌满足氛围。结合媒体操作实践，提出具体操作方法，即改进媒体对本土品牌框架建构的方法，提高消费者对本土品牌的"使用度"；增强媒体对本土品牌创新传播的能力，提高消费者对本土品牌的"满足度"。

③转变本土品牌偏见的议程融合与媒介管理策略。以国家经济安全议题为基础，提出本土品牌安全战略问题，构建转变本土品牌偏见的媒体管理模型，强调政府部门、企业自身、专家学者、大众媒体多方参与管理。在具体实施中，重视建立信息反馈机制，在正常内部信息沟通的基础上，其他社会要素要与大众媒体保持密切联系；建立本土品牌发展联合新闻发布制度，使消费者及时获知本土品牌变化信息，起到建立信任、培养情感，乃至辅助化解危机等重大作用。

## 14.2 对策建议

面对中国社会普遍存在的本土品牌偏见，中国媒体亟须在国家利益本位和自觉意识上有所作为，需要通过选择性报道本土/外国品牌负面事件，有意调控受众注意资源，增强受众对外国品牌负面形象和本土品牌正面形象评价的可接近—可诊断性，实现或转变本土品牌偏见的目的。

（1）中国大众传媒国家利益本位与自觉意识的提高策略

①提高中国媒体的国家利益本位意识。首先，要提高国际话语权，就必须建立针对西方国家的媒体理论和本位意识，积极应对西方媒体不断"妖魔化"中国，甚至蓄谋诬蔑中国为世界"邪恶轴心"的制度环境，研究争夺国际话语权的对策，警惕世界话语权的丢失。其次，提高国内媒体的国家利益框架和本位意识，成立若干舆论引导和话语权研究中心，着重研究以培养民族中心主义为己任，以减轻或消除文化自卑和本土品牌偏见为目标，培养国人高度的文化自觉、文化自信和文化认同。②提高中国媒体的自觉意识。中国在复兴道路上显现出的"话语权"软肋，不仅仅是政府公关意识需要重点补课的内容，也是媒体需要反思的课题。在掌控话语权方面，美国的成功经验就在于，政府和媒体平时有较量是常态，但在事关国家利益的问题上，则体现出大局观，联合打造强国；美国媒体拥有自觉意识，明白国家的强大是媒体强势的根本所在（张国庆，2011）。对此，社会学家黄纪苏认为："媒体的这种自觉意识，对当今新闻报道缺乏自律和娱乐化主导的风气，是一个有益的提醒。"要培养国人的民族中心主义和高度的文化自觉和文化自信，减轻或消除文化自卑和本土品牌偏见，大众传媒应在国家利益的框架下，以转变本土品牌偏见、构筑对外国品牌的无形障碍为目的，建构基于"本土品牌形象"本位的媒体报道立场，增强主动设置外国品牌质量缺陷、责任缺失、藐视法律、双重标准等议题的自觉意识。

（2）转变本土品牌偏见的媒介框架与议题设置策略

充分发挥政府相关部门、消费者协会、消费者、本土企业和记者等媒介主体的作用，积极建构外国品牌风险图景，形成外国品牌"未必就好"的拟态环境和反刻板化概念网，如质量问题、服务缺失、责任缺失、虚假宣传、价格暴利、假冒伪劣、伪造产地、市场垄断的危害等；对于本土品牌，应以正面事件报道为主，通过媒介框架和议题设置，传播本土品牌积极的代表性和易得性信息，建构有利于本土品牌正面形象塑造的反刻板化概念网，如负责、崛起、优质、性价比高、不逊于外国品牌等；同时，借助现实冲突理论，通过主动设置外国品牌威胁或民族经济威胁议题、塑造本土品牌偏好子群体、赞扬本土品牌偏好行为、提高国家形象、培养国货消费观念等媒介框架和议程，有意培养和启动中国消费者的民族中心主义情结（或国货意识）。

(3) 转变本土品牌偏见的媒介力量整合与管理策略

转变本土品牌偏见既需要通过民族主义刺激信息来强化"支持国货"的"大我"需要，又需要通过大量品牌来源国反刻板化信息的亚分组心理加工和命题评价来确认和肯定"国货完全能够满足小我需要"。具体而言，对企业营销战略的借鉴就是需要提高质量、服务和品牌形象等，不断向消费者传递本土品牌正面信息。对政府部门、大众传媒和社会组织的战略借鉴在于如何通过相关信息下沉或上浮、删帖和舆论引导，建立民族主义刺激信息和品牌来源国反刻板化信息的资源发掘汇报系统、重要事件处置系统，并通过大众传媒的议题设置和框架建构，调控受众注意资源。

## 14.3　研究局限

本研究虽然系统分析了媒介框架与受众本土品牌偏见的相关关系，反思了国内媒体选择性报道本土/外国品牌危机事件的国家利益本位、自觉意识及存在问题；并通过实验研究，揭示了不同类型和不同属性外国品牌负面信息披露对品牌来源国刻板印象反转的影响及其差异，以及民族中心主义情结刺激对不同类型和不同属性外国品牌负面信息披露反转品牌来源国刻板印象的调节作用。但尚存在以下局限性：

首先，本研究仅揭示外国品牌负面信息和民族中心主义刺激信息对品牌来源国刻板印象反转的有效性，但未能揭示刻板印象反转的内在心理机制，以及内在的心理反应、心理变化及相应心理变量之间的因果关系。

其次，在相同拟态环境下，为什么有的消费者能够反转品牌来源国刻板印象，主要的调节因素是什么？

最后，根据双重态度理论可知，刻板印象存在内隐和外显两种。究竟品牌来源国刻板印象反转是内隐刻板印象还是外显刻板印象？如果是反转的是外显刻板印象，那么内隐刻板印象是否有变化？在不同产品领域情境中，二者又是如何影响消费行为的？

## 14.4 研究展望

（1）被试个体特征和原有态度强度对本土品牌刻板印象意识性抑制的调节作用。未来研究应参照自尊量表（SES）和自我意识量表（SCS）的使用手册，计算出每份问卷的总得分，将其转换为每份问卷的自尊（按较低、中等和较高划分）和自我意识（按内在自我和公众自我划分），然后分析各实验组内被试自尊、自我意识、原有态度强度、年龄、学历、收入等控制变量与负面信息可接近性以及具体/抽象的本土/外国品牌刻板印象抑制的相关性。

（2）民族中心主义情结刺激信息对外国品牌负面信息抑制本土品牌刻板印象的调节作用。由于民族中心主义刺激信息对受众自我内省的影响，未来应探讨受众"大我"意识的激活状态及其与本土品牌偏见意识性抑制的内在关系，进一步完善理论成果。具体研究内容包括：

①民族中心主义情结刺激信息所激发的"大我"意识与本土品牌偏见抑制的相关性分析：将各实验组中衡量"大我"意识的国家集体自尊量表、国民社群身份认同量表、国民爱国情感量表和民族经济忧患意识量表的得分作为自变量，分别将被试的具体/抽象外国品牌偏好和具体/抽象本土品牌偏见的意识性抑制量表的得分作为因变量进行回归分析，计算相应的标准化回归系数和显著性值，检验被试国家集体自尊、国民社群身份认同、国民爱国情感和民族经济忧患意识的强弱与具体/抽象外国品牌偏好抑制以及具体/抽象本土品牌偏见抑制的相关性。

②"大我"意识与本土品牌刻板印象抑制的结构方程模型：检验"大我"意识的4个表征变量（即国家集体自尊、国民社群身份认同、国民爱国情感、民族经济忧患意识）与具体/抽象外国品牌偏好抑制以及具体/抽象本土品牌偏见抑制的交互效应与结构关系。

（3）消费者高民族中心主义形成的动态过程与心理机制

由于民族中心主义刺激信息产生的是支持国货的"大我"需要和心理能量，而外国品牌负面信息和本土品牌正面信息披露产生的是确认"国货"值得支持命题，并通过两者的一致性判断来确认和形成高国货意识或消费者民族中心主义。因此，在社会信息环境下，品牌来源国刻板印象反转的重要途径就是树立消费者民族中心主义倾向。针对上述研究的不足之处，未来需要在以下研究方向开展进一步的理论探索：

①消费者高民族中心主义形成的动态过程研究。未来应通过内容分析，从整体上建立消费者高 CET 形成的动态过程理论，归纳和细分高 CET 消费者选择性注意和认知加工的线索来源与类型。具体研究内容包括：

借助态度改变的联想—命题评价模型（APE），对高 CET 消费者进行焦点组访谈和深度访谈，运用 Nujust 软件对访谈资料进行内容分析，探讨消费者高 CET 形成的动态过程理论，进一步挖掘心理机制和心理变量。访谈内容应包括：你曾受到哪些刺激线索的影响，是如何对刺激线索进行评价，激活了怎样的情感反应，产生了哪些支持"国货"的命题；在此基础上，出于何种自我调控目标，如何对记忆中和新发生的民族中心主义刺激线索和反刻板化信息进行选择性注意；又是如何对这些信息进行认知精加工，得出了哪些反刻板化命题，如何通过命题间的一致性判断来增强"大我"意识的；"大我"意识的增强使消费者的"小我"需求和心理发生了哪些变化；有哪些本土/外国品牌态度、评价及购买意愿产生了显著改变等。

②消费者高民族中心主义形成的心理机制研究。未来应在上述研究的基础上，实证探索消费者高 CET 动态形成过程中所发生的主要心理机制、相应的心理变化以及各种心理变量之间动态调适的因果关系。具体研究内容包括：

一是高 CET 消费者"大我"动机的来源与强化机制。高 CET 消费者在感知威胁或民族经济忧患等自动化情感反应以及相应联想命题的驱使下，会根据这一自我调控目标对社会信息环境中的各种民族经济威胁信息、本土品牌正面信息和外国品牌负面信息进行选择性注意，并通过认知精加工产生相关命题。这一认知过程存在以下心理机制——相关信息可接近—可诊断性的调节机制；相关信息的选择性注意与采择机制；信息认知精加工过程中，对外国品牌"刻板——致"做"否"和对本土品牌"刻板—不一致"做"是"的反刻板化联结机制；以及自动联想命题与其他命题之间的认知一致性判断机制。因此，未来应着重探讨感知威胁或忧患意识、反刻板化信息的选择性注意、爱国情感、"大我"需要命题、外国品牌否定命题、本土品牌肯定命题和"大我"动机增强等6个潜变量之间的交互效应与因果关系，从而揭示"大我"动机的来源与强化机制。

二是高CET消费者"大我—小我"的心理调适与动态平衡机制。根据自利动机理论，消费者一般都是以满足"小我"需要作为购买决策的出发点，而且"大我"需要和"小我"需要之间常常是矛盾的。那么，在多数产品领域，高CET消费者是如何平衡"大我—小我"这两种需要的？他们调控了哪些心理变化使国货偏好和购买行为能同时满足这两种需要？当消费者的"大我"需要增强之后，会显著提高自我肯定状态，相应降低"小我"的敏感性以及对产品或服务的利益需求和期望，并从心理上减轻或抑制原有的自利动机、社会规范压力（如面子感）和本土品牌偏见等心理变量；同时产生不买国货的内疚感（自责感）和不道德感（如不爱国）等。这些心理反应的相互作用和动态调适，促使消费者形成了强烈的民族中心主义倾向，从而实现来源国刻板印象的反转。因此，未来应着重探讨消费者调适自身利益要求和期望、自我肯定状态、忧患意识、自责感、社会规范压力等心理变量之间的因果关系，从而揭示"大我—小我"的心理调适与动态平衡机制。

三是高CET消费者本土/外国品牌的态度反转机制。由于高CET消费者具有强烈的"大我"意识，他们对国货的偏好与一般消费者的品牌偏好存在着很大的不同。高CET消费者不仅会显著提高本土品牌的正面评价和购买偏好，而且会强调本土品牌的优点，还会显著提高对本土品牌质量问题的容忍度，降低对本土品牌的价格敏感性。对外国品牌，所有这些态度和评价则相反。因此，未来应突破品牌来源国偏好量表仅仅考虑购买意愿的局限，引入偏见反转、质量问题的容忍度、价格敏感性等新的态度变量，重点探讨态度变量间的因果关系，从而揭示态度反转机制。

## 附录3-1：

## 自由联想阶段调查问卷

年龄：_____  性别：_____

同学，您好！
  在现实生活中，各种"假洋货"（如达芬奇、欧典地板等）比比皆是，高端市场基本被"洋品牌"占领，而本土品牌则被"压制"在中低端市场。这些现象和理论研究都说明，中国消费者已经形成了较强的"本土品牌偏见"。为了获得您对本土品牌和外国品牌在诸如质量、功能、个性、情感、安全、象征、信念、信任、满意度、承诺、档次、技术、设计、维修、服务、价格等方面的评价和态度，请写出你认为的本土/外国品牌的形容词。
  为了调查结果的准确性和全面性，请独自填写。非常感谢您的参与！

  一、请尽量多地写出"本土品牌"一词让你想到的形容词（至少10个以上）：

  二、请尽量多地写出"外国品牌"一词让你想到的形容词（至少10个以上）：

## 附录 3 – 2：

## 自由联想阶段的形容词整理说明

通过自由联想从 21 位被试处获得的形容词及所占比例，由于被试写的许多形容词都大同小异，经过整理，将那些意思相近的形容词统一归结为一个词，现将整理过程说明如下：

**1. 本土品牌刻板印象形容词自由联想的整理过程**

①将"质量没保证""品质差""维修次数多""质量不过关""质量差""劣质""伪劣""容易坏"统一归结为"质量差"；②将"仿冒""山寨""模仿"统一归结为"山寨"；③将"没档次""低端""档次低"统一归结为"低档"；④将"服务不完善""服务不好""售后服务不到位""服务态度差"统一归结为"服务态度不好"；⑤将"价廉""价格低""便宜"统一归结为"便宜"；⑥将"不美观""包装不好看""外观不够美观""设计平凡""不在乎包装""外观设计不时尚""包装差""外形差""不会包装""样式老土""老土"统一归结为"包装设计不美观"；⑦将"科技含量低""技术自主性差""技术水平低""技术水平不够完善""技术不好""技术不过关""技术含量低""技术落后"统一归结为"技术含量低"；⑧将"安全性低""不安全""用着不放心""安全隐患"统一归结为"不安全"；⑨将"质量一般""质量平平"统一归结为"质量一般"；⑩将"个性缺乏""个性特点不强""个性意识不强""个性不鲜明""没个性却装个性"统一归结为"缺乏个性"；⑪将"广告比较土""广告没创意"统一归结为"广告没创意"；⑫将"保守""传统""守旧"统一归结为"传统守旧"；⑬将"同质性严重""同质性高""相似度高"统一归结为"同质化严重"；⑭将"产品功能不明显""功能少""功能不齐全""功能不强"统一归结为"功能不好"；⑮将"做工粗糙""粗糙"统一归结为"产品粗糙"；⑯将"卖主不诚信""诚信差"统一归结为"诚信差"；⑰"价格与价值不相符"简称为"名不副实"；⑱"重视产品功能宣传，缺少情感诉求"简称为"缺乏情感"；⑲"宣传手段方式守旧"简

称"宣传守旧";⑳"打着民族品牌旗号欺骗消费者"简称为"欺骗消费者"。

## 2. 外国品牌刻板印象形容词自由联想的整理过程

①将"服务态度好""服务水平好""服务好""售后服务较可以""客户服务完善""服务完善""售后有保障""服务很贴心""售后服务好"统一归结为"服务好";②将"价格贵""昂贵""高价格"统一归结为"价格高";③将"技术高""技术发达""技术先进""先进的技术""技术含量高""高科技""技术好"统一归结为"高科技";④将"高档""档次高""高端""有档次"统一归结为"高档";⑤将"质量较高""质量较好""高质量""品质高""品质好""质量高"统一归结为"品质好";⑥将"美观度高""外观美观""外观吸引人""外观设计漂亮""包装精美""美观"统一归结为"外观设计精美";⑦将"功能好""功能强""功能齐全""功能强大""功能多"统一归结为"功能齐全";⑧将"用着放心""安全性高""没有安全感""安全"统一归结为"安全";⑨将"奢华""奢侈品""奢侈"统一归结为"奢侈";⑩将"突显品位""品位高""品位高"统一归结为"品位高";⑪将"个性鲜明""有个性""个性强"统一归结为"有个性";⑫将"信任度高""信誉度高""值得信赖"统一归结为"信誉度高";⑬将"定位清晰""品牌定位明确"统一归结为"定位明确";⑭将"文化历史""历史悠久"统一归结为"历史文化悠久";⑮将"效果没有自己说得那么好"简称为"使用效果一般";⑯"让使用的顾客有归属感"简称为"有归属感";⑰"卖过期产品也时有发生"简称为"销售过期产品";⑱"宣传方式前卫,引人眼球"简称为"宣传方式前卫";⑲"到中国来赚钱,有点欺骗消费者"简称为"欺骗消费者";⑳"有些质量好,有些质量差"简称为"质量不稳定"。

## 附录3-3：

### 自由联想阶段的调查结果统计表

| 本土品牌 | | | 外国品牌 | | |
|---|---|---|---|---|---|
| 形容词 | 出现次数 | 被选比例（%） | 形容词 | 出现次数 | 被选比例（%） |
| 1. 质量差 | 19 | 90.48 | 1. 服务好 | 15 | 71.43 |
| 2. 山寨 | 16 | 76.19 | 2. 价格高 | 15 | 71.43 |
| 3. 低档 | 14 | 66.67 | 3. 高科技 | 15 | 71.43 |
| 4. 服务态度不好 | 12 | 57.14 | 4. 高档 | 15 | 71.43 |
| 5. 便宜 | 12 | 57.14 | 5. 品质好 | 12 | 57.14 |
| 6. 包装设计不美观 | 12 | 57.14 | 6. 时尚 | 8 | 38.10 |
| 7. 技术含量低 | 11 | 52.38 | 7. 功能齐全 | 8 | 38.10 |
| 8. 不安全 | 8 | 38.10 | 8. 外观设计精美 | 6 | 28.57 |
| 9. 缺乏个性 | 6 | 28.57 | 9. 奢侈 | 5 | 23.81 |
| 10. 满意度低 | 4 | 19.05 | 10. 信誉高 | 5 | 23.81 |
| 11. 实惠 | 4 | 19.05 | 11. 有个性 | 4 | 19.05 |
| 12. 功能不好 | 4 | 19.05 | 12. 品牌形象好 | 4 | 19.05 |
| 13. 广告创意不够 | 3 | 14.29 | 13. 品位高 | 4 | 19.05 |
| 14. 传统守旧 | 3 | 14.29 | 14. 安全 | 3 | 14.29 |
| 15. 同质化严重 | 3 | 14.29 | 15. 有面子 | 3 | 14.29 |
| 16. 质量一般 | 2 | 9.52 | 16. 欺骗消费者 | 3 | 14.29 |
| 17. 产品粗糙 | 2 | 9.52 | 17. 新颖 | 3 | 14.29 |
| 18. 性价比低 | 2 | 9.52 | 18. 前卫 | 2 | 9.52 |
| 19. 适用性差 | 2 | 9.52 | 19. 定位明确 | 2 | 9.52 |
| 20. 品牌承诺低 | 2 | 9.52 | 20. 专业 | 2 | 9.52 |
| 21. 诚信差 | 2 | 9.52 | 21. 历史文化悠久 | 2 | 9.52 |
| 22. 创新意识差 | 2 | 9.52 | 22. 经典 | 2 | 9.52 |
| 23. 价差太高 | 2 | 9.52 | 23. 包装适当 | 2 | 9.52 |
| 24. 价格适中 | 2 | 9.52 | 24. 流行 | 2 | 9.52 |
| 25. 档次适中 | 1 | 4.76 | 25. 高贵 | 2 | 9.52 |
| 26. 广告夸张 | 1 | 4.76 | 26. 独特 | 2 | 9.52 |
| 27. 信誉差 | 1 | 4.76 | 27. 耐用 | 2 | 9.52 |
| 28. 设计合理 | 1 | 4.76 | 28. 竞争力强 | 1 | 4.76 |

续表

| 本土品牌 | | | 外国品牌 | | |
|---|---|---|---|---|---|
| 形容词 | 出现次数 | 被选比例（%） | 形容词 | 出现次数 | 被选比例（%） |
| 29. 功能较好 | 1 | 4.76 | 29. 舒适度高 | 1 | 4.76 |
| 30. 品种少 | 1 | 4.76 | 30. 广告多 | 1 | 4.76 |
| 31. 品牌定位模糊 | 1 | 4.76 | 31. 公关意识强 | 1 | 4.76 |
| 32. 品牌塑造差 | 1 | 4.76 | 32. 国际化 | 1 | 4.76 |
| 33. 民族主义强 | 1 | 4.76 | 33. 重视品牌塑造 | 1 | 4.76 |
| 34. 品牌意识差 | 1 | 4.76 | 34. 地位的象征 | 1 | 4.76 |
| 35. 缺乏特色 | 1 | 4.76 | 35. 炫耀 | 1 | 4.76 |
| 36. 品牌价值低 | 1 | 4.76 | 36. 促销多 | 1 | 4.76 |
| 37. 竞争力不强 | 1 | 4.76 | 37. 实用性强 | 1 | 4.76 |
| 38. 包装适当 | 1 | 4.76 | 38. 门面装修可以 | 1 | 4.76 |
| 39. 没创新 | 1 | 4.76 | 39. 有归属感 | 1 | 4.76 |
| 40. 门面装修一般 | 1 | 4.76 | 40. 性价比较高 | 1 | 4.76 |
| 41. 售后服务较一般 | 1 | 4.76 | 41. 价格较合理 | 1 | 4.76 |
| 42. 没面子 | 1 | 4.76 | 42. 适应性好 | 1 | 4.76 |
| 43. 耐用性价比高 | 1 | 4.76 | 43. 品牌承诺高 | 1 | 4.76 |
| 44. 容易买到 | 1 | 4.76 | 44. 开发 | 1 | 4.76 |
| 45. 用的人多 | 1 | 4.76 | 45. 洋气 | 1 | 4.76 |
| 46. 易淘汰 | 1 | 4.76 | 46. 设计合理 | 1 | 4.76 |
| 47. 品牌象征性不强 | 1 | 4.76 | 47. 性价比不高 | 1 | 4.76 |
| 48. 品位较低 | 1 | 4.76 | 48. 连锁经营 | 1 | 4.76 |
| 49. 可替代品多 | 1 | 4.76 | 49. 销售环境好 | 1 | 4.76 |
| 50. 不耐用 | 1 | 4.76 | 50. 包装到位 | 1 | 4.76 |
| 51. 情感高 | 1 | 4.76 | 51. 满意度高 | 1 | 4.76 |
| 52. 口碑差 | 1 | 4.76 | 52. 使用效果好 | 1 | 4.76 |
| 53. 外观精美 | 1 | 4.76 | 53. 口碑好 | 1 | 4.76 |
| 54. 功能复杂 | 1 | 4.76 | 54. 销售过期产品 | 1 | 4.76 |
| 55. 品牌知名度低 | 1 | 4.76 | 55. 限量 | 1 | 4.76 |
| 56. 时尚 | 1 | 4.76 | 56. 品牌意识强 | 1 | 4.76 |
| 57. 功能齐全 | 1 | 4.76 | 57. 召回 | 1 | 4.76 |
| 58. 品种繁多 | 1 | 4.76 | 58. 创新 | 1 | 4.76 |

续表

| 本土品牌 | | | 外国品牌 | | |
| --- | --- | --- | --- | --- | --- |
| 形容词 | 出现次数 | 被选比例（%） | 形容词 | 出现次数 | 被选比例（%） |
| 59. 普通 | 1 | 4.76 | 59. 识别性强 | 1 | 4.76 |
| 60. 偷工减料 | 1 | 4.76 | 60. 外观设计简单 | 1 | 4.76 |
| 61. 经典 | 1 | 4.76 | 61. 功能简单实用 | 1 | 4.76 |
| 62. 没气势 | 1 | 4.76 | 62. 忠诚度高 | 1 | 4.76 |
| 63. 企业老板黑心 | 1 | 4.76 | 63. 宣传方式前卫 | 1 | 4.76 |
| 64. 服务人员素质一般 | 1 | 4.76 | 64. 假高端 | 1 | 4.76 |
| 65. 信任度不高 | 1 | 4.76 | 65. 质量不稳定 | 1 | 4.76 |
| 66. 欺骗消费者 | 1 | 4.76 | 66. 广告夸张 | 1 | 4.76 |
| 67. 水货 | 1 | 4.76 | 67. 比较潮 | 1 | 4.76 |
| 68. 缺乏情感 | 1 | 4.76 | 68. 优雅 | 1 | 4.76 |
| 69. 宣传守旧 | 1 | 4.76 | 69. 保证 | 1 | 4.76 |
| 70. 名不副实 | 1 | 4.76 | 70. 大气 | 1 | 4.76 |
| | | | 71. 漂亮 | 1 | 4.76 |
| | | | 72. 原创 | 1 | 4.76 |
| | | | 73. 质量一般 | 1 | 4.76 |
| | | | 74. 体现一定的文化价值 | 1 | 4.76 |
| | | | 75. 体现消费者需求 | 1 | 4.76 |
| | | | 76. 不易被替代 | 1 | 4.76 |
| | | | 77. 花样多 | 1 | 4.76 |
| | | | 78. 使用效果一般 | 1 | 4.76 |
| | | | 79. 有保障 | 1 | 4.76 |
| | | | 80. 大广告 | 1 | 4.76 |
| | | | 81. 宣传前卫 | 1 | 4.76 |

附录 3-4：

# K-B 法阶段调查问卷

各位朋友，您好！

　　首先感谢您支持我们的调查！本问卷的目的是想了解您对本土品牌的总体看法（而不是对某一具体品牌的看法），没有对错之分。

　　下面有 50 个形容词，排列不存在先后顺序，请您看完后再作答。您需要挑出最能被该词描述的一类（A. 本土品牌；B. 外国品牌；C. 两种都不适合），在相应的"□"内打"√"。

　　因您的参与让我们能顺利完成此份问卷，特向您致以最真诚的谢意！

　　敬祝

健康顺利、事业发达

课题组

二〇一一年九月三十日

　　备注：本土品牌是指民族品牌，即中国人原创且由中国人持有的品牌；外国品牌是指品牌来源国是国外，不论其是否在中国合资都是外国品牌。

您的性别：□男　　　□女

您的年龄：□18~25 岁　□26~35 岁　□36~45 岁　□46~60 岁　□61 岁以上

您的学历：□小学及以下　□初中及相当学历　□高中及相当学历　□大学或大专　□研究生

| | A. 本土品牌 | B. 外国品牌 | C. 两种都不适合 |
|---|---|---|---|
| 1. 便宜 | □ | □ | □ |
| 2. 新颖 | □ | □ | □ |
| 3. 经典 | □ | □ | □ |
| 4. 低档 | □ | □ | □ |
| 5. 信誉高 | □ | □ | □ |
| 6. 专业 | □ | □ | □ |
| 7. 服务态度不好 | □ | □ | □ |
| 8. 品位高 | □ | □ | □ |

9. 安全 ☐ ☐ ☐
10. 广告夸张 ☐ ☐ ☐
11. 实惠 ☐ ☐ ☐
12. 时尚 ☐ ☐ ☐
13. 满意度低 ☐ ☐ ☐
14. 定位明确 ☐ ☐ ☐
15. 服务好 ☐ ☐ ☐
16. 质量差 ☐ ☐ ☐
17. 有个性 ☐ ☐ ☐
18. 价格高 ☐ ☐ ☐
19. 广告没创意 ☐ ☐ ☐
20. 前卫 ☐ ☐ ☐
21. 外观设计精美 ☐ ☐ ☐
22. 技术含量低 ☐ ☐ ☐
23. 竞争力强 ☐ ☐ ☐
24. 功能齐全 ☐ ☐ ☐
25. 不安全 ☐ ☐ ☐
26. 奢侈 ☐ ☐ ☐
27. 包装适当 ☐ ☐ ☐
28. 功能不好 ☐ ☐ ☐
29. 品质好 ☐ ☐ ☐
30. 质量一般 ☐ ☐ ☐
31. 同质化严重 ☐ ☐ ☐
32. 情感高 ☐ ☐ ☐
33. 缺乏特色 ☐ ☐ ☐
34. 没面子 ☐ ☐ ☐
35. 耐用 ☐ ☐ ☐
36. 包装设计不美观 ☐ ☐ ☐
37. 不耐用 ☐ ☐ ☐
38. 高科技 ☐ ☐ ☐
39. 欺骗消费者 ☐ ☐ ☐
40. 缺乏个性 ☐ ☐ ☐
41. 品牌形象好 ☐ ☐ ☐

| | | | |
|---|---|---|---|
| 42. 品牌意识差 | ☐ | ☐ | ☐ |
| 43. 品牌价值低 | ☐ | ☐ | ☐ |
| 44. 高档 | ☐ | ☐ | ☐ |
| 45. 品种少 | ☐ | ☐ | ☐ |
| 46. 传统守旧 | ☐ | ☐ | ☐ |
| 47. 有面子 | ☐ | ☐ | ☐ |
| 48. 粗糙 | ☐ | ☐ | ☐ |
| 49. 山寨 | ☐ | ☐ | ☐ |
| 50. 历史文化悠久 | ☐ | ☐ | ☐ |

附录 3-5：

# Gardner 法阶段调查问卷

各位朋友，您好！

　　感谢您在百忙之中抽空填写此问卷，本研究主要探讨"中国消费者本土品牌偏见的典型特质和强度"，请您根据自己对本土品牌的总体看法进行问卷填答，若您同意该句子的描述，请勾选越左边的选项。问卷资料仅作学术研究之用，决不外泄，请安心填答。

　　因您的参与让我们能顺利完成此份问卷，特向您致以最真诚的谢意！

　　敬祝

健康顺利、事业发达

课题组

二〇一一年九月三十日

　　备注：本土品牌是指民族品牌，即中国人原创且由中国人持有的品牌；外国品牌是指品牌来源国是国外，不论其是否在中国合资都是外国品牌。

1. 您的性别（必填，单选）：
   □男　□女
2. 您的年龄（必填，单选）：
   □18~25岁　□26~35岁　□36~45岁　□46~60岁　□61岁以上
3. 您的学历（必填，单选）：
   □初中及以下　□高中及相当学历　□大学或大专　□研究生
4. 您的月收入（必填，单选）：
   □1000元以下　□1000~3000元　□3000~5000元　□5000~8000元　□8000元以上

| 题目 | 完全符合 | 比较符合 | 说不清楚 | 不太符合 | 完全不符合 |
| --- | --- | --- | --- | --- | --- |
| 5. 我认为，与外国品牌相比，本土品牌较便宜 | 5 | 4 | 3 | 2 | 1 |
| 6. 我认为，与外国品牌相比，本土品牌山寨货较多 | 5 | 4 | 3 | 2 | 1 |

| | | | | | |
|---|---|---|---|---|---|
| 7. 我认为，与外国品牌相比，本土品牌之间同质化程度较严重 | 5 | 4 | 3 | 2 | 1 |
| 8. 我认为，与外国品牌相比，本土品牌较实惠 | 5 | 4 | 3 | 2 | 1 |
| 9. 我认为，与外国品牌相比，本土品牌技术含量较低 | 5 | 4 | 3 | 2 | 1 |
| 10. 我认为，与外国品牌相比，本土品牌档次较低 | 5 | 4 | 3 | 2 | 1 |
| 11. 我认为，与外国品牌相比，本土品牌质量一般 | 5 | 4 | 3 | 2 | 1 |
| 12. 我认为，与外国品牌相比，本土品牌比较传统守旧 | 5 | 4 | 3 | 2 | 1 |
| 13. 我认为，与外国品牌相比，本土品牌的品牌意识较差 | 5 | 4 | 3 | 2 | 1 |
| 14. 我认为，与外国品牌相比，本土品牌产品较粗糙 | 5 | 4 | 3 | 2 | 1 |
| 15. 我认为，与外国品牌相比，本土品牌价值较低 | 5 | 4 | 3 | 2 | 1 |
| 16. 我认为，与外国品牌相比，本土品牌大多缺乏特色 | 5 | 4 | 3 | 2 | 1 |
| 17. 我认为，与外国品牌相比，本土品牌大多缺乏个性 | 5 | 4 | 3 | 2 | 1 |
| 18. 我认为，与外国品牌相比，本土品牌的广告创意不够 | 5 | 4 | 3 | 2 | 1 |
| 19. 与外国品牌相比，我对本土品牌的满意度较低 | 5 | 4 | 3 | 2 | 1 |

## 附录 6-1：

### 媒介报道文本的框架编码方案

| 发现问题 | | 解释原因 | | 道德判断 | | 问题解决 | |
|---|---|---|---|---|---|---|---|
| 编码 | 框架名称 | 编码 | 框架名称 | 编码 | 框架名称 | 编码 | 框架名称 |
| Q1 | 销售过期食品 | C1 | 经济利益驱使 | E1 | 负面 | S1 | 提高责任意识 |
| Q2 | 销售无生产日期产品 | C2 | 商业道德或责任缺失 | E2 | 中性 | S2 | 公司加强监管 |
| Q3 | 以次充好，销售绿色猪肉 | C3 | 漠视消费者利益 | E3 | 正面 | S3 | 限制整改 |
| Q4 | 更改生产日期 | C4 | 漠视食品健康安全 | | | S4 | 罚款 |
| Q5 | 将过期板鸭重新包装销售 | C5 | 无视中国法律 | | | S5 | 收缴货物 |
| | 其他问题 | C6 | 公司自身监管不力 | | | S6 | 向消费者赔偿 |
| | | C7 | 偶然事件 | | | S7 | 依法追究刑事责任 |
| | | C8 | 其他超市也有类似问题 | | | S8 | 加强执法与监管 |
| | | C9 | 是中国供应商的问题 | | | S9 | 消费者及时举报 |
| | | C10 | 相比中国食品是小问题 | | | S10 | 加强媒体报道 |
| | | C11 | 税负过重 | | | S11 | 消费者抵制 |
| | | C12 | 政府相关领导重视 | | | S12 | 是小问题，可谅解 |
| | | C13 | 与政府关系不和谐 | | | S13 | 多找自己的原因 |
| | | C14 | 中国政府监管不力 | | | S14 | 应减轻企业税负 |
| | | C15 | 中国相关法律不健全 | | | S15 | 与政府搞好关系 |
| | | C16 | 其他原因 | | | S16 | 健全相关法律 |
| | | | | | | S17 | 其他解决办法 |

备注：限于篇幅，表中的框架名称比实际的编码方案更简练。

## 附录 6-2：

## 中国媒体报道沃尔玛食品安全事件的框架编码提纲

对 2011 年所有关于沃尔玛食品安全问题的媒体报道，按以下框架进行逐篇分析、编码和登录。

1. 报道题目（请填写）：
2. 报道媒体（请填写）：
3. 报道时间（请填写）：
4. 基于报道文本的框架编码：

（1）发现问题的框架编码（可多选）：

　　○ 1. 销售过期食品

　　○ 2. 销售无生产日期产品

　　○ 3. 以次充好，销售绿色猪肉

　　○ 4. 私自更改生产日期

　　○ 5. 将过期板鸭油炸，重新包装销售

　　○ 6. 其他（请填写）：＿＿＿＿＿＿＿＿

（2）解释原因的框架编码（可多选）：

　　○ 1. 经济利益驱使

　　○ 2. 商业道德或社会责任缺失

　　○ 3. 漠视消费者利益和健康安全

　　○ 4. 无视中国法律

　　○ 5. 公司自身监管不力

　　○ 6. 偶然事件

　　○ 7. 其他超市也有类似问题

　　○ 8. 是中国供应商的问题

　　○ 9. 相比中国企业食品安全是小问题

　　○ 10. 税负过重

　　○ 11. 沃尔玛事件之所以能受到处罚，是因为重庆市领导重视

　　○ 12. 与政府关系不和谐

　　○ 13. 中国政府监管不力

○ 14. 中国相关法律不健全

○ 15. 其他原因（请填写）：＿＿＿＿＿＿＿

（3）道德判断或褒贬评价的框架编码（单选）：

○ 1. 负面（尊重事实，有关于沃尔玛违法、责任道德缺失的评论和质疑）

○ 2. 中性（仅仅披露沃尔玛食品安全问题的重要事实和证据）

○ 3. 正面（超越事实，有为沃尔玛减轻甚至开脱罪责的评论）

（4）问题解决的框架编码（可多选）：

○ 1. 提高对消费者的责任意识

○ 2. 公司本身应加强产品监管

○ 3. 限制整改

○ 4. 罚款

○ 5. 收缴货物

○ 6. 向消费者加倍赔偿

○ 7. 对责任人要依法追究刑事责任

○ 8. 工商管理部门要继续加强监督和执法力度

○ 9. 消费者遇到类似问题要及时向工商管理部门举报

○ 10. 要加强媒体报道力度，让更多人了解沃尔玛的违法和欺骗行为

○ 11. 消费者应团结起来抵制沃尔玛

○ 12. 只是小问题，可以谅解

○ 13. 多在自己身上找原因

○ 14. 应减轻企业税负

○ 15. 与政府搞好关系

○ 16. 健全相关法律

○ 17. 其他解决办法（请填写）：＿＿＿＿＿＿＿

5. 基于报道文本的媒介权利主体与倾向性编码（可多选）：

○ 1. 记者——表示报道中有媒体记者自身的评论或质疑（以下问题为单选）

　　○（1）事实呈现，揭露问题　　○（2）为沃尔玛开脱责任

○ 2. 消费者——表示报道中有对消费者或顾客的采访（以下问题为单选）

○（1）事实呈现，揭露问题　　　○（2）为沃尔玛开脱责任

○ 3. 工商行政部门——表示报道中有政府执法部门发布的消息（以下问题为单选）

○（1）事实呈现，揭露问题　　　○（2）为沃尔玛开脱责任

○ 4. 公安部门——表示报道中有政府执法部门发布的消息（以下问题为单选）

○（1）事实呈现，揭露问题　　　○（2）为沃尔玛开脱责任

○ 5. 政府官员——表示报道中有政府官员的讲话（以下问题为单选）

○（1）事实呈现，揭露问题　　　○（2）为沃尔玛开脱责任

○ 6. 沃尔玛员工——表示报道中有对沃尔玛员工的采访（以下问题为单选）

○（1）事实呈现，揭露问题　　　○（2）为沃尔玛开脱责任

○ 7. 沃尔玛管理层——表示报道中有对沃尔玛管理层的采访（以下问题为单选）

○（1）事实呈现，揭露问题　　　○（2）为沃尔玛开脱责任

○ 8. 消费者协会（以下问题为单选）

○（1）事实呈现，揭露问题　　　○（2）为沃尔玛开脱责任

○ 9. 权威部门或权威专家——表示报道中有对权威专家的采访（以下问题为单选）

○（1）事实呈现，揭露问题　　　○（2）为沃尔玛开脱责任

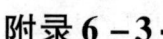

## 附录 6-3：

### 中国媒体对沃尔玛食品安全危机事件报道的框架分析

| 序号 | 报道题目 | 报道媒体 | 报道时间 |
| --- | --- | --- | --- |
| 1 | 普通肉假冒绿色猪肉 沃尔玛这是你第21次坑人 | 《重庆晨报》 被腾讯·大渝网转载 | 2011.9.6 |
| 2 | 沃尔玛双倍认赔 无小票有购买时间也可获赔 | 《重庆晨报》 被腾讯·大渝网转载 | 2011.9.9 |
| 3 | 猪肉门未了又现"三无" 沃尔玛散装食品包装违法 | 《重庆晨报》 被腾讯·大渝网转载 | 2011.9.9 |
| 4 | 暗访家乐福、沃尔玛：过期肉去皮卖促销藏猫腻 | 《生命时报》 被人民网转载 | 2011.9.13 |
| 5 | 沃尔玛门店查出"脏"豆干 | 新京报 被人民网转载 | 2011.9.15 |
| 6 | 沃尔玛在中国 5 年间因屡次违法被处罚20次 | 中国广播网，被人民网转载 | 2011.9.21 |
| 7 | 沃尔玛重庆店全体乱卖肉 工商拟对部分店停业 | 《重庆晨报》 被腾讯·大渝网转载 | 2011.9.29 |
| 8 | 沃尔玛在渝门店全陷涉假 假冒绿色肉近6万公斤 | 中新网 被腾讯·大渝网转载 | 2011.9.29 |
| 9 | 沃尔玛涉嫌卖假冒绿色猪肉 部分店停业整顿 | 《重庆晨报》 被腾讯·大渝网转载 | 2011.9.29 |
| 10 | 涉嫌销售假冒绿色猪肉 沃尔玛在渝门店全部卷入 | 《重庆晚报》 被腾讯·大渝网转载 | 2011.9.29 |
| 11 | 普通猪肉冒充绿色猪肉 重庆所有沃尔玛店都在卖 | 《重庆时报》 被腾讯·大渝网转载 | 2011.9.29 |
| 12 | 放弃听证 沃尔玛4家门店国庆节后将受到处罚 | 《重庆商报》 被腾讯·大渝网转载 | 2011.10.1 |
| 13 | 沃尔玛被罚款269万 重庆10家分店停业整顿15天 | 腾讯·大渝网 [微博] | 2011.10.9 |
| 14 | 沃尔玛中国总部就假冒绿色猪肉事件公开致歉 | 中国新闻社 被人民网转载 | 2011.10.9 |
| 15 | 重庆沃尔玛假冒绿色猪肉案嫌犯被刑拘 | 《重庆晨报》 被人民网转载 | 2011.10.9 |
| 16 | 重庆沃尔玛绿色猪肉：超市领导对作假心知肚明 | 《中国青年报》 被人民网转载 | 2011.10.10 |

续表

| 序号 | 报道题目 | 报道媒体 | 报道时间 |
| --- | --- | --- | --- |
| 17 | 重庆沃尔玛售假绿色猪肉被罚269万 10门店停业 | 新华网 被人民网转载 | 2011.10.10 |
| 18 | "绿色猪肉"让沃尔玛触及红色警戒线 | 中华读书报 被人民网转载 | 2011.10.10 |
| 19 | 沃尔玛中国关于重庆"绿色猪肉"事件的最新声明 | 跨国公司频道 | 2011.10.10 |
| 20 | 沃尔玛10家门店停业整顿15天 部分责任人被刑拘 | 《重庆晚报》 被腾讯·大渝网转载 | 2011.10.10 |
| 21 | 沃尔玛在重庆10家分店被罚269万 停业15天 | 《每日经济新闻》 被和讯网转载 | 2011.10.10 |
| 22 | 沃尔玛中国总部就假冒绿色猪肉致歉 | 证券时报网 被和讯网转载 | 2011.10.10 |
| 23 | 沃尔玛在重庆10家分店被罚269万 停业15天 | 每日经济新闻 被和讯网转载 | 2011.10.10 |
| 24 | 沃尔玛中国总部就重庆分店假冒绿色猪肉事件公开道歉 | 《财经》 被和讯网转载 | 2011.10.10 |
| 25 | 重庆沃尔玛销售假冒绿色猪肉被令停业整顿 | 《重庆晨报》 被人民网、和讯网转载 | 2011.10.10 |
| 26 | 重庆沃尔玛售假绿色猪肉被停业 员工被拘留 | 中国新闻网 被和讯网转载 | 2011.10.10 |
| 27 | 沃尔玛重庆门店全部停业整顿 | 《北京日报》 被和讯网转载 | 2011.10.10 |
| 28 | 沃尔玛重庆门店因"假绿"猪肉停业整顿并罚款269万元 | 《第一财经》 被和讯网转载 | 2011.10.10 |
| 29 | 沃尔玛重庆10店被停业整顿 7家门店责任人被刑拘 | 《重庆晚报》 被中国经营网和讯网转载 | 2011.10.10 |
| 30 | "绿色猪肉"事件尘埃落定 重庆沃尔玛停业15天 | 中国经营网 被和讯网转载 | 2011.10.10 |
| 31 | 市民在沃尔玛买箱牛奶 外包装上没有生产日期 | 《重庆晚报》 被人民网转载 | 2011.11.10 |
| 32 | 绿色猪肉事件发酵 沃尔玛10家店停业或损失4500万 | 《第一财经日报》 被中国资本证券网 和讯网转载 | 2011.10.11 |
| 33 | 沃尔玛使坏背后有啥"潜规则" | 《现代快报》 被和讯网转载 | 2011.10.11 |
| 34 | 重庆沃尔玛被罚 或面临刑事审判 | 《第一财经日报》 被人民网、和讯网转载 | 2011.10.11 |

续表

| 序号 | 报道题目 | 报道媒体 | 报道时间 |
|---|---|---|---|
| 35 | 沃尔玛在渝售假10店停业 | 《南方日报》 被南方报网、和讯网转载 | 2011.10.11 |
| 36 | 沃尔玛以普通猪肉冒充"绿色猪肉"被罚 | 《南方日报》 被南方报网、和讯网转载 | 2011.10.11 |
| 37 | 重庆沃尔玛5年被工商处罚21次 | 《京华时报》 被和讯网转载 | 2011.10.11 |
| 38 | 重庆沃尔玛"绿色猪肉假冒门"37名涉案人员被捕 | 中国新闻网 被和讯网转载 | 2011.10.11 |
| 39 | 沃尔玛重庆门店售假37人被抓 | 《新京报》 被和讯网转载 | 2011.10.11 |
| 40 | 沃尔玛在渝13家门店 全部停业整顿15天 | 《重庆商报》 被腾讯·大渝网转载 | 2011.10.11 |
| 41 | 沃尔玛在渝13店昨晚全停业 可要求退一赔一 | 《重庆晨报》 被腾讯·大渝网转载 | 2011.10.11 |
| 42 | 沃尔玛假冒绿色猪肉 消费者这样索赔 | 《重庆晚报》 被腾讯·大渝网转载 | 2011.10.11 |
| 43 | 沃尔玛重庆危机：第N次处罚后公安打假总队破案 | 《第一财经日报》 被人民网转载 | 2011.10.11 |
| 44 | 如何才能教洋品牌少"出洋相"？ | 《中国青年报》 被人民网转载 | 2011.10.11 |
| 45 | 新华网评：沃尔玛店大欺客就该"严打" | 新华网 | 2011.10.11 |
| 46 | 21次"出洋相"沃尔玛"吃红牌" | 《证券市场周刊》 被新华网、和讯网转载 | 2011.10.12 |
| 47 | 停业整顿风波：沃尔玛与重庆关系恶化 | 经济观察网 被和讯网转载 | 2011.10.12 |
| 48 | 沃尔玛"同意"处罚 门店停业损失或达亿元 | 《21世纪经济报道》 被和讯网转载 | 2011.10.12 |
| 49 | 沃尔玛是被猪肉"撂倒"的吗？ | 湖南在线 被和讯网转载 | 2011.10.12 |
| 50 | 福州沃尔玛、家乐福依旧在售强生婴儿洗发水 | 《东南快报》 被联商网转载 | 2011.10.12 |
| 51 | 洋超市又出"洋"相 沃尔玛在渝门店被罚269万余元 | 《国际金融报》 被人民网转载 | 2011.10.12 |
| 52 | 沃尔玛售假37人被抓 将所售商品双倍金额赔偿 | 《新京报》 被人民网转载 | 2011.10.12 |
| 53 | 沃尔玛所有在渝门店关停 将按工商局方案整改 | 中国广播网 被人民网转载 | 2011.10.12 |

续表

| 序号 | 报道题目 | 报道媒体 | 报道时间 |
|---|---|---|---|
| 54 | 世界巨头遭停业 沃尔玛为何屡在重庆出洋相 | 《重庆晨报》 被大渝网转载 | 2011.10.12 |
| 55 | 问诊沃尔玛 目前2员工被批捕25人被刑拘 | 《重庆晨报》 被腾讯·大渝网转载 | 2011.10.12 |
| 56 | 沃尔玛已处理500多起消费者索赔占总数约0.5% | 《重庆日报》 被大渝网转载 | 2011.10.13 |
| 57 | 沃尔玛重庆门店2名经理被捕 | 《证券市场周刊》 被和讯网转载 | 2011.10.14 |
| 58 | 沃尔玛"假绿"事件或因绩效压力所致 | 中国经营网 被和讯网转载 | 2011.10.14 |
| 59 | 食品违法将实行连坐制 多家门店一遭全遭 | 《重庆晚报》 被腾讯·大渝网转载 | 2011.10.14 |
| 60 | 屡罚屡犯成本太低 食品违法处罚将实行连坐制 | 《重庆晨报》 被腾讯·大渝网转载 | 2011.10.14 |
| 61 | 打假治乱反欺诈 超市进货记录不全一单罚3万 | 《重庆商报》 被腾讯·大渝网转载 | 2011.10.14 |
| 62 | 长沙沃尔玛、家乐福卖改日期食品行业潜规则曝光 | 《经济参考报》 被人民网转载 | 2011.10.14 |
| 63 | 沃尔玛重庆售假绿色猪肉续 调外地店长协助整改 | 《新京报》 被搜狐转载 | 2011.10.15 |
| 64 | 沃尔玛重庆门店有望10月24日恢复营业 | 《重庆商报》 被腾讯·大渝网转载 中国经济网、中国广播网 | 2011.10.17 |
| 65 | 沃尔玛中国CEO陈耀昌离职 亚洲CEO贝思哲暂接任 | 腾讯财经［微博］ | 2011.10.17 |
| 66 | 沃尔玛因销售过期食品虚假宣传等8个月被罚8次 | 新华网 被搜狐网、大洋网转载 | 2011.10.17 |
| 67 | 外交部谈沃尔玛售假事件：外企不能仅靠优惠政策 | 中国网 被和讯网转载 | 2011.10.18 |
| 68 | 火炉重庆 为何给了沃尔玛冷脸 | 经济观察网 被和讯网转载 | 2011.10.18 |
| 69 | 沃尔玛出售问题油茶面？ | 《城市快报》 被大渝网转载 | 2011.10.18 |
| 70 | 沃尔玛中国总裁陈耀昌辞职 声明系"个人原因" | 四川在线—华西都市报 被搜狐转载 | 2011.10.18 |

续表

| 序号 | 报道题目 | 报道媒体 | 报道时间 |
| --- | --- | --- | --- |
| 71 | 沃尔玛中国区总裁辞职 人力副总裁一同辞职 | 《信息时报》 被搜狐网转载 | 2011.10.18 |
| 72 | 沃尔玛中国区总裁离职 业内认为或与猪肉案有关 | 《新京报》 被搜狐网转载 | 2011.10.18 |
| 73 | 沃尔玛重开业或"遇冷" 仅两成网友愿光顾 | 腾讯·大渝网 | 2011.10.18 |
| 74 | 沃尔玛涉"猪肉门"中国区总裁提前下课 | 《广州日报》,被人民网转载 | 2011.10.18 |
| 75 | 沃尔玛中国陷多事之秋 高管"大换血"亡羊补牢 | 《南方日报》 被人民网转载 | 2011.10.18 |
| 76 | 沃尔玛中国区高管"换血"总裁离职或是牺牲品 | 《证券日报》 被人民网转载 | 2011.10.19 |
| 77 | 沃尔玛重庆"失足" | 《中国新闻周刊》 被搜狐网转载 | 2011.10.20 |
| 78 | 外媒报道沃尔玛在华违法受罚 称中国总是抓小事 | 新华网 被搜狐网转载 | 2011.10.20 |
| 79 | 外交部回应沃尔玛"猪肉门" | 《青岛财经日报》 被和讯网转载 | 2011.10.20 |
| 80 | 法律界人士热议沃尔玛重庆门店违法受罚事件 | 新华网 被搜狐网转载 | 2011.10.21 |
| 81 | 沃尔玛猪肉门曝绿色食品困局:高价买心理安慰 | 《南方日报》 被中国广播网转载 | 2011.10.21 |
| 82 | 沃尔玛曝质量门 按摩椅烫伤人商场只愿赔1000 | 《重庆商报》 被大渝网转载 | 2011.10.21 |
| 83 | 沃尔玛13家店建维权站 下周一再次开门迎客 | 《重庆晨报》 被大渝网转载 | 2011.10.21 |
| 84 | 沃尔玛全球副总裁专程来渝就假冒"绿色猪肉"事件致歉 | 《重庆晨报》《重庆日报》,被人民网转载 | 2011.10.22 |
| 85 | "知错就改"的沃尔玛 | 《法制晚报》 被和讯网转载 | 2011.10.22 |
| 86 | 沃尔玛全球副总裁赴重庆致歉 | 四川新闻网—成都晚报 被和讯网转载 | 2011.10.23 |

续表

| 序号 | 报道题目 | 报道媒体 | 报道时间 |
|---|---|---|---|
| 87 | 沃尔玛阵痛 | 《证券市场周刊》 被和讯网转载 | 2011.10.24 |
| 88 | 沃尔玛坎坷的本土化之路 | 《青岛财经日报》 被和讯网转载 | 2011.10.24 |
| 89 | 沃尔玛道歉易 重建商业道德难 | 东方网—劳动报 被和讯网转载 | 2011.10.24 |
| 90 | 沃尔玛自查 结果比预料的还严重 | 《重庆商报》 被和讯网转载 | 2011.10.26 |
| 91 | 沃尔玛售假绿色肉原因调查难产 中国区高管表述不一 | 《新京报》 被和讯网、凤凰网转载 | 2011.10.26 |
| 92 | 重庆13家沃尔玛门店重新开业 质疑仍旧未解 | 《第一财经日报》 被和讯网转载 | 2011.10.26 |
| 93 | 新华网评："沃尔玛们"为何"屡教不改"？ | 新华网 | 2011.10.30 |
| 94 | 沃尔玛屡罚屡犯挑战处罚力度 | 《光明日报》 被新华网转载 | 2011.10.31 |
| 95 | 沃尔玛称没生产日期符合规定 又被曝松花蛋产地造假 | 齐鲁网 被和讯网转载 | 2011.11.6 |

## 附录 6-4：

### 国内媒体报道沃尔玛事件的媒介主题和立场

| 类型 | 报道主题 | 报道或转载媒体 | 时间 |
|---|---|---|---|
| 问题呈现型（12条） | 普通肉假冒绿色猪肉　沃尔玛这是你第21次坑人 | 《重庆晨报》　被腾讯·大渝网转载 | 2011.9.6 |
| | 猪肉门未了又现"三无"　沃尔玛散装食品包装违法 | 《重庆晨报》　被腾讯·大渝网转载 | 2011.9.9 |
| | 暗访家乐福、沃尔玛：过期肉去皮卖　促销藏猫腻 | 《生命时报》　被人民网转载 | 2011.9.13 |
| | 沃尔玛门店查出"脏"豆干 | 《新京报》　被人民网转载 | 2011.9.15 |
| | 沃尔玛在渝门店全陷涉假　假冒绿色肉近6万公斤 | 《中新网》　被腾讯·大渝网转载 | 2011.9.29 |
| | 涉嫌销售假冒绿色猪肉　沃尔玛在渝门店全部卷入 | 《重庆晚报》　被腾讯·大渝网转载 | 2011.9.29 |
| | 普通猪肉冒充绿色猪肉　重庆所有沃尔玛店都在卖 | 《重庆时报》　被腾讯·大渝网转载 | 2011.9.29 |
| | "绿色猪肉"让沃尔玛触及红色警戒线 | 《中华读书报》　被人民网转载 | 2011.10.10 |
| | 福州沃尔玛、家乐福依旧在售强生婴儿洗发水 | 《东南快报》　被联商网转载 | 2011.10.12 |
| | 沃尔玛因销售过期食品虚假宣传等8个月被罚8次 | 新华网　被搜狐网/大洋网转载 | 2011.10.17 |
| | 沃尔玛出售问题油茶面 | 《城市快报》　被大渝网转载 | 2011.10.18 |
| | 市民在沃尔玛买箱牛奶　外包装没有生产日期 | 《重庆晚报》　被人民网转载 | 2011.11.10 |
| 政府处理型（34条） | 沃尔玛在中国5年间因屡次违法被处罚20次 | 中国广播网　被人民网转载 | 2011.9.21 |
| | 沃尔玛重庆店全体乱卖肉　工商拟对部分店停业 | 《重庆晨报》　被腾讯·大渝网转载 | 2011.9.29 |
| | 沃尔玛涉嫌卖假冒绿色猪肉　部分店停业整顿 | 《重庆晨报》　被腾讯·大渝网转载 | 2011.9.29 |
| | 放弃听证　沃尔玛4家门店国庆节后将受到处罚 | 《重庆商报》　被腾讯·大渝网转载 | 2011.10.1 |

续表

| 类型 | 报道主题 | 报道或转载媒体 | 时间 |
|---|---|---|---|
| | 沃尔玛被罚款269万 重庆10家分店停业整顿15天 | 腾讯·大渝网［微博］ | 2011.10.9 |
| | 重庆沃尔玛假冒绿色猪肉案嫌犯被刑拘 | 《重庆晨报》 被人民网转载 | 2011.10.9 |
| | 重庆沃尔玛售假绿色猪肉被罚269万 10门店停业 | 新华网 被人民网转载 | 2011.10.10 |
| | 沃尔玛10家门店停业整顿15天 部分责任人被刑拘 | 《重庆晚报》 被腾讯·大渝网转载 | 2011.10.10 |
| | 沃尔玛在重庆10家分店被罚269万 停业15天 | 《每日经济新闻》 被和讯网转载 | 2011.10.10 |
| | 沃尔玛在重庆10家分店被罚269万 停业15天 | 《每日经济新闻》 被和讯网转载 | 2011.10.10 |
| | 重庆沃尔玛销售假冒绿色猪肉被令停业整顿 | 《重庆晨报》 被人民网、和讯网转载 | 2011.10.10 |
| | 重庆沃尔玛售假绿色猪肉被停业 员工被拘留 | 中国新闻网 被和讯网转载 | 2011.10.10 |
| | 沃尔玛重庆门店全部停业整顿 | 《北京日报》 被和讯网转载 | 2011.10.10 |
| | 沃尔玛重庆门店因"假绿"猪肉停业整顿并罚款269万元 | 《第一财经》 被和讯网转载 | 2011.10.10 |
| | 沃尔玛重庆10店被停业整顿 7家门店责任人被刑拘 | 《重庆晚报》 被中国经营网/和讯网转载 | 2011.10.10 |
| | "绿色猪肉"事件尘埃落定 重庆沃尔玛停业15天 | 中国经营网 被和讯网转载 | 2011.10.10 |
| | 重庆沃尔玛被罚 或面临刑事审判 | 《第一财经日报》 被人民网/和讯网转载 | 2011.10.11 |
| | 沃尔玛在渝售假10店停业 | 《南方日报》 被南方报网、和讯网转载 | 2011.10.11 |
| | 沃尔玛以普通猪肉 冒充"绿色猪肉"被罚 | 《南方日报》 被南方报网、和讯网转载 | 2011.10.11 |
| | 重庆沃尔玛5年被工商处罚21次 | 《京华时报》 被和讯网转载 | 2011.10.11 |
| | 重庆沃尔玛"绿色猪肉假冒门"37名涉案人员被捕 | 中国新闻网 被和讯网转载 | 2011.10.11 |
| | 沃尔玛重庆门店售假37人被抓 | 《新京报》 被和讯网转载 | 2011.10.11 |

续表

| 类型 | 报道主题 | 报道或转载媒体 | 时间 |
|---|---|---|---|
| | 沃尔玛在渝13家门店 全部停业整顿15天 | 《重庆商报》 被腾讯·大渝网转载 | 2011.10.11 |
| | 沃尔玛重庆危机：第N次处罚后公安打假总队破案 | 《第一财经日报》 被人民网转载 | 2011.10.11 |
| | 洋超市又出"洋"相 沃尔玛在渝门店被罚269万余元 | 《国际金融报》 被人民网转载 | 2011.10.12 |
| | 沃尔玛所有在渝门店关停 将按工商局方案整改 | 中国广播网 被人民网转载 | 2011.10.12 |
| | 沃尔玛售假37人被抓 将所售商品双倍金额赔偿 | 《新京报》 被人民网转载 | 2011.10.12 |
| | 问诊沃尔玛 目前2员工被批捕 25人被刑拘 | 《重庆晨报》 被腾讯·大渝网转载 | 2011.10.12 |
| | 沃尔玛重庆门店2名经理被捕 | 《证券市场周刊》 被和讯网转载 | 2011.10.14 |
| | 食品违法将实行连坐制 多家门店一遭全遭 | 《重庆晚报》 被腾讯·大渝网转载 | 2011.10.14 |
| | 屡罚屡犯成本太低 食品违法处罚将实行连坐制 | 《重庆晨报》 被腾讯·大渝网转载 | 2011.10.14 |
| | 打假治乱反欺诈 超市进货记录不全一单罚3万 | 《重庆商报》 被腾讯·大渝网转载 | 2011.10.14 |
| | 外交部谈沃尔玛售假事件：外企不能仅靠优惠政策 | 中国网 被和讯网转载 | 2011.10.18 |
| | 外交部回应沃尔玛"猪肉门" | 《青岛财经日报》 被和讯网转载 | 2011.10.20 |
| 沃尔玛对策型（19条） | 沃尔玛双倍认赔 无小票有购买时间也可获赔 | 《重庆晨报》 被腾讯·大渝网转载 | 2011.9.9 |
| | 沃尔玛中国总部就假冒绿色猪肉事件公开致歉 | 中国新闻社 被人民网转载 | 2011.10.9 |
| | 沃尔玛中国关于重庆"绿色猪肉"事件的最新声明 | 跨国公司频道 | 2011.10.10 |
| | 沃尔玛中国总部就假冒绿色猪肉致歉 | 证券时报网 被和讯网转载 | 2011.10.10 |
| | 沃尔玛中国总部就重庆分店假冒绿色猪肉事件公开道歉 | 《财经》 被和讯网转载 | 2011.10.10 |

续表

| 类型 | 报道主题 | 报道或转载媒体 | 时间 |
|---|---|---|---|
| | 沃尔玛在渝13店昨晚全停业 可要求退一赔一 | 《重庆晨报》 被腾讯·大渝网转载 | 2011.10.11 |
| | 沃尔玛假冒绿色猪肉 消费者这样索赔 | 《重庆晚报》 被腾讯·大渝网转载 | 2011.10.11 |
| | 沃尔玛重庆售假绿色猪肉续 调外地店长协助整改 | 《新京报》 被搜狐网转载 | 2011.10.15 |
| | 沃尔玛重庆门店有望10月24日恢复营业 | 《重庆商报》 被腾讯·大渝网中国经济网、中国广播网转载 | 2011.10.17 |
| | 沃尔玛中国CEO陈耀昌离职 亚洲CEO贝思哲暂接任 | 腾讯财经［微博］ | 2011.10.17 |
| | 沃尔玛中国总裁陈耀昌辞职 声明系"个人原因" | 四川在线—华西都市报 被搜狐网转载 | 2011.10.18 |
| | 沃尔玛中国区总裁辞职 人力副总裁一同辞职 | 《信息时报》 被搜狐网转载 | 2011.10.18 |
| | 沃尔玛中国区总裁离职 业内认为或与猪肉案有关 | 《新京报》 被搜狐网转载 | 2011.10.18 |
| | 沃尔玛涉"猪肉门"中国区总裁提前下课 | 《广州日报》，被人民网转载 | 2011.10.18 |
| | 沃尔玛中国陷多事之秋 高管"大换血"亡羊补牢 | 《南方日报》 被人民网转载 | 2011.10.18 |
| | 沃尔玛中国区高管"换血" 总裁离职或是牺牲品 | 《证券日报》 被人民网转载 | 2011.10.19 |
| | 沃尔玛13家店建维权站 下周一再次开门迎客 | 《重庆晨报》 被大渝网转载 | 2011.10.21 |
| | 沃尔玛全球副总裁专程来渝就假冒"绿色猪肉"事件致歉 | 《重庆晨报》/《重庆日报》被人民网转载 | 2011.10.22 |
| | 沃尔玛全球副总裁赴重庆致歉 | 四川新闻网—成都晚报 被和讯网转载 | 2011.10.23 |
| 媒介评论型(21条) | 重庆沃尔玛绿色猪肉：超市领导对作假心知肚明 | 《中国青年报》 被人民网转载 | 2011.10.10 |
| | 沃尔玛使坏背后有啥"潜规则" | 《现代快报》 被和讯网转载 | 2011.10.11 |
| | 如何才能教洋品牌少"出洋相" | 《中国青年报》 被人民网转载 | 2011.10.11 |

续表

| 类型 | 报道主题 | 报道或转载媒体 | 时间 |
| --- | --- | --- | --- |
| | 沃尔玛店大欺客就该"严打" | 新华网 | 2011.10.11 |
| | 21次"出洋相"沃尔玛"吃红牌" | 《证券市场周刊》 被新华网/和讯网转载 | 2011.10.12 |
| | 沃尔玛是被猪肉"撂倒"的吗 | 湖南在线 被和讯网转载 | 2011.10.12 |
| | 世界巨头遭停业 沃尔玛为何屡在重庆出洋相 | 《重庆晨报》 被大渝网转载 | 2011.10.12 |
| | 沃尔玛已处理500多起消费者索赔 占总数约0.5% | 《重庆日报》 被大渝网转载 | 2011.10.13 |
| | 长沙沃尔玛、家乐福卖改日期食品 行业潜规则曝光 | 《经济参考报》 被人民网转载 | 2011.10.14 |
| | 沃尔玛重开业或"遇冷" 仅两成网友愿光顾 | 腾讯·大渝网 | 2011.10.18 |
| | 外媒报道沃尔玛在华违法受罚 称中国总是抓小事 | 新华网 被搜狐网转载 | 2011.10.20 |
| | 法律界人士热议沃尔玛重庆门店违法受罚事件 | 新华网 被搜狐网转载 | 2011.10.21 |
| | 沃尔玛猪肉门曝绿色食品困局：高价买心理安慰 | 《南方日报》 被中国广播网转载 | 2011.10.21 |
| | 沃尔玛曝质量门 按摩椅烫伤人商场只愿赔1000 | 《重庆商报》 被大渝网转载 | 2011.10.21 |
| | 沃尔玛道歉易重建商业道德难 | 东方网—劳动报 被和讯网转载 | 2011.10.24 |
| | 沃尔玛自查 结果比预料的还严重 | 《重庆商报》 被和讯网转载 | 2011.10.26 |
| | 沃尔玛售假绿色肉原因调查难产 中国区高管表述不一 | 《新京报》 被和讯网、凤凰网转载 | 2011.10.26 |
| | 重庆13家沃尔玛门店重新开业 质疑仍旧未解 | 《第一财经日报》 被和讯网转载 | 2011.10.26 |
| | "沃尔玛们"为何"屡教不改"？ | 新华网 | 2011.10.30 |
| | 沃尔玛屡罚屡犯挑战处罚力度 | 《光明日报》 被新华网转载 | 2011.10.31 |
| | 沃尔玛称没生产日期符合规定 又被曝松花蛋产地造假 | 齐鲁网 被和讯网转载 | 2011.11.6 |

续表

| 类型 | 报道主题 | 报道或转载媒体 | 时间 |
|---|---|---|---|
| 开脱责任或给政府施压型（9条） | 绿色猪肉事件发酵　沃尔玛10家店停业或损失4500万 | 《第一财经日报》　被中国资本证券网/和讯网转载 | 2011.10.11 |
| | 停业整顿风波：沃尔玛与重庆关系恶化 | 经济观察网　被和讯网转载 | 2011.10.12 |
| | 沃尔玛"同意"处罚　门店停业损失或达亿元 | 《21世纪经济报道》　被和讯网转载 | 2011.10.12 |
| | 沃尔玛"假绿"事件或因绩效压力所致 | 中国经营网　被和讯网转载 | 2011.10.14 |
| | 火炉重庆　为何给了沃尔玛冷脸 | 经济观察网　被和讯网转载 | 2011.10.18 |
| | 沃尔玛重庆"失足" | 《中国新闻周刊》　被搜狐网转载 | 2011.10.20 |
| | "知错就改"的沃尔玛 | 《法制晚报》　被和讯网转载 | 2011.10.22 |
| | 沃尔玛阵痛 | 《证券市场周刊》　被和讯网转载 | 2011.10.24 |
| | 沃尔玛坎坷的本土化之路 | 《青岛财经日报》　被和讯网转载 | 2011.10.24 |

备注："开脱责任或给政府施压型"报道属于"媒介评论型"报道，但因其舆论引导作用存在差异故单列，以便分析。

**附录7：**

**受众(消费者)对沃尔玛食品安全事件认知框架的访谈提纲**

朋友（老师），您好！

  我们正在做关于"中国消费者对沃尔玛食品安全事件认知框架"的课题研究，希望能占用您几分钟时间，谈谈您对沃尔玛食品安全事件的看法。本调查仅作学术研究之用，决不外泄，请放心。如果您能接受我们的访谈，在问卷填写完成之后，我们会赠送您一份小礼品！

  非常感谢您的参与和支持！

祝：身体健康、事业顺利<br/>课题组/2011.10.21

1. 您了解最近发生的沃尔玛食品安全危机事件吗？
    ○ A. 是　　　　　　　　　○ B. 否
2. 您最初是通过什么途径了解的：
    ○ 1. 听朋友说
    ○ 2. 通过《重庆晨报》《重庆晚报》等
    ○ 3. 通过网络了解到的
    ○ 4. 在重庆沃尔玛超市目睹
    ○ 5. 通过电视了解的
3. 您在知道沃尔玛食品问题后，是否继续关注？
    ○ 1. 很关注　　　　　　　○ 2. 不太关注
4. 为什么？
    ○ 1. 因为我很少去沃尔玛购物
    ○ 2. 因为我经常去沃尔玛购物
    ○ 3. 其他原因（请填写）：
5. 您对沃尔玛食品安全事件的认知框架
    （1）您知道，沃尔玛出了什么问题？（可多选）：
    　　○ 1. 销售过期食品

○ 2. 销售无生产日期的"三无"产品

○ 3. 以次充好，销售假冒绿色猪肉

○ 4. 私自更改生产日期

○ 5. 将过期板鸭油炸，重新包装销售

○ 6. 标价与售价不相符

○ 7. 其他问题（请填写）：

(2) 您认为，沃尔玛为什么会出这些问题？（可多选）：

○ 1. 经济利益驱使

○ 2. 商业道德或社会责任缺失

○ 3. 漠视消费者利益和健康安全

○ 4. 无视中国法律

○ 5. 公司自身监管不力

○ 6. 偶然事件

○ 7. 其他超市也有类似问题

○ 8. 是中国供应商的问题

○ 9. 相比中国企业食品安全是小问题

○ 10. 税负过重

○ 11. 沃尔玛事件之所以能受到处罚，是因为重庆市领导重视

○ 12. 与政府关系不和谐

○ 13. 中国政府监管不力

○ 14. 中国相关法律不健全

○ 15. 其他原因（请填写）：

(3) 您对沃尔玛出现食品安全问题有何评价？（单选）：

○ 1. 沃尔玛无视中国消费者的健康安全、无视中国法律、缺乏基本的商业道德，理当严惩

○ 2. 沃尔玛出现食品安全问题只是偶然，不能说明什么问题

○ 3. 沃尔玛暴露的食品安全问题是小事，我们自己的问题更多，应多从自身查找原因

(4) 您认为，该如何解决沃尔玛食品安全问题？（可多选）：

○ 1. 提高对消费者的责任意识

○ 2. 公司本身应加强产品监管

- ○ 3. 限制整改
- ○ 4. 罚款
- ○ 5. 收缴货物
- ○ 6. 向消费者加倍赔偿
- ○ 7. 对责任人要依法追究刑事责任
- ○ 8. 工商管理部门要继续加强监督和执法力度
- ○ 9. 消费者遇到类似问题要及时向工商管理部门举报
- ○ 10. 要加强媒体报道力度,让更多人了解沃尔玛的违法和欺骗行为
- ○ 11. 消费者应团结起来抵制沃尔玛
- ○ 12. 只是小问题,可以谅解
- ○ 13. 多从自己身上找原因
- ○ 14. 应减轻企业税负
- ○ 15. 与政府搞好关系
- ○ 16. 健全相关法律
- ○ 17. 其他解决办法(请填写):

6. 您对沃尔玛问题的可接近—可诊断性评价

(1) 您认为,媒体报道沃尔玛食品安全问题的信息可靠吗?(单选)
   - ○ 很不可靠    ○ 不可靠    ○ 有点不可靠
   - ○ 不确定      ○ 有点可靠  ○ 可靠
   - ○ 很可靠

(2) 您认为,媒体报道沃尔玛食品安全问题的信息对您选择超市购物重要吗?(单选)
   - ○ 很不重要    ○ 不重要    ○ 有点不重要
   - ○ 不确定      ○ 有点重要  ○ 重要
   - ○ 很重要

(3) 您认为,沃尔玛发生食品安全问题正常吗?(单选)
   - ○ 很不正常    ○ 不正常    ○ 有点不正常
   - ○ 不清楚      ○ 比较正常  ○ 正常
   - ○ 很正常

(4) 您认为沃尔玛品牌可靠吗？（单选）

○ 很不可靠　　　○ 不可靠　　　○ 有点不可靠
○ 不确定　　　　○ 有点可靠　　○ 可靠
○ 很可靠

(5) 您对沃尔玛品牌是否还继续喜欢？（单选）

○ 很不喜欢　　　○ 不喜欢　　　○ 有点不喜欢
○ 不确定　　　　○ 有点喜欢　　○ 喜欢
○ 很喜欢

(6) 您以后还会去沃尔玛超市购物吗？（单选）

○ 肯定不再去　　○ 不再去　　　○ 可能不再去
○ 不确定　　　　○ 可能会去　　○ 还会去
○ 肯定会去

7. 您认为，影响您对沃尔玛问题的上述观点和评价的主要因素有哪些？（可多选）

○（1）因为沃尔玛是我喜欢的知名品牌，任何公司难免不出点问题
○（2）因为中国产品也屡次出现问题，不会比沃尔玛好
○（3）主要是受媒体报道或评论的影响
○（4）我和朋友讨论、交流沃尔玛问题，受朋友观点的影响
○（5）外国品牌"未必都好"，这件事增强了我对国货的信心
○（6）其他影响因素（请填写）：

8. 您的个人信息

您的性别：＿＿＿年龄：＿＿＿职业：＿＿＿学历：＿＿＿月收入：＿＿＿

**非常感谢您参与我们的问卷调查！**

## 附录 8-1：

### 产品属性实验材料之一——食品质量：麦当劳
### 视频：麦当劳鸡翅里爬出蛆　店家称食品没问题

（视频资料来源：http://tv.sohu.com/20110802/n315189696.shtml）

2011年8月1日，在微博上流传的湖南公共频道的视频报道显示，长沙市一名男童吃麦当劳的鸡翅套餐时，发现其中爬出多条活蛆虫。

对此，麦当劳有限公司公共关系部相关人士2日告诉《中国经济时报》记者，"麦当劳在中国旗下餐厅的生产、储运、保管、制作等程序和标准全国是统一的，并没有地域间的差别。"但是当本报记者询问在如此严格的环境下，为什么还在鸡翅中发现了活虫？该地麦当劳的管理人员又是怎样的态度？

### 产品属性实验材料之二——手提电脑质量：
### 惠普荣登中国"3·15"最差手提电脑
### 用户要求惠普召回闪屏电脑　问题让人无奈

（视频资料来源：http://it.sohu.com/20100315/n270843817.shtml）

近日，某报刊发的《惠普手提电脑使用4个月就"闪屏"》一文在读者中引起广泛关注，许多消费者通过电话、QQ等方式与记者取得联系，表示有同样或类似的经历。此外，还有消费者反映在换屏后使用不到一周时间再次出现"闪屏"现象。惠普电脑售后服务"治标不治本""屡换屡坏"等问题让消费者对惠普电脑开始失去信心，大批消费者要求召回"闪屏"电脑，而惠普电脑公司的态度又是怎样的呢？

### 产品属性实验材料之三——商业道德：
### 证交会指控强生公司海外行贿
### 美国证交会指控强生公司海外行贿

（视频资料来源：http://tv.sohu.com/20110409/n305550267.shtml）

2011年4月8日，美国证券交易委员会指控强生公司贿赂外国医生和通过支付回扣获得业务合同,违反了《海外反腐败法》。美国证交会指控说,至少自1998年以来,强生旗下的子公司就已通过向希腊、波兰、罗马尼亚等国的公立医院医生和行政人员行贿来谋取利益,包括让医生选择使用强生公司的医疗产品和开强生公司生产的处方药。同时,强生子公司还通过向伊拉克支付回扣,换取联合国"石油换食品"计划下的19个业务合同。

美国证交会执法部主任罗伯特·胡扎米说:"强生公司逾越法律之上,通过并购一个私人公司来进行贿赂,并使用虚假合同、离岸公司以及行贿基金掩盖违法活动。"

强生公司并没有承认或否认美国证交会的指控,但已同意为证交会的指控支付4860万美元的追缴款和判决前利息。同时,强生公司还同意为美国司法部的刑事指控支付2140万美元的罚款。

## 产品属性实验材料之四——价格暴利:肯德基豆浆门事件
## 肯德基豆浆由豆浆粉调成成本仅为售价十分之一

(视频资料来源:http://news.iqilu.com/shandong/shipin/2011/0729/519319.shtml)

肯德基的豆浆竟是豆浆粉兑冲而成,成本仅为售价的十分之一!一张在微博上被转发上千次的图片,其内容是一家肯德基门店外堆放着几箱豆浆粉原料。但肯德基方面却表示,广告中从未提及"现磨现做",并表示豆浆均系浓缩液或豆浆粉调配而成。这条微博被转发上千次,对于微薄所反映情况,肯德基公司没有否认使用豆浆粉,并表示,部分城市的豆浆是选取优质的黄豆,通过研磨、煮制、浓缩成浓缩液,按比例调配而成;还有部分城市是选取优质的黄豆,通过研磨、煮制形成豆浆粉,按比例调配而成。一杯售价6.5元的醇豆浆,成本仅为0.7元,试问中国的消费者还愿意花高价购买这样所谓的"纯豆浆"吗?

附录 8-2:

# 不同产品属性外国品牌负面信息披露的可接近—可诊断实验
## (食品组)

同学,您好!

非常感谢您抽空参与本实验。本研究主要探讨"基于产品属性差异的外国品牌负面信息对品牌来源国刻板印象反转的影响研究"。本实验仅作学术研究之用,决不外泄,请安心填答。

因您的参与让我们能顺利完成此实验和问卷调查,特向您致以最真诚的谢意!

敬祝

健康顺利、学业进步

课题组/2011.10.21

备注:本土品牌是指民族品牌,即中国人原创且由中国人持有的品牌;外国品牌是指品牌来源国是国外,不论其是否在中国合资都是外国品牌。

<u>请在您认为合适的选项"○"处打"√";下列各题均为单选题,请勿漏选或多选,谢谢!</u>

1. 您的性别是:　　○ 男　　○ 女
2. 您的年级是:　　○ 大一　　○ 大二　　○ 大三　　○ 大四

## 请先阅读、观看实验材料后再填写 3~8 题

实验材料来自大众媒体,在保证信息真实的前提下,进行了适当编辑,以增强直观性和可读性。请您认真阅读、观看实验材料后,根据您的思考,填写下面的问项,答案没有对错之分。

3. 您认为,实验材料所提供的消息可信度如何?
　　○ 很不可靠　　　　○ 不可靠　　　　○ 有点不可靠

○ 不确定 　　　　　○ 有点可靠　　　　○ 可靠
○ 很可靠

4. 您认为，实验材料所提供的消息值得重视吗？
　　○ 很不值得重视　　　　　○ 不值得重视
　　○ 有点不值得重视　　　　○ 不确定
　　○ 有点值得重视　　　　　○ 值得重视
　　○ 很值得重视

5. 您认为，实验材料所反映的麦当劳产品质量问题及其性质：
　　○ 很严重　　　　○ 严重　　　　○ 比较严重
　　○ 不清楚　　　　○ 比较正常　　○ 正常
　　○ 很正常

6. 从这条信息中，您对下列品牌的产品质量评价是：

|  | 很不可靠 | 不可靠 | 有点不可靠 | 不确定 | 有点可靠 | 可靠 | 很可靠 |
|---|---|---|---|---|---|---|---|
| 1. 您认为，麦当劳的产品品质 | ○ | ○ | ○ | ○ | ○ | ○ | ○ |
| 2. 您认为，乡村基（本土快餐企业）的产品品质 | ○ | ○ | ○ | ○ | ○ | ○ | ○ |
| 3. 您认为，外国品牌的产品品质 | ○ | ○ | ○ | ○ | ○ | ○ | ○ |
| 4. 您认为，本土品牌的产品品质 | ○ | ○ | ○ | ○ | ○ | ○ | ○ |

7. 从这条信息中，您对下列品牌的态度是：

|  | 很不喜欢 | 不喜欢 | 有点不喜欢 | 不确定 | 有点喜欢 | 喜欢 | 很喜欢 |
|---|---|---|---|---|---|---|---|
| 1. 您对麦当劳的态度是 | ○ | ○ | ○ | ○ | ○ | ○ | ○ |
| 2. 您对乡村基（本土快餐企业）的态度是 | ○ | ○ | ○ | ○ | ○ | ○ | ○ |
| 3. 您对外国品牌的态度是 | ○ | ○ | ○ | ○ | ○ | ○ | ○ |
| 4. 您对本土品牌的态度是 | ○ | ○ | ○ | ○ | ○ | ○ | ○ |

8. 从这条信息中,您对下列品牌的消费倾向是:

| | 绝对不购买 | 不购买 | 可能不购买 | 不确定 | 可能会购买 | 会购买 | 绝对会购买 |
|---|---|---|---|---|---|---|---|
| 1. 您对麦当劳的消费倾向是 | ○ | ○ | ○ | ○ | ○ | ○ | ○ |
| 2. 您对乡村基(本土快餐企业)的消费倾向是 | ○ | ○ | ○ | ○ | ○ | ○ | ○ |
| 3. 您对外国品牌的消费倾向 | ○ | ○ | ○ | ○ | ○ | ○ | ○ |
| 4. 您对本土品牌的消费倾向 | ○ | ○ | ○ | ○ | ○ | ○ | ○ |

# 不同产品属性外国品牌负面信息披露的可接近—可诊断实验(惠普组)

同学,您好!

  非常感谢您抽空参与本实验。本研究主要探讨"基于产品属性差异的外国品牌负面信息对品牌来源国刻板印象反转的影响研究"。本实验仅作学术研究之用,决不外泄,请安心填答。

  因您的参与让我们能顺利完成此实验和问卷调查,特向您致以最真诚的谢意!

  敬祝

健康顺利、学业进步

课题组/2011.10.21

  备注:本土品牌是指民族品牌,即中国人原创且由中国人持有的品牌;外国品牌是指品牌来源国是国外,不论其是否在中国合资都是外国品牌。

  请在您认为合适的选项"○"处打"√";下列各题均为单选题,请勿漏选或多选,谢谢!

1. 您的性别是： ○男 ○女
2. 您的年级是： ○大一 ○大二 ○大三 ○大四

## 请先阅读、观看实验材料后再填写3~8题

实验材料来自大众媒体，在保证信息真实的前提下，进行了适当编辑，以增强直观性和可读性。请您认真阅读、观看实验材料后，根据您的思考，填写下面的问项，答案没有对错之分。

3. 您认为，实验材料所提供的消息可信度如何？
   ○ 很不可靠　　　　○ 不可靠　　　　○ 有点不可靠
   ○ 不确定　　　　　○ 有点可靠　　　○ 可靠
   ○ 很可靠

4. 您认为，实验材料所提供的消息值得重视吗？
   ○ 很不值得重视　　　　　　　○ 不值得重视
   ○ 有点不值得重视　　　　　　○ 不确定
   ○ 有点值得重视　　　　　　　○ 值得重视
   ○ 很值得重视

5. 您认为，实验材料所反映的惠普手提电脑问题及其性质：
   ○ 很严重　　　　○ 严重　　　　　○ 比较严重
   ○ 不清楚　　　　○ 比较正常　　　○ 正常
   ○ 很正常

6. 从这条信息中，您对下列品牌的产品质量评价是：

| | 很不可靠 | 不可靠 | 有点不可靠 | 不确定 | 有点可靠 | 可靠 | 很可靠 |
|---|---|---|---|---|---|---|---|
| 1. 您认为，惠普手提电脑的产品品质 | ○ | ○ | ○ | ○ | ○ | ○ | ○ |
| 2. 您认为，联想手提电脑的产品品质 | ○ | ○ | ○ | ○ | ○ | ○ | ○ |
| 3. 您认为，外国品牌的产品品质 | ○ | ○ | ○ | ○ | ○ | ○ | ○ |
| 4. 您认为，本土品牌的产品品质 | ○ | ○ | ○ | ○ | ○ | ○ | ○ |

7. 从这条信息中，您对下列品牌的态度是：

| | 很不喜欢 | 不喜欢 | 有点不喜欢 | 不确定 | 有点喜欢 | 喜欢 | 很喜欢 |
|---|---|---|---|---|---|---|---|
| 1. 您对惠普手提电脑的态度是 | ○ | ○ | ○ | ○ | ○ | ○ | ○ |
| 2. 您对联想手提电脑的态度是 | ○ | ○ | ○ | ○ | ○ | ○ | ○ |
| 3. 您对外国品牌的态度是 | ○ | ○ | ○ | ○ | ○ | ○ | ○ |
| 4. 您对本土品牌的态度是 | ○ | ○ | ○ | ○ | ○ | ○ | ○ |

8. 从这条信息中，您对下列品牌的消费倾向是：

| | 绝对不购买 | 不购买 | 可能不购买 | 不确定 | 可能会购买 | 会购买 | 绝对会购买 |
|---|---|---|---|---|---|---|---|
| 1. 您对惠普手提电脑的消费倾向是 | ○ | ○ | ○ | ○ | ○ | ○ | ○ |
| 2. 您对联想手提电脑的消费倾向是 | ○ | ○ | ○ | ○ | ○ | ○ | ○ |
| 3. 您对外国品牌的消费倾向 | ○ | ○ | ○ | ○ | ○ | ○ | ○ |
| 4. 您对本土品牌的消费倾向 | ○ | ○ | ○ | ○ | ○ | ○ | ○ |

# 不同产品属性外国品牌负面信息披露的可接近—可诊断实验（强生公司组）

同学，您好！

  非常感谢您抽空参与本实验。本研究主要探讨"基于产品属性差异的外国品牌负面信息对品牌来源国刻板印象反转的影响研究"。本实验仅作学术研究之用，决不外泄，请安心填答。

  因您的参与让我们能顺利完成此实验和问卷调查，特向您致以最真诚的谢意!

敬祝

健康顺利、学业进步

课题组/2011.10.21

备注:本土品牌是指民族品牌,即中国人原创且由中国人持有的品牌;外国品牌是指品牌来源国是国外,不论其是否在中国合资都是外国品牌。

请在您认为合适的选项"○"处打"√";下列各题均为单选题,请勿漏选或多选,谢谢!

1. 您的性别是: ○ 男  ○ 女
2. 您的年级是: ○ 大一  ○ 大二  ○ 大三  ○ 大四

## 请先阅读、观看实验材料后再填写3～8题

实验材料来自大众媒体,在保证信息真实的前提下,进行了适当编辑,以增强直观性和可读性。请您认真阅读、观看实验材料后,根据您的思考,填写下面的问项,答案没有对错之分。

3. 您认为,实验材料所提供的消息可信度如何?
   ○ 很不可靠        ○ 不可靠         ○ 有点不可靠
   ○ 不确定          ○ 有点可靠       ○ 可靠
   ○ 很可靠

4. 您认为,实验材料所提供的消息值得重视吗?
   ○ 很不值得重视              ○ 不值得重视
   ○ 有点不值得重视            ○ 不确定
   ○ 有点值得重视              ○ 值得重视
   ○ 很值得重视

5. 您认为,实验材料所反映的强生公司商业道德问题及其性质:
   ○ 很严重          ○ 严重           ○ 比较严重
   ○ 不清楚          ○ 比较正常       ○ 正常
   ○ 很正常

6. 从这条信息中，您对下列品牌的商业道德评价是：

| | 很不可靠 | 不可靠 | 有点不可靠 | 不确定 | 有点可靠 | 可靠 | 很可靠 |
|---|---|---|---|---|---|---|---|
| 1. 您认为，强生公司的商业道德 | ○ | ○ | ○ | ○ | ○ | ○ | ○ |
| 2. 您认为，百雀羚和六神（本土企业）的商业道德 | ○ | ○ | ○ | ○ | ○ | ○ | ○ |
| 3. 您认为，外国品牌的商业道德 | ○ | ○ | ○ | ○ | ○ | ○ | ○ |
| 4. 您认为，本土品牌的商业道德 | ○ | ○ | ○ | ○ | ○ | ○ | ○ |

7. 从这条信息中，您对下列品牌的态度是：

| | 很不喜欢 | 不喜欢 | 有点不喜欢 | 不确定 | 有点喜欢 | 喜欢 | 很喜欢 |
|---|---|---|---|---|---|---|---|
| 1. 您对强生公司及其产品的态度是 | ○ | ○ | ○ | ○ | ○ | ○ | ○ |
| 2. 您对百雀羚和六神（本土企业）及其产品的态度是 | ○ | ○ | ○ | ○ | ○ | ○ | ○ |
| 3. 您对外国品牌的态度是 | ○ | ○ | ○ | ○ | ○ | ○ | ○ |
| 4. 您对本土品牌的态度是 | ○ | ○ | ○ | ○ | ○ | ○ | ○ |

8. 从这条信息中，您对下列品牌的消费倾向是：

| | 绝对不购买 | 不购买 | 可能不购买 | 不确定 | 可能会购买 | 会购买 | 绝对会购买 |
|---|---|---|---|---|---|---|---|
| 1. 您对强生公司产品的消费倾向是 | ○ | ○ | ○ | ○ | ○ | ○ | ○ |
| 2. 您对百雀羚和六神（本土企业）产品的消费倾向是 | ○ | ○ | ○ | ○ | ○ | ○ | ○ |
| 3. 您对外国品牌的消费倾向 | ○ | ○ | ○ | ○ | ○ | ○ | ○ |
| 4. 您对本土品牌的消费倾向 | ○ | ○ | ○ | ○ | ○ | ○ | ○ |

# 不同产品属性外国品牌负面信息披露的可接近—可诊断实验（肯德基组）

同学，您好！

  非常感谢您抽空参与本实验。本研究主要探讨"基于产品属性差异的外国品牌负面信息对品牌来源国刻板印象反转的影响研究"。本实验仅作学术研究之用，决不外泄，请安心填答。

  因您的参与让我们能顺利完成此实验和问卷调查，特向您致以最真诚的谢意！

  敬祝

健康顺利、学业进步<br>课题组/2011.10.21

  备注：本土品牌是指民族品牌，即中国人原创且由中国人持有的品牌；外国品牌是指品牌来源国是国外，不论其是否在中国合资都是外国品牌。

  请在您认为合适的选项"〇"处打"√"；下列各题均为单选题，请勿漏选或多选，谢谢！

1. 您的性别是： 〇 男  〇 女
2. 您的年级是： 〇 大一  〇 大二  〇 大三  〇 大四

## 请先阅读、观看实验材料后再填写 3~8 题

  实验材料来自大众媒体，在保证信息真实的前提下，进行了适当编辑，以增强直观性和可读性。请您认真阅读、观看实验材料后，根据您的思考，填写下面的问项，答案没有对错之分。

3. 您认为，实验材料所提供的消息可信度如何？
  〇 很不可靠    〇 不可靠    〇 有点不可靠
  〇 不确定     〇 有点可靠    〇 可靠
  〇 很可靠

4. 您认为，实验材料所提供的消息值得重视吗？
   ○ 很不值得重视          ○ 不值得重视
   ○ 有点不值得重视        ○ 不确定
   ○ 有点值得重视          ○ 值得重视
   ○ 很值得重视

5. 您认为，实验材料所反映的肯德基产品定价问题及其性质：
   ○ 很严重                ○ 严重
   ○ 比较严重              ○ 不清楚
   ○ 比较正常              ○ 正常
   ○ 很正常

6. 从这条信息中，您对下列品牌产品定价的评价是：

|  | 很不可靠 | 不可靠 | 有点不可靠 | 不确定 | 有点可靠 | 可靠 | 很可靠 |
|---|---|---|---|---|---|---|---|
| 1. 您认为，肯德基的产品定价 | ○ | ○ | ○ | ○ | ○ | ○ | ○ |
| 2. 您认为，乡村基（本土快餐企业）的产品定价 | ○ | ○ | ○ | ○ | ○ | ○ | ○ |
| 3. 您认为，外国品牌的产品定价 | ○ | ○ | ○ | ○ | ○ | ○ | ○ |
| 4. 您认为，本土品牌的产品定价 | ○ | ○ | ○ | ○ | ○ | ○ | ○ |

7. 从这条信息中，您对下列品牌的态度是：

|  | 很不喜欢 | 不喜欢 | 有点不喜欢 | 不确定 | 有点喜欢 | 喜欢 | 很喜欢 |
|---|---|---|---|---|---|---|---|
| 1. 您对肯德基的态度是 | ○ | ○ | ○ | ○ | ○ | ○ | ○ |
| 2. 您对乡村基（本土快餐企业）的态度是 | ○ | ○ | ○ | ○ | ○ | ○ | ○ |
| 3. 您对外国品牌的态度是 | ○ | ○ | ○ | ○ | ○ | ○ | ○ |
| 4. 您对本土品牌的态度是 | ○ | ○ | ○ | ○ | ○ | ○ | ○ |

8. 从这条信息中，您对下列品牌的消费倾向是：

| | 绝对不购买 | 不购买 | 可能不购买 | 不确定 | 可能会购买 | 会购买 | 绝对会购买 |
|---|---|---|---|---|---|---|---|
| 1. 您对肯德基的消费倾向是 | ○ | ○ | ○ | ○ | ○ | ○ | ○ |
| 2. 您对乡村基（本土快餐企业）的消费倾向是 | ○ | ○ | ○ | ○ | ○ | ○ | ○ |
| 3. 您对外国品牌的消费倾向是 | ○ | ○ | ○ | ○ | ○ | ○ | ○ |
| 4. 您对本土品牌的消费倾向是 | ○ | ○ | ○ | ○ | ○ | ○ | ○ |

## 附录 8-3：

## 不同产品属性外国品牌负面信息披露的控制组实验

同学，您好！

  非常感谢您抽空参与本调查。本调查将作为"外国品牌负面信息对品牌来源国刻板印象反转影响"的实验对照组。本调查仅作学术研究之用，决不外泄，请安心填答。

  因您的参与让我们能顺利完成此问卷调查，特向您致以最真诚的谢意！

  敬祝

健康顺利、学业进步<br>课题组/2011.10.21

  备注：本土品牌是指民族品牌，即中国人原创且由中国人持有的品牌；外国品牌是指品牌来源国是国外，不论其是否在中国合资都是外国品牌。

  请在您认为合适的选项"○"处打"√"；下列各题均为单选题，请勿漏选或多选，谢谢！

1. 您的性别是：　○ 男　○ 女
2. 您的年级是：　○ 大一　○ 大二　○ 大三　○ 大四
3. 您对下列品牌的产品质量评价是：

| | 很不可靠 | 不可靠 | 有点不可靠 | 不确定 | 有点可靠 | 可靠 | 很可靠 |
|---|---|---|---|---|---|---|---|
| 1. 您认为，惠普手提电脑的产品品质 | ○ | ○ | ○ | ○ | ○ | ○ | ○ |
| 2. 您认为，联想手提电脑的产品品质 | ○ | ○ | ○ | ○ | ○ | ○ | ○ |
| 3. 您认为，麦当劳的产品品质 | ○ | ○ | ○ | ○ | ○ | ○ | ○ |
| 4. 您认为，肯德基的产品品质 | ○ | ○ | ○ | ○ | ○ | ○ | ○ |

续表

| | 很不可靠 | 不可靠 | 有点不可靠 | 不确定 | 有点可靠 | 可靠 | 很可靠 |
|---|---|---|---|---|---|---|---|
| 5. 您认为，乡村基（本土快餐企业）的产品品质 | ○ | ○ | ○ | ○ | ○ | ○ | ○ |
| 6. 您认为，强生公司洗涤、护肤用品的产品品质 | ○ | ○ | ○ | ○ | ○ | ○ | ○ |
| 7. 您认为，百雀羚和六神洗涤、护肤用品的产品品质 | ○ | ○ | ○ | ○ | ○ | ○ | ○ |
| 8. 您认为，外国品牌的产品品质是 | ○ | ○ | ○ | ○ | ○ | ○ | ○ |
| 9. 您认为，本土品牌的产品品质是 | ○ | ○ | ○ | ○ | ○ | ○ | ○ |

4. 您对下列品牌的态度是：

| | 很不喜欢 | 不喜欢 | 有点不喜欢 | 不确定 | 有点喜欢 | 喜欢 | 很喜欢 |
|---|---|---|---|---|---|---|---|
| 1. 您对惠普手提电脑的态度是 | ○ | ○ | ○ | ○ | ○ | ○ | ○ |
| 2. 您对联想手提电脑的态度是 | ○ | ○ | ○ | ○ | ○ | ○ | ○ |
| 3. 您对麦当劳的态度是 | ○ | ○ | ○ | ○ | ○ | ○ | ○ |
| 4. 您对肯德基的态度是 | ○ | ○ | ○ | ○ | ○ | ○ | ○ |
| 5. 您对乡村基（本土快餐企业）的态度是 | ○ | ○ | ○ | ○ | ○ | ○ | ○ |
| 6. 您对强生公司洗涤、护肤用品的态度是 | ○ | ○ | ○ | ○ | ○ | ○ | ○ |
| 7. 您对百雀羚和六神洗涤、护肤用品的态度是 | ○ | ○ | ○ | ○ | ○ | ○ | ○ |
| 8. 您对外国品牌的态度是 | ○ | ○ | ○ | ○ | ○ | ○ | ○ |
| 9. 您对本土品牌的态度是 | ○ | ○ | ○ | ○ | ○ | ○ | ○ |

5. 您对下列品牌的消费倾向是：

|  | 绝不购买 | 不购买 | 可能不购买 | 不确定 | 可能购买 | 会购买 | 绝对会购买 |
| --- | --- | --- | --- | --- | --- | --- | --- |
| 1. 您对惠普手提电脑的消费倾向是 | | | | | | | |
| 2. 您对联想手提电脑的消费倾向是 | | | | | | | |
| 3. 您对麦当劳的消费倾向是 | | | | | | | |
| 4. 您对肯德基的消费倾向是 | | | | | | | |
| 5. 您对乡村基（本土快餐企业）的消费倾向是 | | | | | | | |
| 6. 您对强生公司洗涤、护肤用品的消费倾向是 | | | | | | | |
| 7. 您对百雀羚和六神洗涤、护肤用品的消费倾向是 | | | | | | | |
| 8. 您对外国品牌的消费倾向是 | | | | | | | |
| 9. 您对本土品牌的消费倾向是 | | | | | | | |

## 附录 9-1：

### 产品类型实验材料之一：低价/低技术（牙膏组）
### 牙膏中三氯生成分被疑致癌波及高露洁和佳洁士

（视频资料来源：http://www.56.com/redian/OTk2MzU3/NjI3MDI4ODI.html）

2011年9月4日，据中国之声《新闻晚高峰》报道，牙膏遇到自来水会产生致癌物？这样一则报道近日引起广泛关注。根据美国媒体报道，因为有的牙膏中含有一种叫"三氯生"的物质，遇到自来水中的氯，就会产生一种叫作氯仿的致癌物，据悉，高露洁全效和佳洁士部分牙膏均被指含有三氯生，而这些产品成分的标注栏中都未标有三氯生。

### 产品类型实验材料之二：低价/较高技术（药品组）
### 强生一年召回问题产品15次  2010成为强生召回年

（视频资料来源：http://finance.sina.com.cn/consume/qyzh/20101214/01309100455.shtml）

强生"一年召回问题产品14次"的新闻刚引起一片哗然，不到10天，强生居然又爆发了第15次召回——2010年12月1日，美国强生公司证实，由于会引发眼睛刺痛等问题，公司共召回约49.2万盒日抛型隐形眼镜。除了隐形眼镜，强生2010年召回的产品还包括感冒药泰诺、儿童抗过敏药可他敏以及止痛药美林等。作为全球最大的制药公司，强生的业务覆盖了175个国家和地区，尤其是在婴幼儿药品和日用品方面，强生毫无悬念地独占鳌头。但是，自2005年以来，强生就一直被负面信息缠身，营业额和信誉度都坐上了滑梯。曾经信赖和拥护强生多年的消费者们不禁要问："强生怎么了？"

### 产品类型实验材料之三：较高价/较高技术（电视组）
### 关注"3·15"，曝LG、松下等外资电视保修骗局

（视频资料来源：http://news.163.com/10/0315/23/61RQ7MKT000146BC.html）

2010年3月15日，央视"3·15"晚会上，首先曝光具有质量问题的

关乎外资液晶平板电视的售后维修问题。记者调查发现,这些洋品牌虽然执行主机保修一年,主要部件三年的保修政策,看似与国家关于彩色电视机的"三包"规定相差无几,但是这些厂商都把平板电视中最昂贵的屏幕排除在了主要保修以外,只保修两年。

### 产品类型实验材料之四:高价/高技术(汽车组)
### 丰田召回独缺中国,消费"高地"却成维权"洼地"

(视频资料来源:http://news.qq.com/a/20110302/001721.htm)

丰田汽车于 2011 年 2 月 14 日宣布,因油门踏板等问题将在全球召回 239 万辆车。这是当年丰田的第二次大规模召回,但主要面向北美和欧美国家,涉及雷克萨斯 GS、雷克萨斯 RX 等多款车型,丰田在连续 2 次的召回中都不涉及中国地区,其解释是"在中国大陆市场投放的汽车没有使用相同的存在缺陷的发动机或配件"。

## 附录9-2：

## 不同产品类型外国品牌负面信息披露的可接近—可诊断实验（牙膏组）

同学，您好！

非常感谢您抽空参与本实验。本研究主要探讨"基于产品类型差异的外国品牌负面信息对品牌来源国刻板印象反转的影响研究"。本实验仅作学术研究之用，决不外泄，请安心填答。

因您的参与让我们能顺利完成此实验和问卷调查，特向您致以最真诚的谢意！

敬祝

健康顺利、学业进步

课题组/2011.10.21

备注：本土品牌是指民族品牌，即中国人原创且由中国人持有的品牌；外国品牌是指品牌来源国是国外，不论其是否在中国合资都是外国品牌。

请在您认为合适的选项"○"处打"√"；下列各题均为单选题，请勿漏选或多选，谢谢！

1. 您的性别是： ○ 男 ○ 女
2. 您的年级是： ○ 大一 ○ 大二 ○ 大三 ○ 大四

## 阅读、观看实验材料后作答3~10题

实验材料来自大众媒体，在保证信息真实的前提下，进行了适当编辑，以增强直观性和可读性。请您认真阅读、观看实验材料后，根据您的思考，填写下面的问项，答案没有对错之分。

3. 您认为，实验材料所提供的信息可信度如何？
    ○ 很不可靠   ○ 不可靠   ○ 有点不可靠

○ 不确定　　　　　　○ 有点可靠　　　　○ 可靠
○ 很可靠

4. 您认为，实验材料所提供的信息值得重视吗？
　　○ 很不值得重视　　　　　　○ 不值得重视
　　○ 有点不值得重视　　　　　○ 不确定
　　○ 有点值得重视　　　　　　○ 值得重视
　　○ 很值得重视

5. 您认为，实验材料所反映的高露洁、佳洁士产品质量问题及其性质：
　　○ 很严重　　　　　　○ 严重　　　　　　○ 比较严重
　　○ 不清楚　　　　　　○ 比较正常
　　○ 正常　　　　　　　○ 很正常

6. 从这条信息中，您对下列品牌的产品质量评价是：

| | 很不可靠 | 不可靠 | 有点不可靠 | 不确定 | 有点可靠 | 可靠 | 很可靠 |
|---|---|---|---|---|---|---|---|
| 1. 您认为，高露洁、佳洁士的产品品质 | ○ | ○ | ○ | ○ | ○ | ○ | ○ |
| 2. 您认为，冷酸灵、两面针等国产牙膏的产品品质 | ○ | ○ | ○ | ○ | ○ | ○ | ○ |
| 3. 您认为，外国品牌产品品质 | ○ | ○ | ○ | ○ | ○ | ○ | ○ |
| 4. 您认为，本土品牌产品品质 | ○ | ○ | ○ | ○ | ○ | ○ | ○ |

7. 从这条信息中，您对下列品牌的态度是：

| | 很不喜欢 | 不喜欢 | 有点不喜欢 | 不确定 | 有点喜欢 | 喜欢 | 很喜欢 |
|---|---|---|---|---|---|---|---|
| 1. 您对高露洁、佳洁士的态度是 | ○ | ○ | ○ | ○ | ○ | ○ | ○ |
| 2. 您对冷酸灵、两面针等国产牙膏的态度是 | ○ | ○ | ○ | ○ | ○ | ○ | ○ |
| 3. 您对外国品牌的态度是 | ○ | ○ | ○ | ○ | ○ | ○ | ○ |
| 4. 您对本土品牌的态度是 | ○ | ○ | ○ | ○ | ○ | ○ | ○ |

8. 从这条信息中，您对下列品牌的消费意愿是：

| | 绝对不购买 | 不购买 | 可能不购买 | 不确定 | 可能会购买 | 会购买 | 绝对会购买 |
|---|---|---|---|---|---|---|---|
| 1. 您对高露洁、佳洁士的消费意愿是 | ○ | ○ | ○ | ○ | ○ | ○ | ○ |
| 2. 您对冷酸灵、两面针等国产牙膏的消费意愿是 | ○ | ○ | ○ | ○ | ○ | ○ | ○ |
| 3. 您对外国品牌的消费意愿是 | ○ | ○ | ○ | ○ | ○ | ○ | ○ |
| 4. 您对本土品牌的消费意愿是 | ○ | ○ | ○ | ○ | ○ | ○ | ○ |

# 不同产品类型外国品牌负面信息披露的可接近—可诊断实验（药品组）

同学，您好！

　　非常感谢您抽空参与本实验。本研究主要探讨"基于产品类型差异的外国品牌负面信息对品牌来源国刻板印象反转的影响研究"。本实验仅作学术研究之用，决不外泄，请安心填答。

　　因您的参与让我们能顺利完成此实验和问卷调查，特向您致以最真诚的谢意！

　　敬祝

健康顺利、学业进步<br>课题组/2011.10.21

　　备注：本土品牌是指民族品牌，即中国人原创且由中国人持有的品牌；外国品牌是指品牌来源国是国外，不论其是否在中国合资都是外国品牌。

　　请在您认为合适的选项"○"处打"√"；下列各题均为单选题，请勿漏选或多选，谢谢！

1. 您的性别是： ○ 男  ○ 女
2. 您的年级是： ○ 大一  ○ 大二  ○ 大三  ○ 大四

## 阅读、观看实验材料后填写 3~10 题

实验材料来自大众媒体，在保证信息真实的前提下，进行了适当编辑，以增强直观性和可读性。请您认真阅读、观看实验材料后，根据您的思考，填写下面的问项，答案没有对错之分。

3. 您认为，实验材料所提供的信息可信度如何？
   - ○ 很不可靠
   - ○ 不可靠
   - ○ 有点不可靠
   - ○ 不确定
   - ○ 有点可靠
   - ○ 可靠
   - ○ 很可靠

4. 您认为，实验材料所提供的信息值得重视吗？
   - ○ 很不值得重视
   - ○ 不值得重视
   - ○ 有点不值得重视
   - ○ 不确定
   - ○ 有点值得重视
   - ○ 值得重视
   - ○ 很值得重视

5. 您认为，实验材料所反映的强生公司药品质量问题及其性质：
   - ○ 很严重
   - ○ 严重
   - ○ 比较严重
   - ○ 不清楚
   - ○ 比较正常
   - ○ 正常
   - ○ 很正常

6. 从这条信息中，您对下列品牌的产品质量评价是：

|  | 很不可靠 | 不可靠 | 有点不可靠 | 不确定 | 有点可靠 | 可靠 | 很可靠 |
|---|---|---|---|---|---|---|---|
| 1. 您认为，强生公司的药品质量 | ○ | ○ | ○ | ○ | ○ | ○ | ○ |
| 2. 您认为，本土医药企业的国产药品质量 | ○ | ○ | ○ | ○ | ○ | ○ | ○ |
| 3. 您认为，外国品牌的产品质量 | ○ | ○ | ○ | ○ | ○ | ○ | ○ |
| 4. 您认为，本土品牌的产品质量 | ○ | ○ | ○ | ○ | ○ | ○ | ○ |

7. 从这条信息中，您对下列品牌的态度是：

| | 很不喜欢 | 不喜欢 | 有点不喜欢 | 不确定 | 有点喜欢 | 喜欢 | 很喜欢 |
|---|---|---|---|---|---|---|---|
| 1. 您对强生公司及其产品的态度是 | ○ | ○ | ○ | ○ | ○ | ○ | ○ |
| 2. 您对本土医药企业及其产品的态度是 | ○ | ○ | ○ | ○ | ○ | ○ | ○ |
| 3. 您对外国品牌的态度是 | ○ | ○ | ○ | ○ | ○ | ○ | ○ |
| 4. 您对本土品牌的态度是 | ○ | ○ | ○ | ○ | ○ | ○ | ○ |

8. 从这条信息中，您对下列品牌的消费意愿是：

| | 绝对不购买 | 不购买 | 可能不购买 | 不确定 | 可能会购买 | 会购买 | 绝对会购买 |
|---|---|---|---|---|---|---|---|
| 1. 您对强生公司药品的消费意愿是 | ○ | ○ | ○ | ○ | ○ | ○ | ○ |
| 2. 您对本土医药企业药品的消费意愿是 | ○ | ○ | ○ | ○ | ○ | ○ | ○ |
| 3. 您对外国品牌的消费意愿是 | ○ | ○ | ○ | ○ | ○ | ○ | ○ |
| 4. 您对本土品牌的消费意愿是 | ○ | ○ | ○ | ○ | ○ | ○ | ○ |

## 不同产品类型外国品牌负面信息披露的可接近—可诊断实验（电视组）

同学，您好！

　　非常感谢您抽空参与本实验。本研究主要探讨"基于产品类型差异的外国品牌负面信息对品牌来源国刻板印象反转的影响研究"。本实验仅作学术研究之用，决不外泄，请安心填答。

　　因您的参与让我们能顺利完成此实验和问卷调查，特向您致以最真诚的谢意!

敬祝

*健康顺利、学业进步*

*课题组/2011. 10. 21*

备注：本土品牌是指民族品牌，即中国人原创且由中国人持有的品牌；外国品牌是指品牌来源国是国外，不论其是否在中国合资都是外国品牌。

请在您认为合适的选项"○"处打"√"；下列各题均为单选题，请勿漏选或多选，谢谢!

1. 您的性别是：　○ 男　○ 女
2. 您的年级是：　○ 大一　○ 大二　○ 大三　○ 大四

## 阅读、观看实验材料后填写3～10题

　　实验材料来自大众媒体，在保证信息真实的前提下，进行了适当编辑，以增强直观性和可读性。请您认真阅读、观看实验材料后，根据您的思考，填写下面的问项，答案没有对错之分。

3. 您认为，实验材料所提供的信息可信度如何？
   ○ 很不可靠　　　　○ 不可靠　　　　○ 有点不可靠
   ○ 不确定　　　　　○ 有点可靠　　　○ 可靠
   ○ 很可靠

4. 您认为，实验材料所提供的信息值得重视吗？
   ○ 很不值得重视　　　　　　　○ 不值得重视
   ○ 有点不值得重视　　　　　　○ 不确定
   ○ 有点值得重视　　　　　　　○ 值得重视
   ○ 很值得重视

5. 您认为，实验材料所反映的 LG 等外资电视保修骗局及其性质：
   ○ 很严重　　　　　○ 严重　　　　　○ 比较严重
   ○ 不清楚　　　　　○ 比较正常　　　○ 正常
   ○ 很正常

6. 从这条信息中，您对下列品牌的商业诚信评价是：

| | 很不可靠 | 不可靠 | 有点不可靠 | 不确定 | 有点可靠 | 可靠 | 很可靠 |
|---|---|---|---|---|---|---|---|
| 1. 您认为，LG 等外资电视的商业诚信 | ○ | ○ | ○ | ○ | ○ | ○ | ○ |
| 2. 您认为，海信、长虹等国产彩电品牌的商业诚信 | ○ | ○ | ○ | ○ | ○ | ○ | ○ |
| 3. 您认为，外国品牌的商业诚信 | ○ | ○ | ○ | ○ | ○ | ○ | ○ |
| 4. 您认为，本土品牌的商业诚信 | ○ | ○ | ○ | ○ | ○ | ○ | ○ |

7. 从这条信息中，您对下列品牌的态度是：

| | 很不喜欢 | 不喜欢 | 有点不喜欢 | 不确定 | 有点喜欢 | 喜欢 | 很喜欢 |
|---|---|---|---|---|---|---|---|
| 1. 您对 LG 等外资电视的态度是 | ○ | ○ | ○ | ○ | ○ | ○ | ○ |
| 2. 您对海信、长虹等国产彩电品牌的态度是 | ○ | ○ | ○ | ○ | ○ | ○ | ○ |
| 3. 您对外国品牌的态度是 | ○ | ○ | ○ | ○ | ○ | ○ | ○ |
| 4. 您对本土品牌的态度是 | ○ | ○ | ○ | ○ | ○ | ○ | ○ |

8. 从这条信息中，您对下列品牌的消费意愿是：

| | 绝对不购买 | 不购买 | 可能不购买 | 不确定 | 可能会购买 | 会购买 | 绝对会购买 |
|---|---|---|---|---|---|---|---|
| 1. 您对 LG 等外资电视的消费意愿是 | ○ | ○ | ○ | ○ | ○ | ○ | ○ |
| 2. 您对海信、长虹等国产彩电品牌的消费意愿是 | ○ | ○ | ○ | ○ | ○ | ○ | ○ |
| 3. 您对外国品牌的消费意愿是 | ○ | ○ | ○ | ○ | ○ | ○ | ○ |
| 4. 您对本土品牌的消费意愿是 | ○ | ○ | ○ | ○ | ○ | ○ | ○ |

# 不同产品类型外国品牌负面信息披露的可接近—可诊断实验
## （轿车组）

同学，您好！

  非常感谢您抽空参与本实验。本研究主要探讨"基于产品类型差异的外国品牌负面信息对品牌来源国刻板印象反转的影响研究"。本实验仅作学术研究之用，决不外泄，请安心填答。

  因您的参与让我们能顺利完成此实验和问卷调查，特向您致以最真诚的谢意！

  敬祝

健康顺利、学业进步

课题组/2011.10.21

  备注：本土品牌是指民族品牌，即中国人原创且由中国人持有的品牌；外国品牌是指品牌来源国是国外，不论其是否在中国合资都是外国品牌。

  请在您认为合适的选项"○"处打"√"；下列各题均为单选题，请勿漏选或多选，谢谢！

1. 您的性别是：　　○ 男　　○ 女
2. 您的年级是：　　○ 大一　　○ 大二　　○ 大三　　○ 大四

## 阅读、观看实验材料后填写 3~10 题

  实验材料来自大众媒体，在保证信息真实的前提下，进行了适当编辑，以增强直观性和可读性。请您认真阅读、观看实验材料后，根据您的思考，填写下面的问项，答案没有对错之分。

3. 您认为，实验材料所提供的信息可信度如何？
  ○ 很不可靠　　　　○ 不可靠　　　　○ 有点不可靠
  ○ 不确定　　　　　○ 有点可靠　　　○ 可靠
  ○ 很可靠

4. 您认为，实验材料所提供的信息值得重视吗？
   ○ 很不值得重视　　　　　　　　○ 不值得重视
   ○ 有点不值得重视　　　　　　　○ 不确定
   ○ 有点值得重视　　　　　　　　○ 值得重视
   ○ 很值得重视

5. 您认为，实验材料所反映的丰田轿车质量问题及其性质：
   ○ 很严重　　　　　　　　　　　○ 严重
   ○ 比较严重　　　　　　　　　　○ 不清楚
   ○ 比较正常　　　　　　　　　　○ 正常
   ○ 很正常

6. 从这条信息中，您对下列品牌产品质量的评价是：

|  | 很不可靠 | 不可靠 | 有点不可靠 | 不确定 | 有点可靠 | 可靠 | 很可靠 |
|---|---|---|---|---|---|---|---|
| 1. 您认为，丰田轿车产品品质 | ○ | ○ | ○ | ○ | ○ | ○ | ○ |
| 2. 您认为，中华、比亚迪等国产轿车品牌的产品品质 | ○ | ○ | ○ | ○ | ○ | ○ | ○ |
| 3. 您认为，外国品牌产品品质 | ○ | ○ | ○ | ○ | ○ | ○ | ○ |
| 4. 您认为，本土品牌产品品质 | ○ | ○ | ○ | ○ | ○ | ○ | ○ |

7. 从这条信息中，您对下列品牌的态度是：

|  | 很不喜欢 | 不喜欢 | 有点不喜欢 | 不确定 | 有点喜欢 | 喜欢 | 很喜欢 |
|---|---|---|---|---|---|---|---|
| 1. 您对丰田轿车的态度是 | ○ | ○ | ○ | ○ | ○ | ○ | ○ |
| 2. 您对中华、比亚迪等国产轿车品牌的态度是 | ○ | ○ | ○ | ○ | ○ | ○ | ○ |
| 3. 您对外国品牌的态度是 | ○ | ○ | ○ | ○ | ○ | ○ | ○ |
| 4. 您对本土品牌的态度是 | ○ | ○ | ○ | ○ | ○ | ○ | ○ |

8. 从这条信息中，您对下列品牌的消费意愿是：

| | 绝对<br>不购买 | 不购买 | 可能<br>不购买 | 不确定 | 可能<br>会购买 | 会购买 | 绝对<br>会购买 |
|---|---|---|---|---|---|---|---|
| 1. 您对丰田轿车的消费意愿是 | ○ | ○ | ○ | ○ | ○ | ○ | ○ |
| 2. 您对中华、比亚迪等国产轿车品牌的消费意愿是 | ○ | ○ | ○ | ○ | ○ | ○ | ○ |
| 3. 您对外国品牌的消费意愿是 | ○ | ○ | ○ | ○ | ○ | ○ | ○ |
| 4. 您对本土品牌的消费意愿是 | ○ | ○ | ○ | ○ | ○ | ○ | ○ |

## 附录9-3：

## 不同产品类型外国品牌负面信息披露的控制组实验

同学，您好！

  非常感谢您抽空参与本调查。本调查将作为"外国品牌负面信息对品牌来源国刻板印象反转影响"的实验对照组。本调查仅作学术研究之用，决不外泄，请安心填答。

  因您的参与让我们能顺利完成此问卷调查，特向您致以最真诚的谢意！

  敬祝

健康顺利、学业进步<br>课题组/2011.10.21

  备注：本土品牌是指民族品牌，即中国人原创且由中国人持有的品牌；外国品牌是指品牌来源国是国外，不论其是否在中国合资都是外国品牌。

  请在您认为合适的选项"○"处打"√"；下列各题均为单选题，请勿漏选或多选，谢谢！

1. 您的性别是：　○男　○女
2. 您的年级是：　○大一　○大二　○大三　○大四
3. 您对下列品牌的产品质量评价是：

| | 很不可靠 | 不可靠 | 有点不可靠 | 不确定 | 有点可靠 | 可靠 | 很可靠 |
|---|---|---|---|---|---|---|---|
| 1. 您认为，高露洁、佳洁士的产品品质 | ○ | ○ | ○ | ○ | ○ | ○ | ○ |
| 2. 您认为，冷酸灵、两面针等国产牙膏的产品品质 | ○ | ○ | ○ | ○ | ○ | ○ | ○ |
| 3. 您认为，强生公司的药品质量 | ○ | ○ | ○ | ○ | ○ | ○ | ○ |

续表

| | 很不可靠 | 不可靠 | 有点不可靠 | 不确定 | 有点可靠 | 可靠 | 很可靠 |
|---|---|---|---|---|---|---|---|
| 4. 您认为，本土医药企业的国产药品质量 | ○ | ○ | ○ | ○ | ○ | ○ | ○ |
| 5. 您认为，LG、松下等外国品牌电视的产品品质 | ○ | ○ | ○ | ○ | ○ | ○ | ○ |
| 6. 您认为，海信、长虹等国产品牌电视的产品品质 | ○ | ○ | ○ | ○ | ○ | ○ | ○ |
| 7. 您认为，丰田轿车产品品质 | ○ | ○ | ○ | ○ | ○ | ○ | ○ |
| 8. 您认为，中华、比亚迪等国产轿车品牌的产品品质 | ○ | ○ | ○ | ○ | ○ | ○ | ○ |
| 9. 您认为，外国品牌的产品品质 | ○ | ○ | ○ | ○ | ○ | ○ | ○ |
| 10. 您认为，本土品牌的产品品质 | ○ | ○ | ○ | ○ | ○ | ○ | ○ |

4. 您对下列品牌的态度是：

| | 很不喜欢 | 不喜欢 | 有点不喜欢 | 不确定 | 有点喜欢 | 喜欢 | 很喜欢 |
|---|---|---|---|---|---|---|---|
| 1. 您对高露洁、佳洁士等外国品牌牙膏的态度是 | ○ | ○ | ○ | ○ | ○ | ○ | ○ |
| 2. 您对冷酸灵、两面针等国产品牌牙膏的态度是 | ○ | ○ | ○ | ○ | ○ | ○ | ○ |
| 3. 您对强生公司药品的态度是 | ○ | ○ | ○ | ○ | ○ | ○ | ○ |
| 4. 您对本土医药企业及其产品的态度是 | ○ | ○ | ○ | ○ | ○ | ○ | ○ |
| 5. 您对LG、松下等外国品牌电视的态度是 | ○ | ○ | ○ | ○ | ○ | ○ | ○ |
| 6. 您对海信、长虹等国产彩电品牌的态度是 | ○ | ○ | ○ | ○ | ○ | ○ | ○ |
| 7. 您对丰田轿车的态度是 | ○ | ○ | ○ | ○ | ○ | ○ | ○ |

续表

| | 很不喜欢 | 不喜欢 | 有点不喜欢 | 不确定 | 有点喜欢 | 喜欢 | 很喜欢 |
|---|---|---|---|---|---|---|---|
| 8. 您对中华、比亚迪等国产轿车品牌的态度是 | ○ | ○ | ○ | ○ | ○ | ○ | ○ |
| 9. 您对外国品牌的态度是 | ○ | ○ | ○ | ○ | ○ | ○ | ○ |
| 10. 您对本土品牌的态度是 | ○ | ○ | ○ | ○ | ○ | ○ | ○ |

5. 您对下列品牌的消费意愿是：

| | 绝对不购买 | 不购买 | 可能不购买 | 不确定 | 可能会购买 | 会购买 | 绝对会购买 |
|---|---|---|---|---|---|---|---|
| 1. 您对高露洁、佳洁士等外国品牌牙膏的消费意愿是 | ○ | ○ | ○ | ○ | ○ | ○ | ○ |
| 2. 您对冷酸灵、两面针等国产品牌牙膏的消费意愿是 | ○ | ○ | ○ | ○ | ○ | ○ | ○ |
| 3. 您对强生公司药品的消费意愿是 | ○ | ○ | ○ | ○ | ○ | ○ | ○ |
| 4. 您对本土医药企业药品的消费意愿是 | ○ | ○ | ○ | ○ | ○ | ○ | ○ |
| 5. 您对LG、松下等外国品牌电视的消费意愿是 | ○ | ○ | ○ | ○ | ○ | ○ | ○ |
| 6. 您对海信、长虹等国产彩电品牌的消费意愿是 | ○ | ○ | ○ | ○ | ○ | ○ | ○ |
| 7. 您对丰田轿车的消费意愿是 | ○ | ○ | ○ | ○ | ○ | ○ | ○ |
| 8. 您对中华、比亚迪等国产轿车品牌的消费意愿是 | ○ | ○ | ○ | ○ | ○ | ○ | ○ |
| 9. 您对外国品牌的消费意愿是 | ○ | ○ | ○ | ○ | ○ | ○ | ○ |
| 10. 您对本土品牌的消费意愿是 | ○ | ○ | ○ | ○ | ○ | ○ | ○ |

**附录 10：**

## 民族中心主义情结刺激信息

同学，您好！

  非常感谢您抽空参与本实验。本研究主要探讨"民族中心主义情结刺激对外国品牌负面信息抑制本土品牌偏见的调节效应"。本实验仅作学术研究之用，决不外泄，请安心填答。

  本次实验采取先观看外国品牌威胁材料后，再观看外国品牌负面信息材料，然后进行问卷填答的方式。所有实验材料均来自大众媒体，在保证信息真实的前提下，进行了适当编辑，通过 PPT 或视频呈现，以增强直观性和可读性。请您认真阅读、观看实验材料后，根据您的思考，填写问卷，答案没有对错之分。

  因您的参与让我们能顺利完成此实验和问卷调查，特向您致以最真诚的谢意！

  敬祝

健康顺利、学业进步<br>课题组/2011.10.21

### 阅读材料：中国 28 个行业 外资控制 21 个[①]

  在冷战时期，美国对中国是硬围堵，对苏联是软绞杀；冷战结束后，美国对中、俄的大战略，正好反过来：美国对俄罗斯是硬围堵，对中国则采取经济控制的软绞杀。

  在中国已开放的产业中，每个产业中，排名前 5 位的企业几乎都由外资控制：中国 28 个主要产业中，外资在 21 个产业中拥有多数资产控制权。从行业上看，银行、保险、电信、汽车、物流、零售、机械制造、能源、钢铁、IT、网络、房地产、轻工、化工、医药、机械、电子、微电子、服

---

[①] 戴旭：中国 28 个产业美国控制 21 个，美要养肥再杀. http://www.szhgh.com/article/netizens/14759.html.

装、食品。这些热门行业都已经有外资进入，并购方阵营中，从资金来源看，国外收购资金主要包括两种：跨国企业、QFII 及各种私募基金，而且，近年来国际私募基金逐渐成为并购的主角。

看看中国有哪些产业已被外资彻底控制①

中国拼命用血汗钱买入不断贬值的美债、欧债，美欧阔佬们拿着中国的钱干了些什么呢？他们在处心积虑地收购中国的核心资产。等于是中国借钱给美欧以便美欧阔佬将中国收购。同时美欧对中国苛刻无礼，天天指责中国，煽动周边小国欺凌中国，瓜分中国领土。同时还一再要求中国继续多借钱。天下还有这么奇怪的事吗？

听说中国准备买 1000 亿欧元有毒资产送钱给欧洲，这就是一个圈套。美欧不是真穷真急，真穷为何存着那么多黄金，为何对中国前围后堵，煽动周边小国挑衅中国，为何耗巨资去干预利比亚？为何对中国的军事、高科技通通禁卖？

从香港联交所的公开资料可以查到，无论是工行、建行、中行三大行；中石化、中石油、中海油三桶油；移动、联通、电信三大电信，还是中煤、中铝、中国神华等资源性企业，中国各种垄断性国有企业，各行各业的龙头企业的十大股东中，差不多一半是美国的企业、基金。

高盛之于工行，美铝之于中铝，美国人用美元买中国企业的股票，中国卖股票收美元买美国国债。

截至 2010 年底，美国企业、基金和个人投资者拥有中国 A 股股票价值 1000 多亿美元，在香港上市的 H 股股票价值约 2000 亿美元，在美国上市的中国企业股票价值约 300 亿美元，合计 3300 亿美元。

据商务部《跨国公司在中国报告》显示，在轻工、化工、医药、机械、电子等重要行业中，跨国公司子公司所生产的产品已占据国内 1/3 以上的市场份额。美国标准普尔 500 企业在中国的分支每年就用这样的方式从中国赚取超过 800 亿美元，按其 14 倍的历史平均市盈率，其在中国的资产价值约 11000 亿美元。加上其他中小企业在中国投资，美国企业在中国拥有的资产价值，高达 15000 亿美元。

再次，超过 10000 亿美元的美欧热钱潜伏在楼市、高利贷等市场。

---

① 新纪元．金融共济．http：//xueqiu.com/5137053116/26265076？from＝emoney.

综合算来，西方列强在中国埋伏下的钱，已经超过了中国外储。他们并不显富，而是让中国去露富，并装可怜从中国骗钱。目的就是为了有一天时机成熟就做空中国，让中国顷刻间变得一无所有、一穷二白。

请看外资掌控下的中国市场

据《中国产业地图》（中国并购研究中心）一书指出，中国每个已开放产业的前5名都由外资公司控制，在中国28个主要产业中，外资在21个产业中拥有多数资产控制权。

啤酒行业：60多家大中型企业只剩下"青岛"和"燕京"两个民族品牌，其余全部合资；

玻璃行业：最大的5家已全部合资；

电梯行业：最大的5家均为外商控股，占全国产量的80%以上；

家电行业：18家国家定点企业中11家合资；

化妆品：被150家外资企业控制；

医药行业：20%为外商所控制；

汽车工业：外国品牌占销售额的90%；

在感光材料行业，美国柯达于1998年仅出资3.75亿美元就实行在华全行业并购，2003年又收购了乐凯20%的国有股，已占有中国感光材料市场至少50%的份额，富士公司对中国市场的占有率超过25%。

据国家工商总局调查：美国微软占有中国电脑操作系统市场的95%；

瑞典利乐公司占有中国软包装产品市场的95%；

法国米其林占有中国子午线轮胎市场的70%；

在手机行业、电脑行业、IA服务器、网络设备行业、计算机处理器等行业，跨国公司均在中国市场占有绝对垄断地位。

在高科技领域：如手机行业，由于本土企业上游技术、关键零部件乃至生产线大部分都从跨国公司购买，跨国公司早已从中赚够了。近期跨国公司开始采用低价策略，挤压国内手机厂商的利润空间，意在赶尽杀绝。国内手机行业除自有品牌外均没有核心部件的核心技术，2005年以来全部亏损，市场占有率严重萎缩，纷纷退出市场。

在流通领域，占有主导份额的大型超市领域，外资控制的比例已高达80%以上，中国零售企业只能在中低端市场经营。随着外资的延伸，低端市场也将面临逐渐萎缩的危险。零售业是最能吸纳劳动就业人口的领域，却任由外国的"资金密集型"企业前来掌控。业内有人指出：流通渠道可以控制工业命脉，如果放任外资企业占领我国的流通渠道，中国的企业终将沦为国外流通企业贴牌产品的加工车间。

我国具有战略意义的轮胎工业，多半失去了自主性，被控制在外国人手里。剩下的几家国有大中型企业，条件较好的也被外商盯上。我国最大的轮胎生产企业——上海轮胎集团股份有限公司，与世界最大的轮胎跨国公司法国米其林签署了《谅解备忘录》，双方共同组建轮胎合资公司，由法方控股70%；截至2000年，外商独资与已被外商控股的轮胎企业，其能力与产量已占我国轮胎的70%以上。

除电力、军工等极少数国家核心行业以外，外资在我国水泥行业（建材业）、钢铁行业（黑色金属冶炼及压延加工业）、汽车行业（交通运输设备制造业）、橡胶行业、机械制造行业（普通机械、专用设备、电气设机械及器材、电子及通信设备、仪器仪表及文化、办公用机械制造业）、石化行业（石油加工及炼焦业、化学原料及化学制品、化学纤维制造业）、玻璃行业、酿酒行业（饮料制造业）、医药行业（医药制造业）、电子及通信设备制造业、供水供气行业（电力、煤气及水的生产和供应业）、煤炭行业（煤炭采选业）、日用化妆品行业（化学制品制造业）、食品行业（食品加工业）、造纸行业（造纸及印刷品业等行业）、纺织行业、建筑业、家具制造业、文教体育用品制造业、皮革、毛皮、羽绒、塑料制造业、工艺品及其制造业等行业中，都占有较高的股权和市场控制权，经济刺激计划和巨大需求给予了外企丰厚的回报，使其充分享受了我国经济高速成长所带来的好处和便利。

（1）水泥行业

2009年全国水泥行业总产能16亿吨，外资控制产能五六亿吨以上，控制力及总产能占30%甚至40%以上。拉法基收购四川双马、瑞安建业后，占西南四省18%以上份额；华新水泥被瑞士Holicm收购，占华中10%~20%份额；摩根坦利收购山水集团30%股权后，环渤海市场份额第一；爱尔兰CRH收购吉林亚泰后，获取东北市场；产销量全国第一的海螺水泥，外资利用香港主板控股25%，此外，亚洲水泥、山水水泥、华润水泥在香港主板上市，部分股权被港资和外资控制……

（2）机械行业

2008年，机械行业总产值占GDP比重约为12%，外资股权控制率为35.2%，总体控制力度达40%以上，机械制造业5大细分行业中，仪器仪表制造业外资市场占有率最高，超过60%，金属制品业为37%，电气机械及器材制造业为32%，通用设备制造业、专用设备制造业约为30%。凯雷收购徐工85%股权，起重机和压路机占国内市场50%以上，国内136种工程机械产品，徐工占一半以上；国内装载机行业排名第7的山工机械被卡特彼勒全资收购，新加坡丰隆、美国高盛、美国国泰持有国内最大的独立柴油引擎制造商玉柴股份51%的股权；无锡威孚是国内柴油燃油喷射系统的最大厂商，德国博世持有其67%的股权；韩国全资的斗山工程机械8年在中国挖掘机市场占有率名列第1，销售额已达徐工的1/3；西北轴承占中国铁路货车轴承25%的市场，20世纪90年代末，德国舍弗勒利用西北轴承陷入困境，与其合资成立富安捷铁路轴承，将其市场争压过来，后全资收购；瑞典SKF全资收购皮尔轴承；无锡轴承、烟台轴承被美国TIMKEN全资收购，并控股襄轴集团；全国化工设备第一生产基地，锦西化机透平厂被西门子控股70%的股权；德国ZF集团收购全国齿轮行业排名第2的杭州齿轮厂70%的股权；美国加纳基金控股沈阳机床30%的股权；英国特雷克斯收购北方股份25%的股权，北方股份是中国最大的矿用汽车开发和生产基地；玉柴机械占据国内小挖机9.3%的市场份额，美国汉鼎收购其43%的股权……

（3）汽车行业

外国品牌销售占90%以上，虽然外资股权占比不超过50%，但无论技术、品牌还是研发等，外资实际控制力均高达60%甚至70%以上。一汽大众、上海大众、东风、华晨、上海通用、长安福特、北汽现代、北京吉普、广州本田、广州丰田、天津一汽丰田、长安雪铁龙等中国汽车销量最大的公司，外资股权均为50%，不包括外资中小企业，外商在华投资和合资控制的53家大型汽车公司，销售额在1万亿元以上，占汽车市场总销售额的六七成以上；此外，在中国汽车零部件市场已占有60%以上的份额；而在汽车电子、发动机零部件和摩托车配件等高技术含量领域，外资控制企业亦高达70%以上；汽车制造行业橡胶轮胎，法国米其林和新加坡佳通轮胎等外商独资和已被外商控股的轮胎企业，其产能与产量已占我国轮胎占有中国汽车轮胎市场80%以上……

(4) 钢铁行业

2008年，钢铁行业总产值占GDP比重约为6%，由于国家对钢铁行业并购有控制，阿塞洛—米塔尔、俄罗斯、必和必拓等大量外资觊觎中国钢铁行业纷纷受挫，但即使这样，外资对我国钢铁行业的股权控制度仍超过10%，市场控制度超过12%，如阿塞洛—米塔尔收购华菱钢铁33%股权；德意志银行和阿塞洛—米塔尔收购中国东方钢铁47%的股权（河北津西钢铁29%股权）；法国圣戈班收购徐钢100%的股权；美国凯雷收购江都钢管49%股权；中信泰富持有大冶特钢28%的股权。此外，香港主板上市的鞍钢、马钢股份、重庆钢铁，分别有14%、22%、30%的股权被摩根大通等外资和港资控制；唐山国丰钢铁，香港中港占股51%；港资占股65%的内地在香港上市公司开源控股分别收购日照钢铁、日照型钢30%的股权，收购日照轧钢25%的股权，后与山钢重组……

外资大规模并购国内钢铁业不成，又再生一计，必和必拓和巴西淡水河谷等国际矿山巨头利用手中掌握的铁矿石资源，不断涨价，对钢铁行业进行合围。

可以想象，在钢铁行业产能过剩2亿吨，行业分散度高，众多中小或民营钢企面临淘汰和对资金的需求情况下，外资受欢迎的程度会有多高；可以预见，在不久的将来，外资会绕过国家设置的重重限制，不少钢企，将会再次落入外资控制之中。

(5) 石化行业

2008年，石化行业总产值占GDP比重约为10%，国家对外资准入石化产业有所限制，但即使这样，除海外上市外，外资绕过重重障碍，通过来华设厂、并购等手段，石化行业外资股权控制度已达18%，市场控制度为20%~30%，化学原料和化学制品制造业，外资市场控制度27%，石油加工、炼焦及核料加工业为13%。

如中石油2000年在纽约、中国香港上市，外资与港资占股11%，海外融资额29亿美元，9年时间，向海外分红派息竟然高达119亿美元，分红派息竟为融资额的4倍；中石化2000年在纽约、伦敦、中国香港三地上市，目前外资与港资占股19%；中海油2001年在纽约、中国香港上市，旗下中海油服外资与港资占股目前高达34%，另外，中海油、上石化、吉化等纽交所海外上市公司也被外资部分控股,黑石持有中化集团子公司中国蓝星20%的股权。

国内原油和化工产品供不应求。如2009年,我国累计进口原油2.04亿吨,首次突破2亿吨,同比增长13.9%;液化天然气累计进口553.2万吨,同比大幅增长65.8%;进口硫黄1216.7万吨,同比增长44.6%;进口甲醇528.8万吨,同比大幅增长268.8%。仅2009年一年的进口量就比2005—2008年4年的进口总量还要多,占国内消费的32%,由于国外甲醇产品大量涌入国内市场,国内装置大面积关停,平均产能发挥率不足40%。我国累计进口聚乙烯756.1万吨,同比大幅增长64.8%,占国内消费的48.7%,进口聚氯乙烯195.5万吨,同比大幅增长73.5%;进口精对苯二甲酸(PTA)508万吨。此外,国内农药进口量巨大,许多精细化工品,国内甚至无法生产。

国际能源化工巨头纷纷在华投资。BP在华投资45亿美元,壳牌投资17亿美元,拜尔投资31亿美元,拥有12家独资或合资企业。埃克森美孚、壳牌、BP计划再投110亿美元。拜尔已投产5大乙烯合资企业:巴斯夫/扬子石化投资60万吨乙烯项目,截至2007年,巴斯夫在中国投入已超过200亿元人民币,中国销售总额达到36亿欧元以上;BP/上海石化90万吨乙烯、埃克森美孚/福建炼化、沙特阿拉伯阿美60万吨乙烯、壳牌/中海油的南海80万吨乙烯,埃克森美孚/广州石化改扩建(1000万吨炼油,100万吨乙烯)等项目正在建设中。另外,BP在四川建醋酸厂(占国内市场30%),在珠海建PTA基地。欧美跨国公司在洗涤用品、涂料、生物制药等下游领域占有巨大份额,有的已形成垄断外资……在石油化工领域的市场控制力度,在20%~30%以上。

(6)玻璃行业

最大的5家已全部合资,外资控制度为40%以上。英国皮尔金顿购入耀华玻璃19%的股份;中国玻璃港交所上市,皮尔金顿等外资大股东控制40%股份;瑞信等外资控制浙江玻璃33%的股份,洛阳玻璃,外资和港资持有50%的股份;如果算上港资,中国玻璃、浙江玻璃等港资与外资占股均在65%以上;A股上市的福耀玻璃,港资三益发展为第一大股东,持有22.5%的股份;金刚玻璃,港资龙铂投资持有17%的股份;港资信义玻璃,自2004年以来一直为中国汽车玻璃最大出口商;1985年起,圣戈班在中国设立代表处，现已在中国设立 50 余家企业，其中制造企业 40 多家，分布在成都、马鞍山、杭州、常州、湛江、牡丹江、郑州等地；业务包括平板玻璃、玻璃包装、高功能材料等。在中国的员工数量超过 15000 人，2005 年销售额达 4 亿欧元。最近 4 年，圣戈班在华销售额年增 54%……

在第一产业，外资四大粮商 ABCD 威胁 4000 万豆农生产，以种植大豆赖以生存的无数豆农，年年赔本，不得不改种其他经济作物，造成 2000 万豆农集体"下岗"事件，2.3 亿民工，或许从中能发现许多豆农的身影。

大量豆油油榨企业倒闭，由于"大豆危机"，2004—2005 年，1000 多家内资榨油企业构成的"中国大豆军团"，瞬间烟消云散，随后倒闭率达 90% 以上，导致 10 多万人失业。

在第二产业，日用品和化妆品行业，外资品牌占市场份额的 60% 以上，宝洁每招收 1 名员工，就意味着中国原洗涤剂企业有 2～3 名员工下岗……

在食品饮料业，机械制造业，建筑业，钢铁行业，水泥行业，石化行业，玻璃行业，家电行业，酿酒行业，纺织行业，造纸行业，供水供气行业，印刷包装业几乎囊括所有的第二产业，由于外资生产效率普遍比内资要高，且极端盘剥人力成本，外资的每一次并购，都意味着大批人失业，外资的每一次投资，都意味着同行业竞争对手大多数职工失业下岗，挤占了无数工作岗位……

在第三产业，外资大型连锁超市每一次选址开张，对方圆两公里的中小型零售商店和门面都是一次集体毁灭性的打击，使其惨淡经营，或失业，或改作别的生意，从而挤占其他行业工作岗位……

# 参 考 文 献

[1] Ahmed, S. A. & Astous, D. A. (2004). Perceptions of countries as producers of consumer goods: a T-shirt study in China [J]. *Journal of Fashion Marketing and Management*, 8, 187 – 200.

[2] Albaum, G. & Peterson, R. A. (1981). Empirical research in intemational marketing: 1976—1982 [J]. *Journal of International Business Studies*, 15, 161 – 173.

[3] Batra R., Ramaswamy, V., Alden, D. L. & Steenkam, P. (2000). Effects of brand local origin on consumer attitudes in developing countries [J]. *Journal of Consumer Psychology*, 9 (2), 83 – 95.

[4] Bargh, J. A. (1994). The four horsemen of automaticity awareness, intention, efficiency and control in social cognition. In: Wyer RS, Srull T K ed. Handbook of Social Cognition. Lawrence Erlbaum Associates, Inc.

[5] Cui, G. & Liu, Q. (2001). Executive insights: emerging market segments in a transitional economy: a study of urban consumers in China [J]. Journal *of International Marketing*, 9, 84 – 106.

[6] Cui, G. (1999). Segmenting China's consumer market: a hybrid approach [J]. *Journal of International Consumer Marketing*, 11, 55 – 76.

[7] Entman, R. M. (1993). Framing: towards clarification of a fractured paradigm [J]. *Journal of Communication*, 43, 51 – 58.

[8] Fiske, S T. (1989). Examining the role of intent: toward understanding its role in stereotyping and prejudice. In: Uleman J. S., Bargh J. A. ed. Unintended thought. New York: Guilford Press, 253 – 283.

[9] Gurhan-Canli, Z. & Maheswaran, D. (2000). Determinants of country-of-origin evaluations [J]. *The Journal of Consumer Research*, 27 (1), 96 – 108.

[10] Hu, K. Q. & Dickserson, K. G. (1997). Country-of-origin Effect on

chinese consumers' apparent perceptions of foreign-brand and chinese-brand apparel: an experimental study [J]. *Journal of the Textile Institute.* 88, 104 – 114.

[11] Jo, M., Nakamoto, K. & Nelson, J. E. (2003). The shielding effects of brand image against lower quality countries-of-origin in global manufacturing [J]. *Journal of Business Research*, 56, 637 – 646.

[12] Kawakami, K., Dovidio, J. F., Moll, J., Hermsen, S. & Russin, A. (2000). Just say no (to stereotyping): effects of training on the negation of stereotypic assoeiations on stereotype activation [J]. *Journal of Personality and Social Psychology*, 78, 871 – 888.

[13] Klein J G., Ettensun K. & Morris M D. (1998). The animosity of model of foreign product purchase: an empirical test in the People's Republic of China [J]. *Journal of Marketing*, 62, 89 – 100.

[14] Kaynak, E. & Kara, A. (2002). Consumer perceptions of foreign products: an analysis of product-country images and ethnocentrism [J]. *European Journal of Marketing*, 36 (7), 928 – 949.

[15] Li, Z., FU, S. & Murray, L. (1997). Country and product images: the perceptions of consumers in the Peoples Republic of China [J]. *Journal of International Consumer Marketing*, 10, 115 – 39.

[16] Lin, L. Y. & Chen, C. S. (2006). The influence of the country-of origin image, product knowledge and product involvement on consumer purchase decisions: an empirical study of insurance and catering services in Taiwan [J]. *Journal of Consumer Marketing*, 23 (5), 248 – 265.

[17] Liu, S. S. & Keith, F. J. The automatic country-of-origin effects on brand judgments [J]. *Journal of Advertising*, 2005, 34, 87 – 98.

[18] Lee, C. W., Sub, Y. G. & Moon, B. J. (2001). Product country images: the roles of country-of-origin and country-of- target in consumers' prototype product evaluations [J]. *Journal of International Consumer Marketing*, 13 (3), 47 – 62.

[19] Maheswaran, D. (1994). Country-of-origin as a stereotype: effects of consumer expertise and attribute strength on product evaluation [J]. *Journal of Consumer Research*, 21, 354 – 365.

[20] Monteith, M. J. & Voils, C. I. (1998). Proneness to prejudiced responses: toward understanding the authenticity of self-reported discrepancies [J]. *Journal of Personality and Social Psychology*, 75, 901 –916.

[21] Netemeyer, R., Durvasula, S. & Lichtenstein, U. R. (1991). A cross: national assessment of the reliability and validity of the CFTSCALF [J]. *Journal of Marketing Research*, 28 (8), 320 –327.

[22] Sin, L. Y. M., HO, S. C. & SO, S. L. M. (2000). Research on advertising in mainland china: a review and assessment [J]. *Asia Pacific Journal of Marketing and Logistics*, 12, 37 –65.

[23] Steenkam, P. & Alden, U. L. (2003). How perceived brand globalness creates brand value [J]. *Journal of International Business Studies*, 34 (1), 53 –65.

[24] Shimp, T. A. & Sharma, S. (1987). Consumer ethnocentrism: construction and validation of the CETSCALE [J]. *Journal of Marketing Research*, 8 (27), 280 –289.

[25] Wang, C. L., Siu, N. Y. M. & Hui, A. S. Y. (2004). Consumer decision-making styles on domestic and imported brand clothing [J]. *European Journal of Marketing*, 38 (1), 239 –252.

[26] Wanke, M., Plessner, H. & Gartner, T. (2002). Measuring implicit consumer attitudes and predicting brand choice [J]. *Advances in Consumer Research*, 19, 222 –234.

[27] Wilson, T. D., Lindsey, S. & Schooler, T. Y. (2000). A model of dual attitudes [J]. *Psychological Review*, 107 (1), 101 –126.

[28] Yamoah, F. A. (2005). Role and impact of product-country image on rice marketing: a developing country perspective [J]. *The Journal of American Academy of Business*, 7 (2), 265 –276.

[29] Zhou, L. & Hui, M. (2003). Symbolic value of foreign products in the People's Republic of China [J]. *Journal of International Marketing*, 11 (2), 36 –58.

[30] Kunda Z. Social cognition: Making sense of people [M]. New York: The MIT Press, 1999.

[31] Schooler R. D.. Product bias in central American common market [J]. *Journal of Marketing Research*, 1965 (2): 394 – 397.

[32] Haddock, G., Zanna, M. P. & Esses, V. M. Mood and the expression of intergroup attitudes: The moderating role of affect intensity [J]. *European Journal of Social Psychology*, 1994 (24): 189 – 205.

[33] Stangor C., Sullivan L. A. & Ford T. E. Affective and cognitive determinants of prejudice [J]. *Social Cognition*, 1991 (9): 59 – 80.

[34] Katz D. & Braly K. W. Racial stereotypes in one hundred college students [J]. *Journal of Abnormal Social Psychology*, 1933 (28): 280 – 290.

[35] Gardner, R. C. Ethnic stereotypes: a factor analysis investigation [J]. *Canadian Journal of Psychology*, 1968 (22): 35 – 44.

[36] Scheufele, D. A. Framing as a theory of media effects [J]. *Journal of Communication*, 1999 (49): 103 – 122.

[37] Entman, R. M.. Framing U. S. Coverage of International News: Contrasts in Narratives of the KAL andIran Air Incidents [J]. *Journal of Communication*, 1991 (41): 6 – 27.

[38] Gamson W. A.. News as framing: comment on graber [J]. *The American Behavioral Scientist*, 1989 (33): 157 – 161.

[39] Iyengar, S.. Framing responsibility for political issues: the case of poverty [J]. *Political Bahavior*, 1990 (12): 19 – 40.

[40] M. Sumner, William Graham. Folksways: The sociological importance of usage, manners, customs, mores, and morals [M]. New York: Ginn & Co., 1906.

[41] Maslow, A. H. Clinically derived test form ensuring psychological security-insecurity [J]. *Journal of General Psychology*, 1945 (31).

[42] Devine PG. Stereotypes and prejudice: their automatic and controlled components [J]. Journal of *Personality and Social Psychology*, 1989, 56, 56 (1): 5 – 18.

[43] Bargh, J. A. Conditional automaticity: varieties of automatic influence in social perception [M]. and cognition. Unintended Thought. New York: Guilford Press, 1989.

[44] Harris, R. J.. 媒介心理学 [M]. 相德宝译. 北京：中国轻工业出版社, 2007.

[45] E. Goffman. Framing Analysis: An essay on the organization of experience [M]. Harper and Row, 1974: 21.

[46] S. D. REESE, O. H. GANdY, A. E. GRANd. In Framing Public life: Perspectives on Media and Our Understanding of the Social World [C]. Mahwah. NJ: Lawrence Erlbaum, 2001. p. 68.

[47] Willam A. Gamson, David Croteau, Willam Hoynes, Theodore Sasson: Media and the Social Construction of Reality [J]. *Annual of Sociology*, 1992, p373 - 379.

[48] W. Lance Bennett. News: The Politics of Illusion Addison [M]. Wesley Longman, 2005.

[49] W. Phillips Davison. The third-Person effect communcation [J]. *Public Opinion Quarterly*, 1983. 47 (1).

[50] 江红艳, 王海忠. 原产国刻板印象逆转研究前沿探析 [J]. 外国经济与管理, 2011, 33 (7).

[51] 李岩梅, 李纾, 王詠. 认知与动机因素对品牌信息处理的影响 [J]. 心理科学进展, 2007, 15 (4).

[52] 连淑芳. 想象对大学生内隐刻板印象的影响研究 [J]. 心理科学, 2006, 29 (3).

[53] 庞小佳, 张大均, 王鑫强, 王金良. 刻板印象干预策略研究述评 [J]. 心理科学进展, 2011, 19 (2).

[54] 宋永高, 水常青. 国内消费者对本国品牌的态度及其改变的可能性研究 [J]. 南开管理评论, 2004, 7 (2).

[55] 王鹏, 庄贵军, 彭茜. 三聚氰胺事件对中国消费者国货意识及国产品牌态度的影响. 华东经济管理, 2010 (1).

[56] 王海忠. 消费者民族中心主义——中国实证与行销诠释 [M]. 北京：经济管理出版社, 2002.

[57] 王海忠. 消费行为中的民族中心与民族淡漠倾向 [J]. 南开管理评论, 2006, 9 (5).

[58] 王海忠, 陈增祥. 零售店选择的民族中心主义行为及其营销战

略意义 [J]. 商业经济与管理, 2007 (12).

[59] 王海忠, 于春玲, 赵平. 消费者民族中心主义的两面性及其市场战略意义 [J]. 管理世界, 2005 (2).

[60] 王海忠, 赵平. 品牌原产地效应及其市场策略建议: 基于欧、美、日、中四地品牌形象调查分析 [J]. 中国工业经济, 2004 (1).

[61] 王沛, 陈学锋. 刻板印象的意识性抑制 [J]. 心理学报, 2003, 35 (3).

[62] 吴坚, 符国群. 品牌来源国和产品制造国对消费者购买行为的影响 [J]. 管理学报, 2007, 4 (5).

[63] 吴坚, 符国群, 丁嘉莉. 产品信念与消费者的品牌态度之间存在正相关关系 [J]. 管理评论, 2010, 22 (3).

[64] 吴明证. 内隐态度的理论与实验研究 [D]. 华东师范大学博士学位论文, 2004.

[65] 沃尔特·李普曼. 公众舆论 [M]. 阎克文, 江红译. 上海: 上海人民出版社, 2005.

[66] 许靖. 偏见心理学 [M]. 北京: 北京理工大学出版社, 2010.

[67] 薛可, 梁海. 基于刻板思维的国家形象符号认知 [J]. 新闻与传播研究, 2009, 16 (1).

[68] 易牧农, 郭季林. 品牌来源国对国内汽车购买者品牌态度的影响 [J]. 经济管理, 2009 (12).

[69] 周志民, 贺和平, 刘雁妮. 中国人国货意识的形成机理: 基于国家品牌社群视角 [J]. 中国软科学, 2010 (5).

[70] 朱凌, 王盛, 陆雄文. 中国城市消费者的中外品牌偏好研究 [J]. 管理世界, 2003 (9).

[71] 庄贵军, 周南, 周连喜. 国货意识、品牌特性与消费者本土品牌偏好: 一个跨行业产品的实证检验 [J]. 管理世界, 2006 (7).

[72] 庄贵军, 周南, 周连喜. 品牌原产地困惑对于消费者喜爱与购买本土品牌和境外品牌的影响 [J]. 财贸经济, 2007 (2).

[73] 王斌. 消费者的偏见也在扼杀国产手机的创新 [J]. IT时代周刊, 2010 (23).

[74] 许志华. 中国民族品牌的未来走向 [J]. 广告人, 2011 (1).

[75] 吴泽松. 基于消费者民族中心主义的民族品牌营销策略分析 [J]. 商业时代, 2011 (1).

[76] 刘武俊. 政府采购必须消解对国货的偏见 [N]. 经济参考报, 2011-3-17.

[77] 兰菲. 论食品安全新闻的衍生效果 [D]. 河北大学硕士学位论文, 2006.

[78] 张卓倩. 食品行业危机的媒体应对——以三鹿奶粉事件为例 [J]. 新闻传播, 2009 (3).

[79] [英] 道格拉斯 W. 贝斯里莱姆著. 邹海燕, 郑佳明译. 偏见心理学 [M]. 长沙: 湖南人民出版社, 1989.

[80] 陈青松. "达芬奇"式品牌现象调查 [N]. 中国企业报, 2011-8-2.

[81] 明略市场策划有限公司（上海）. 中外品牌大战狼烟四起 [J]. 中华儿女（海外版）, 2002 (17).

[82] 杨扬子, 黄韫慧, 施俊琦. 中国消费者对本国/日本品牌的外显和内隐态度——内隐联想测验在来源国效应研究中的应用 [J]. 营销科学学报, 2008 (2).

[83] 安敏德. 洞察中国消费者的选择: 本土品牌还是外国品牌? [J]. 财富, 2008 (129).

[84] 包蕾萍. 中国独生子女刻板印象: 结构、来源和后果 [D]. 华东师范大学博士学位论文, 2010.

[85] 佐斌, 张阳阳, 赵菊, 王娟. 刻板印象内容模型: 理论假设及研究 [J]. 心理科学进展, 2006, 14 (1).

[86] 李彩霞. 美国媒体对"中国制造"的建构与风险应对 [D]. 复旦大学博士学位论文, 2010.

[87] 何俊涛, 文炳森, 房淑文. 报纸媒介框架与受众认知——以《南方都市报》和《华西都市报》的农民工报道为例. 2006 中国传播学论坛论文, 2006.

[88] 李永健. 大众传播心理通论 [M]. 北京: 中国传媒大学出版社, 2008.

[89] 裴敏欣. 中国制"造"如何走出危机 [EB/OL]. http://

www.sgwritings.com/17625/viewspace_28729.html.

［90］周海燕．我国食品安全危机事件中国家形象的媒体呈现［D］．南昌大学硕士学位论文，2009．

［91］任沁沁，王建华，程志良．外媒报道沃尔玛在华违法受罚称中国总是抓小事［EB/OL］．大众网，http：//www.dzwww.com/xinwen/guoneixinwen/201110/t20111020_6714084.htm，2011-10-20．

［92］杜笑宇．纽约时报：重庆市政府重罚沃尔玛或是为警告美国［EB/OL］．中国经济网，http：//intl.ce.cn/specials/zxxx/201110/11/t20111011_22751566.shtml，2011-10-11．

［93］李亮．美媒：中国重罚沃尔玛系杀鸡儆猴外企在华受"欺压"［EB/OL］．环球网，http：//world.huanqiu.com/roll/2011-10/2084503.html，2011-10-14．

［94］张国庆．话语权：美国为什么总是赢得主动［M］．南京：江苏人民出版社，2011．

［95］季惠惠，李蕊，刘凤娇．后三聚氰胺时代本土品牌与洋品牌的博弈［J］．商场现代化，2010（7）．

［96］吴勇毅．洋品牌扎堆"患病"，伤害了谁［J］．新财经，2010（6）．

［97］菲利普·科特勒．营销管理：分析、计划、执行和控制［M］．梅汝和，梅清豪，张桁译．上海：上海人民出版社，1999．

［98］黄韫慧．施俊琦．并购对民族品牌的影响：独立自我的调节作用［J］．北京大学学报（自然科学版），2009（5）．

［98］黄韫慧．施俊琦．反对民族品牌沦陷？自我建构和自我状态的影响［J］．北京大学学报（自然科学版）．2010（4）．

［99］王晶学．何云等．品牌名、原产国、价格对感知质量与购买意向的暗示作用［J］．南开管理评论，2007（10）．

［100］胡百精．危机传播管理［M］．北京：中国传媒大学出版社，2005．

［101］王鹏，庄贵军，张涛．三聚氰胺事件对中国消费者国家形象感知及本土品牌偏好影响的研究［J］．软科学，2009（11）．

［102］框架理论，百度百科［EB/OL］．http：//baike.baidu.com/

view/1883721. htm.

［103］论文资源，大家论坛，论基于消费者民族中心主义的民族企业市场战略［EB/OL］. 管理学。http：//club. topsage. com/thread－1226466－1－1. html.

［104］中国经济网，国际经济门户，http：//www. ce. cn/.

［105］朱华. 思念三全细菌超标［J］. 中国品牌与防伪，2011（12）.

［106］兰菲. 食品安全新闻中形成的负效果及规避政策——以《每周质量报告》为例［J］. 湖南大众传媒职业技术学院学报，2005，5（3）.

［107］李永健. 突发事件报道框架下的主流媒体［J］. 现代视听，2008（6）.

［108］姚林青. 大众传播的经济功能与社会需求［J］. 现代传播，2008（4）.

［109］李庆春. 创新扩散理论与品牌传播的契合性［J］. 经营与管理，2012（3）.

［110］李良荣. 新闻学概论［M］. 上海：复旦大学出版社，2012.

［111］葛冰，郑垂勇. 经济全球化背景下我国经济安全面临的问题与对策［J］. 现代经济探讨，2009（7）.

［112］张一弓，高昊，崔俊富. 中国国家经济安全战略的演进及内涵. 财经问题研究，2010（3）.

［113］王良锦. 从品牌泛华看我国企业的品牌安全管理［J］. 生产力研究，2007（3）.

［114］刘宏志. 中小企业政府采购投标"方略"［J］. 经济，2009（3）.

［115］臧国仁. 新闻媒体与消息来源：媒介框架与真实建构之论述［M］. 三民书局，1999.

［116］郭庆光. 传播学概论［M］. 北京：中国人民大学出版社，2011.

［117］胥琳佳，刘莹佳. 论《纽约时报》中国国庆报道的框架建构［J］. 国际新闻界，2009（10）.

［118］童兵. 理论新闻传播学导论［M］. 北京：中国人民大学出版社，2000.

[119] 曾庆香，黄春平，肖赞军．谁在新闻中说话：论新闻的话语主体 [J]．新闻与传播研究，2005（9）．

[120] 张燚，刘进平，张锐．利益相关者视角下的品牌关系模式研究 [J]．企业经济，2008（10）．

[121] 苏醒．"品牌"的中国式偏见 [J]．21世纪商业评论，2008（2）．

[122] 刘进平．本土品牌刻板印象的成因 [J]．经营管理者，2013（5）．

[123] 朱华．洋品牌彰显谁的"尊贵" [J]．中国品牌与防伪，2011（12）．

[124] 胡立彪．改变本土品牌刻板印象 [N]．中国质量报，2012-3-9．

[125] 周庆山．传播学概论 [M]．北京：北京大学出版社，2004．

[126] 余明阳，朱纪达，肖俊崧．品牌传播学 [M]．上海：上海交通大学出版社，2005．

[127] 韩永青，李芹燕．传播媒介对"象征性现实"的策略性重构 [J]．新闻界，2009（5）．

[128] 麦奎尔．大众传播模式论 [M]．祝建华译．上海：上海译文出版社，1987．

[129] 约翰·费斯克等．关键概念：传播与文化研究辞典 [M]．李彬译．北京：新华出版社，2004．

[130] 希伦·洛厄里，梅尔文·德弗勒．大众传播效果研究的里程碑 [M]．刘海龙等译．中国人民大学出版社，2009．

[131] 李雪梅，杨若平．关于培养消费者品牌忠诚度的思考 [J]．经济问题探索，2001（10）．

[132] 赵立彬．崇洋心理与全盘西化思潮 [J]．中山大学学报，1998，（3）．

[133] 郭立珍．近代中国洋货进口与消费观念变迁探究 [J]．郑州大学学报（哲学社会科学院），2009，（7）．

[134] 刘连参．当前中国消费者行为和消费心理的基本特征与发展趋势 [J]．管理教育学刊，1997，（4）．

[135] 田文林．政府采购：国货，还是洋货 [J]．世界知识，2012，（5）．

［136］林永年. 怎样采写对比报道［J］. 采写编, 2012 (2): 52-53.

［137］三鹿事件后国产奶粉入冷宫，进口奶粉占市场90%份额［EB/OL］. (2011-03-10)［2015-05-21］http://news.qq.com/a/20110310/000124.htm.

［138］2013年前7月中国乳制品进口月度统计报告［EB/OL］. (2013-09-13)［2015-05-21］http://media.qq.com/a/20130913/014778.htm.

［139］韩俊. 我国奶业已到生死攸关时刻［EB/OL］. (2015-05-17)［2015-05-21］http://news.cyol.com/content/2015-05/17/content_11398674.htm.

［140］王财玉, 雷雳. 消费者对犯错品牌评价的时间打折效应及其影响因素［J］. 心理科学, 2014, (4).

［141］王宇. 食品安全事件的媒体呈现现状、问题及对策——以《人民日报》相关报道为例［J］. 现代传播, 2010, (4).

［142］庄爱玲, 余伟萍. 品牌负面曝光事件溢出机制研究——消费者联想的中介作用［J］. 华东经济管理, 2014, (9).

［143］张燚, 刘进平, 张锐. 本土品牌负面刻板印象生成的根源及抑制对策——刻板思维与符号认知的视角［J］. 企业经济, 2014, (11).

［144］张燚, 刘进平, 张锐. 负面危机事件对品牌来源国认知的影响——基于产品类型差异的调节效应［J］. 江西社会科学, 2016 (1).

［145］张燚, 刘进平, 韩永青, 张锐. 转变本土品牌负面刻板印象的媒介传播战略研究［J］. 中国矿业大学学报（社会科学版）, 2015 (4).

［146］刘进平, 张燚, 张锐. 中国消费者品牌来源国刻板印象的外显测量与分析［J］. 企业经济, 2014 (1).

［147］郭斌, 张燚. 本土乳品品牌负面刻板印象的生成根源及抑制对策［J］. 广西社会科学, 2015 (11).

［148］许诗康, 廖成林, 张燚. 顾客崇洋心理刻板印象对本土品牌产品的影响效应研究［J］. 现代财经, 2014 (8).

［149］韩永青. 中国媒体建构本土品牌形象的实践路径［J］. 传媒, 2015.3（上）.

［150］韩永青. 中国本土品牌的安全战略体系构建及其实施［J］. 商业经济研究, 2015 (7).

# 人名索引表

## A

Ahmed ……… 248
Albaum ……… 248
安敏德 ……… 005
包蕾萍 ……… 015

## B

Bargh ……… 003
Batra ……… 248

## C

Cui ……… 005
曾庆香 ……… 071
陈青松 ……… 254

## D

Devine ……… 251
杜笑宇 ……… 057

## E

Entman ……… 011

## F

Fiske ……… 111
菲利普·科特勒 ……… 255

## G

Gamson ……… 251
Gardner ……… 051
葛冰 ……… 163
郭斌 ……… 258
郭庆光 ……… 064

## H

Haddock ……… 251
韩俊 ……… 026
韩永青 ……… 062
何俊涛 ……… 052
胡百精 ……… 255
胡立彪 ……… 046
黄韫慧 ……… 254

## J

季惠惠 ……… 054
江红艳 ……… 008

## K

Kaynak ……… 007
Klein ……… 249

## L

Lee ……… 249
Lin ……… 249
李岩梅 ……… 252
李永健 ……… 057
连淑芳 ……… 252
林永年 ……… 074
刘宏志 ……… 167
刘进平 ……… 041
刘连参 ……… 026
刘武俊 ……… 044

## M

Maheswaran ········· 248
Maslow ············· 251

## N

Netemeyer ··········· 250

## P

庞小佳 ·············· 252

## S

Schooler ············ 036
Shimp ·············· 250
Sin ················· 005
Stangor ············· 251
宋永高 ·············· 003

## W

W. Phillips ·········· 252
Wang ··············· 250
Wanke ·············· 007
Wilson ·············· 035
王财玉 ·············· 048
王海忠 ·············· 005
王晶学 ·············· 255
王沛 ················ 003
王鹏 ················ 006
吴坚 ················ 253
吴明证 ·············· 039
吴勇毅 ·············· 056
吴泽松 ·············· 006

## X

希伦·洛厄里 ········· 257
许靖 ················ 042
许诗康 ·············· 258
薛可 ················ 045

## Y

Yamoah ············· 250
杨扬子 ·············· 254
易牧农 ·············· 003
余明阳 ·············· 153
约翰·费斯克 ········· 257

## Z

臧国仁 ·············· 064
张国庆 ·············· 061
张燚 ················ 025
张卓倩 ·············· 007
赵立彬 ·············· 026
周海燕 ·············· 045
周庆山 ·············· 153
周志民 ·············· 007
朱华 ················ 152
朱凌 ················ 005
庄贵军 ·············· 005
佐斌 ················ 254

# 重要术语索引表

**B**

本土品牌负面刻板印象 ……… 018
本土品牌偏见 ……………… 003
意识性抑制 ………………… 009

**C**

冲突理论 …………………… 010

**F**

反刻板化"拟态环境" ……… 008
风险建构理论 ……………… 010

**G**

Gardner 法 ………………… 015

**K**

K-B 法 ……………………… 015
可接近性 …………………… 012
可诊断性 …………………… 012
框架理论 …………………… 008

**L**

来源国效应 ………………… 007

**M**

民族中心主义 ……………… 007

**N**

内群体偏好 ………………… 124
内隐 ………………………… 034

内隐刻板印象 ……………… 111
内隐态度 …………………… 035
拟态环境 …………………… 004

**P**

品牌来源国刻板印象 ……… 003

**Q**

情绪改变度 ………………… 012

**R**

认知接受度 ………………… 012

**S**

受众认知框架 ……………… 009
受众注意资源 ……………… 005
双重态度模型理论 ………… 111

**W**

外国品牌风险图景建构 …… 008
外国品牌负面信息 ………… 005
外国品牌偏好 ……………… 045
外国品牌正面刻板印象 …… 022
外群体偏见 ………………… 124
外显 ………………………… 005
外显刻板印象 ……………… 005
外显偏好 …………………… 005
外显态度 …………………… 034

## X

相对剥夺 ……………………… 010
行为卷入度 …………………… 012

## Y

议程设置理论 ………………… 008

意识性抑制 …………………… 009

## Z

准确动机理论 ………………… 043
自由联想法 …………………… 015